Szenen kritischer Relationalität

Szenen kritischer Relationalität

Herausgegeben von
**Charlotte Bolwin, Jasmin Degeling, Gabriel Geffert,
Martin Kallmeyer, Gereon Rahnfeld, Nathalie Schäfer,
Katia Schwerzmann**

μ meson press

Gefördert durch die Deutsche Forschungsgemeinschaft (DFG) – GRK2558/1 – Projektnummer 413067638 sowie durch das Programm Open-Access-Publikationskosten der DFG und den Publikationsfonds der Bauhaus-Universität Weimar.

Gefördert durch

DFG Deutsche
Forschungsgemeinschaft

Bauhaus-Universität Weimar
Open-Access-Publikationsfonds

Bibliographische Information der Deutschen Nationalbibliothek
Die Deutsche Nationalbibliothek verzeichnet diese Veröffentlichung in der Deutschen Nationalbibliographie; detaillierte bibliographische Informationen sind im Internet unter http://dnb.d-nb.de abrufbar.

Veröffentlicht 2024 von meson press, Lüneburg, Deutschland
www.meson.press

Designkonzept: Torsten Köchlin, Silke Krieg
Umschlagbilder: © Ginan Seidl & Daniel Ulacia Balmaseda 2023
Korrektorat: Sabine Manke

ISBN (Print): 978-3-95796-222-5
ISBN (PDF):   978-3-95796-223-2
DOI: 10.14619/2225

Die Printausgabe dieses Buchs wird gedruckt von Books on Demand, Norderstedt.

Die digitale Ausgabe dieses Buchs kann unter www.meson.press kostenlos heruntergeladen werden.

Inhalt

Relationieren – eine kritische Operation

Charlotte Bolwin, Jasmin Degeling, Gabriel Geffert, Martin Kallmeyer,
Gereon Rahnfeld, Nathalie Schäfer & Katia Schwerzmann

Kritik bezeichnet in der westlichen Denktradition die Operation des
Trennens und Auseinanderhaltens. Es geht folglich darum, den unter-
suchten Gegenstand auf seine Grenzen zurückzuführen und von dem
zu unterscheiden, was er nicht ist. Diese Unterscheidung galt lange als
Bedingung für Denken und Erkennen überhaupt – paradigmatisch in der
Philosophie Immanuel Kants. Eine solche klassische Kritikkonzeption
aber, die auf der kategorischen Trennbarkeit von Subjekt und Objekt, von
Menschlichem und Nicht-Menschlichem, von Natur und Kultur oder von
Gemachtem und Gewordenem basiert, scheint gegenwärtig nicht mehr
haltbar: Zu offenkundig werden allerorten die konzeptuellen und fak-
tischen Verstrickungen, die die Wirklichkeit prägen – so beispielsweise
angesichts der zunehmenden technischen Durchdringung der Lebenswelt oder der anthropogenen Klimakrise.[1] Da Denkordnungen in per-
formativer Weise wirken und Handlungs- sowie Wahrnehmungsweisen
nach sich ziehen, gilt es, die ontologischen Dualismen und vermeintlich
stabilen Differenzierungen westlich-modernen Denkens zu hinterfragen.
Insbesondere den normativen Anthropologien, Vergeschlechtlichungen
und Rassifizierungen, die dieses Denken hervorgebracht hat, ist dabei
kritisch zu begegnen. Problematische Auswirkungen eines trennenden
Denkens dieser Art machen es erforderlich, die Heterogenität und
Hybridität unterschiedlicher Existenzweisen über ihre Verbindungen und
Verwiesenheiten in den Blick zu nehmen. Ausgehend von dieser Perspektive prinzipieller Relationiertheit wird das kritische Trennen selbst
zum Problem: Eine Kritik, die sich wesentlich darin begründet, dass sie
unterscheidet, erscheint dann nicht mehr als selbstverständlicher Akt

---

1   „Anthropogen" ruft hier nicht das Universalsubjekt Mensch(-heit) auf den Plan,
     das durch den Begriff des Anthropozäns auf eine problematische Art und Weise
     vorausgesetzt wird. Während das Konzept des Anthropozäns eine verallgemeinernde
     Auffassung des Menschlichen voraussetzt und die Unterschiede einebnet, die sich
     in der Verantwortung für die ökologische Krise des Planeten verzeichnen lassen –
     vor allem zwischen westlichen Industrienationen sowie Staaten des sogenannten
     globalen Nordens und dem Rest der Welt –, betont „anthropogen" hier lediglich die
     grundlegende Gewissheit und Einsicht, dass es menschliche Kulturtechniken in ihren
     historischen und aktuellen Auswirkungen sind, die den Klimawandel verursacht
     haben. Als anthropogenes Phänomen zeugen die Verschiebungen und invasiven
     Transformationen, die im 20. und 21. Jahrhundert auf der Ebene der planetarischen
     Geo-, Bio-, Litho- und Hydrosphären messbar werden, von der grundlegenden Ver-
     strickung von Natur- und Kulturgeschichte.

des erkennenden Subjekts, sondern wird als Operation des gezielten Entknüpfens und Entrelationierens begreifbar, die zudem historisch und politisch bedingt ist. Was also geschieht, wenn wir statt von der Trennung von Relationen ausgehen und folglich in der Verbindung verweilen? Anders gefragt: Wie lässt sich der Kritikbegriff im Kontext eines relationalen Denkens, das den Trennungsgestus der Moderne überwinden will, neu perspektivieren?

Die Autor:innen dieses Bandes nutzen *Relationalität* als Reflexionsbegriff und analytischen Operator, um ein kritisches Denken unter der Prämisse prinzipieller Verbundenheit, Verstrickung und Verwiesenheit zu erproben und darin die produktive Kraft der Kritik in den verwickelten Verhältnissen der Gegenwart weiterzuführen. Ihre Beiträge loten das kritische Potenzial relationalen Denkens in Theorie- und Materialdiskussionen aus, die sich zwischen Philosophie, Sozial-, Kultur- und Medienwissenschaft situieren lassen. Sie adressieren dabei jeweils spezifische *Szenen kritischer Relationalität*[2], in denen die Epistemologie, Ästhetik und Politik von Verbindungen analytisch vor die Unterscheidung und vor die Konzepte und Entitäten gestellt werden, die aus Relationen hervorgehen. Denn in und aus Relationen heraus – also ausgehend von der Prämisse grundsätzlicher Relationalität – zu denken, heißt, Trennungen nicht vorauszusetzen, sondern von existenziellen, geschichtlich gewachsenen Verbindungen auszugehen. Die Performanz, Dynamik und Zeitlichkeit dieser Verbindungen zu verstehen, ist eine zentrale theoretische Herausforderung unserer Gegenwart. Vor diesem Hintergrund besteht die Aufgabe darin, in der Kritik eines trennenden Denkens nach alternativen Konzepten und Methoden zu suchen, um ein relationales Denken als kritische Operation einzusetzen. Gleichzeitig differenzieren die Texte die Ansprüche eines relationierenden Zugangs und befragen darin das relationale Denken selbst auf seine Potenziale wie auch seine Grenzen.

Relationalität kritisch zu untersuchen und Kritik relational zu formulieren, erfordert begrifflich wie methodisch eine Sensibilisierung für Differenzen sowie für die Strukturen, durch die differenzbasierte Hierarchien historisch bedingt wurden. Im Zuge von Politiken der Trennung haben sich in der

---

2   Zum Begriff der „Szene" im Kontext rezenter relationaler Theoriearbeit vgl. u. a. Voss, Krtilova und Engell 2019, 1: Szenen sind den Autor:innen zufolge „Schauplätze im wörtlichen und übertragenen Sinne, an denen etwas zur Schau gestellt wird, anschaulich (gemacht) wird und sich selbst anschaut …. Szenen sind Anordnungen von Objekten, Körpern und Gesten, aber auch von Operationen und Aussagen, die eine strukturierte Abfolge von Ereignissen und Handlungen in einem dramaturgischen Zeitablauf darstellen."

Moderne begriffliche Dualismen und Machtverhältnisse organisiert, die es dem kolonial-kapitalistischen System erlaubt haben, die hierarchisch markierten Differenzen strategisch in eine politische Ökonomie zu verwandeln und sie in Form von Kapitalisierungsprozessen produktiv zu machen (Loick und Thompson 2022). Die politische Ökonomie dieser Differenzierungen machte zugleich ihre vorhergehenden Relationen strategisch unsichtbar, ent-relationierte sie – und naturalisierte gleichsam die Differenzen. In der Folge erfordern es die katastrophalen Resultate von Kolonialismus und Kapitalismus heute, die Differentialität innerhalb der Relationen neu zu verhandeln. Nicht zuletzt lassen sich Differenzen dabei als ein spezifisch perspektivierter Aspekt von Relationalität – also von Verbindung und Bezugnahme – verstehen: Es gibt demnach keine Differenz, die nicht gleichzeitig einen Bezug, eine Relation, voraussetzt, und umgekehrt gibt es keine Relation ohne Differenz.

Die hier vorgeschlagene Operation der Relationierung zielt nicht auf die harmonistische Idee einer grundlegenden Symmetrie der Relata ab. Vielmehr hebt sie auch jene Differenzen hervor, die in der Relation zwischen den beteiligten Relata auftauchen. Erst darin wird eine relationale Form der Kritik möglich. So situiert Astrid Deuber-Mankowsky die philosophische Verbindung von Kritik und Urteil als eine spezifische Form von Kritik, die im Dienst der Legitimation von Grenzsetzungen steht. Im Gegensatz dazu verweist Deuber-Mankowsky im Anschluss an Gilles Deleuze, Michel Foucault und Judith Butler auf eine riskante, aber inhärent kritische Praxis des „Existieren-Machens" in der Tradition der Kritik als Entunterwerfung. Diese Tradition erhebt den methodischen Anspruch, ein „situiertes Wissen" (Haraway 1988) der Praktiken der Trennung, der Entrelationierung ebenso wie der Identifikation herzustellen. Denn Identifikation – also die Festsetzung, ja Verfestigung eines Wesens entlang dessen, was es ist, im Unterschied zu all dem, was es nicht ist – gründet gerade auf gewaltsamen Praktiken des Trennens. Dagegen erlaubt das relationale Denken, Differenzen zu verschieben und zu entessentialisieren. Relationalität wird so zum Operator differenzieller Kritik, die für Dualismen, identitäre Differenzpositionen und „border wars" (Haraway 1991, 150) sensibilisiert.

Als *Szenen kritischer Relationalität* beziehen sich die Beiträge dieses Bandes in reflexiver Weise immer wieder auch auf die begrifflichen und aisthetischen Grundlagen zeitgenössischer Theoriearbeit selbst: also auf Weisen des situierten Wahrnehmens und Beschreibens sowie der kritischen Analyse, die im Rahmen eines relationalen Denkens befragt und im Dialog mit ausgewählten Gegenständen, Konzepten und Kontexten

erprobt werden. Ein Denken, das sich der Relationalität verpflichtet
und folglich dynamischen Beziehungen, Wechselwirkungen und Verschränkungen gegenüber vermeintlich stabilen Entitäten, Subjekten und
Akteur:innen Vorrang einräumt, ist dabei wesentlich performativ. Es beansprucht in einem programmatischen Sinne, zur Aktualisierung medien-,
kultur- und sozialwissenschaftlicher Grundfragen ebenso beizutragen
wie insgesamt zu einer Form von Theorie, die der Gegenwart Rechnung
trägt. Dies veranschaulicht auch Julia Schades Beitrag. Er fragt danach,
welche Konsequenzen das Konzept der Relationalität und die damit einhergehende Verwobenheit der eigenen Perspektive mit dem Gegenstand
der Betrachtung für Wissensproduktion und Theoriebildung haben. Am
Beispiel von Frédérique Aït-Touatis und Bruno Latours Lecture-Performance *Inside* (2017) sowie Erich Hörls Kritik der „anthropozänen Illusion"
zeigt Schade, dass selbst Theorien, die sich als relational verstehen, Gefahr
laufen können, in das Phantasma eines Blicks von außen zurückzufallen,
dem der tradierte Kritikbegriff zugrunde liegt. Sie verdeutlicht dabei,
dass nicht nur der Kritikbegriff der westlichen Moderne, sondern auch
das mit ihm zusammenhängende Anschauungsmodell kritischer Distanz
problematisch *perspektiviert* ist. Indem Schade Relationalität explizit szenisch versteht, zeigt sie, wie Kritikbegriffe an ästhetische (An-)Ordnungen
gebunden und folglich wahrnehmungsbezogen situiert sind.

Dass relationale Theorie einen Beitrag zur Repolitisierung von Empfindung
und Subjektivierung leistet, verdeutlicht Christiane Voss' ästhetische
Perspektive. Voss rückt das Verhältnis von Wahrnehmung und Medialität
in den Fokus und verteidigt die Ästhetik gegen rezente Diagnosen und
Programme, die Fragen der Wahrnehmung lediglich als überkommenen
Rest anthropozentrischer Anthropologien verstehen. Damit interveniert
ihr Beitrag in jene Spielarten von Technikphilosophie und Medienwissenschaft, die das Problem der Wahrnehmung nicht radikal relational verstehen. Zugleich tritt Voss für eine „Post-Ästhetik" ein, die Wahrnehmung
als ein „verteiltes und hybrides Medium" versteht, „das für menschliche
und mehr-als-menschliche Einflüsse gleichermaßen durchlässig ist" (50).
Im Rahmen dieses (medien-)ästhetischen Apriori erweist sich Subjektivierung wiederum als Prozess der Einübung in eine spezifische Mensch-
Medium-Relation, der situativ als Zusammenhang vertraulich-affektiver,
gewohnheitsmäßiger Affordanzen begriffen werden kann. Ästhetik als relational, hybrid und gerade dadurch als stabilisierend und habitualisierend zu
konzeptualisieren, erlaubt zu verstehen, wie Macht und Ungleichheit durch
Habitualisierungsprozesse in der Wahrnehmung stabilisiert werden.

Wie aber lassen sich Fragen nach Macht und Ungleichheit aus der Relation heraus adressieren? Die Vorstellung einer prinzipiellen Symmetrie der Relationen, wie sie beispielsweise in den Ansätzen der Actor-Network-Theory oder des agentiellen Realismus bisweilen vorausgesetzt wird, zeugt von der Schwierigkeit, Machtverhältnisse *innerhalb* von Relationen zu denken und adäquat zu problematisieren. Denn mit einer formalistischen Symmetrisierung von Relationen geht das Risiko einher, Relationalität zu entpolitisieren, indem Hierarchien und Ungleichheiten aus dem Blick geraten. Dabei wird verkannt oder sogar strategisch ausgeblendet, dass die Relata nicht gleich sind; dass nicht alles die gleiche *agency* hat; dass nicht jede:r gleichermaßen zu Wort kommt bzw. gehört wird; dass es demnach immer auch jene gibt, die mit Jacques Rancière gesprochen „sans part", also ohne Teilhabe bleiben (Rancière 1995, 28). Relationierende Operationen, die sich als kritisch verstehen, stellen daher die Behauptung einer prinzipiellen Symmetrie der Relata infrage. Folglich müssen die Asymmetrien in den Relationen – anders gesagt: konkrete Machtungleichheiten – ebenso zum Teil einer kritischen Beschreibung werden wie die Problematisierung der Trennung vermeintlich stabiler Relata. Ausgehend von Mary Louise Pratts Begriff der *contact zone* untersucht Jakob Claus' Beitrag die Asymmetrie in und aus der kolonialen Relation. Exemplarisch ist ihm die Begegnung von westlichen Kolonist:innen und Indigenen im Kontext der Hamburger Südsee-Expedition, bei der Letztere zum Objekt einer gewaltsamen und extraktiven Epistemologie wurden – nicht zuletzt durch mediale Praktiken wie die Fotografie. Indem Claus das deutsche koloniale Archiv als multimediale Technik der (Re-)Produktion einer einseitigen Relation aufdeckt, die den indigenen Völkern jede *agency* nimmt und sie nur als passive Gegenstände des kolonialen Prozesses existieren lässt, trägt er dazu bei, die koloniale *contact zone* in die Gegenwart zu verschieben. Dies bedeutet, die bis heute andauernde koloniale Einseitigkeit nicht einfach zu reproduzieren, sondern die heimsuchende, anwesende Abwesenheit der indigenen Menschen, deren *agency* und Subjektivität aus dem Archiv getilgt wurde, durch postkoloniale Theoriearbeit spürbar zu machen.

Indem sie postkoloniale und queere Theorien mit ästhetischen Szenen in Dialog bringen, erarbeiten Jasmin Degeling und Philipp Hohmann in ihrem Beitrag eine relationale Kritik von enteignenden Relationen. Enteignende Relationen sind den Autor:innen zufolge Beziehungen, die von einem „cruel optimism" (Berlant 2011) charakterisiert sind, insofern sie die Bindung zu dem, was uns schadet, aufrechterhalten. Die Frage, die sich angesichts dessen stellt, ist, wie sich zugleich eine politische Kritik derartiger Relationen formulieren lässt, die ohne Autonomie-Behauptung, hermetische Schutzräume oder finale Abgrenzung auskommt. In Auseinandersetzung mit zeitgenössischen künstlerischen Praktiken entwickeln die Autor:innen das Konzept einer „reparativen Kritik", die (im Sinne Eve Sedgwicks) die affektive Dimension jeder Kritik ernst nimmt. *Reparativität* bedeutet dabei nicht das Festhalten an dem, was beschädigt ist, sondern impliziert die radikale Anerkennung der Nichterkennbarkeit von enteignenden, traumatischen Ereignissen. Eine solche Anerkennungspolitik unterstreicht die Widersprüchlichkeit jedes Anerkennungswunsches: Anerkannt werden zu wollen, bedeutet, an den Relationen, die uns schaden, festzuhalten. Die künstlerischen Arbeiten, die Degeling und Hohmann diskutieren, demonstrieren somit den unausweichlichen Widerspruch der enteignenden Relationen. Das Traumatische ist so gewohnt und alltäglich, ja existenziell, dass es in seiner künstlerischen Remediatisierung entdramatisiert wird. Die „Toxizität" des Sichtbarkeitsregimes (audio-)visueller Medien wird in den vorgestellten Arbeiten dabei auf eine Weise erkundet, die die Aporie der Bindung an das, was uns schadet, veranschaulicht. Die Respondenz von Max Walther konfrontiert diese Argumentation unter dem Schlagwort der *Separation* mit den (historischen) Diskursen der feministischen Differenzpolitik. Walther verweist darauf, dass das Kunstsystem selbst nicht nur als Schauplatz von Kritik, sondern auch als Institutionalität verstanden werden muss. Ein solches Verständnis verkompliziert die Frage nach der Medialität der verhandelten künstlerischen Kritik und unterstreicht die Aporien der Kompliz:innenschaft zwischen Aktivismus und Kunstsystem.

Dass Sicht- und Wahrnehmbarkeit als ästhetische Relationsmodi per se politisch sind, thematisiert auch der Beitrag von Lorenzo Gineprini. Gineprini bringt Jacques Rancières Konzept der „Aufteilung des Sinnlichen" in Dialog mit der neumaterialistischen Theorie Jane Bennetts und befragt Rancières politische Ästhetik damit kritisch auf ihren inhärenten Anthropozentrismus. Während Gineprini einerseits an Rancières Feststellung anschließt, dass politisches Handeln darin besteht, die etablierte Aufteilung des Sinnlichen zu rekonfigurieren und damit Hierarchien und Ungleichheiten zwischen Menschen infrage zu stellen, argumentiert er andererseits dafür, dass ein solches Verständnis des Politischen in letzter Konsequenz auch die etablierte Aufteilung zwischen Menschen und Dingen infrage stellen müsste. Zur Veranschaulichung bezieht er sich auf Bennetts Beispiel der *agency* von Abfall. In Konfrontation von Rancière und Bennett schlägt Gineprini vor, dass Müll, wenn er abseits des ihm gesellschaftlich zugewiesenen Platzes erscheint, zum kritischen Hinterfragen ebenjener aisthetischen Ordnung auffordert, die die Orte und Sichtbarkeiten der

Dinge festgelegt haben. Da Müll mit Rancière gesprochen also „dissensuell" wirken kann, besitzt er ein politisches Potenzial. In diesem Sinne plädiert Gineprini dafür, am Beispiel des Weggeworfenen die Perspektive auf eine radikal relationalistische Wahrnehmungsordnung zu öffnen, die auch nicht-menschliche Wirkmächte bedenkt. In seiner Respondenz zu Gineprini setzt sich Gereon Rahnfeld mit Bennetts Analyse ihrer Begegnung mit einem vom Wind aufgewirbelten Müllbeutel auseinander. Rahnfeld weist darauf hin, dass die von Bennett beschriebene Erfahrung sich nur in ihrer Situierung – und das heißt in der Relation zwischen ihrer spezifischen Positionalität und dem Müll – verstehen lässt. Dieselbe Mülltüte, die Bennett als Wahrnehmungsirritation begreift, könnte in einem anderen Kontext völlig unscheinbar bleiben. Demzufolge unterstreicht Rahnfeld die Notwendigkeit, im Kontext einer nicht-nur-menschlich gedachten politischen Ästhetik zwischen Akteur:innen und Aktanten zu unterscheiden. Nicht-menschliche Entitäten versteht er dabei als Aktanten, deren politische Wirkmächtigkeit erst durch einen Attributionsprozess ermöglicht wird.

Mit den Auswirkungen von Abfall – und insbesondere Plastikmüll – auf die Gefüge menschlicher und nicht-menschlicher Existenzweisen beschäftigt sich auch Martin Kallmeyer in seinem Beitrag. In Auseinandersetzung mit Denker:innen wie Donna Haraway und Myra Hird widmet er sich den weltbildenden Potenzialen von kleinen und kleinsten Müllpartikeln im Kontext der weltweiten Plastikverschmutzung. In drei Szenen des „waste-world-making" (Hird 2016) werden verschiedene Modi untersucht, in denen Plastik produktive Relationen stiftet. *Waste-world-making* bezeichnet dabei die Tatsache, dass Plastikmüll Geo-, Bio- und Technosphäre miteinander in Verbindung setzt. Die experimentelle Ausstellung *An Ecosystem of Excess* (2014) der Künstlerin Pınar Yoldaş inszeniert eine zukünftige Welt ohne Menschen, in der der Mensch gleichwohl in Form des von ihm hinterlassenen Plastikmülls nahezu omnipräsent ist. Die Künstlerin praktiziert vor diesem Hintergrund eine Form der spekulativen Zoologie, in der sie über die Existenz von neuen Organen fabuliert, die in der Lage sind, Plastik zu verdauen. Die zweite Szene befasst sich mit der Entdeckung des Plastik zersetzenden Bakteriums Ideonella sakaiensis und die dritte Szene behandelt die algorithmische Optimierung dieses Bakteriums durch ein künstliches neuronales Netzwerk. Während in der dritten Szene das Phantasma zum Tragen kommt, die ökologischen Probleme unserer Zeit mit technologischen Mitteln zu lösen und dadurch nichts an den aktuellen ökonomischen Verhältnissen ändern zu müssen, artikuliert die zweite Szene eine entpolitisierte Auffassung des Lebendigen, in der gilt: „Life finds a way" (*Jurassic Park*. USA 1993. R.: Steven Spielberg) – und zwar egal um welchen Preis und mit welchen zerstörerischen Konsequenzen. Dieses Verständnis von Leben wiederholt in der naturalisierenden Sprache der Biologie die Beschreibung des Kapitalismus als *creative destruction*. Kallmeyer schließt mit dem Appell, neue Existenzweisen zu (er-)finden, die die Verstrickung von Mensch, Natur und Technologie anders als extraktivistisch praktizieren.

Die Beiträge dieses Bandes zeigen, dass sich Relationalität als theoretisches Paradigma in seinen epistemischen, politischen und ästhetischen Potenzialen nicht in einem Gegenwartsbezug erschöpft. Insofern das Denken in, durch und von Relationen sich als ein Korrektiv gegenüber den essentialistischen und anthropozentrischen Fallstricken einer spezifischen Tradition westlich-moderner Theoriebildung erweist, ist es ebenso zentraler Bestandteil kritischer Relationalität, Denkweisen zu historisieren. Dies bedeutet, ihre Bedingungen in Diskurs- und Materialgeschichten zu situieren und ausgehend davon hegemoniale Konzepte und Narrative zu reformulieren. Im Anschluss an die kritische Arbeit des Marxismus, von feministischen und queeren Theorien sowie Post-/Decolonial Studies und Black Studies leisten seit geraumer Zeit auch die Theoretiker:innen der Neuen Materialismen eine Kritik des Archivs[3] westlicher Denktraditionen. Der Fokus liegt dabei vor allem auf der Auseinandersetzung mit historischen wie gegenwärtigen Materialitätskonzepten. Als zentral für das neumaterialistische Denken erweist sich die Beobachtung, wie folgenreich die Vorstellung einer von Aristoteles geerbten Auffassung von Materie als passiv und inert ist, die sich mit den positiven Wissenschaften tief ins Denken und Handeln eingeschrieben hat und für die theoretischen wie praktischen Selbst- und Weltverhältnisse grundlegend geworden ist. Die Alternativen, die neumaterialistische Denker:innen anbieten, richten sich auf eine „Kritik unterschiedlicher Formen des Idealismus", betonen die „transformative, irritierende Kraft" materieller Entitäten und hinterfragen die „ontologische Grenzziehung zwischen Natur und Kultur" (Hoppe und Lemke 2021, 9 ff.). Typischerweise kommen in diesem Kontext Bindestrichschreibweisen und Komposita als verbindende Operationen zum Einsatz – beispielsweise in Donna Haraways prominentem Konzept der *naturecultures*. Solche Begriffsverschränkungen haben nicht nur deskriptiven Charakter, sondern wirken performativ, indem sie neue Denk- und Wahrnehmungsweisen ermöglichen, die das Paradigma der Trennung verstellt hat. Die mehr oder minder enge Kopplung der Begriffe mit oder

---

3   Archiv meint hier im Anschluss an Michel Foucault das diskursive und mediale *a priori*, auf dem sich Epistemologien und politische Programmatiken gründen (Foucault 1981, 183–190).

ohne Bindestriche erlaubt es dabei, im Sinne einer differenziellen Relationalität „die Unterscheidung in der Berührung aufrechtzuerhalten, ohne
die Ansteckung zwischen beiden auszuschließen" (Schwerzmann 2020,
290). Die Neuen Materialismen treten im Zuge ihrer Kritik an historisch
gewachsenen Dualismen nicht nur mit philosophischen und naturwissenschaftlichen Archiven des Wissens in Austausch, zu denen Physik, Biologie,
Ökologie, Kybernetik, Vitalismus oder Prozessphilosophie gehören – sie
bilden inzwischen selbst ein Archiv des Wissens für das Projekt einer
relationalen Theoriearbeit. So sind auch die Beiträge dieses Bandes verschiedentlich von neumaterialistischem Denken informiert, wenn sie unter
dem Primat der Relationalität hybride naturkulturelle, materiell-diskursive
oder menschlich-technische Assemblagen in ihrer ge- und verteilten Wirkmächtigkeit in den Blick nehmen.

Vor diesem Hintergrund gelangt Irina Raskin in einer kritischen Relektüre
jüngerer Medien- und Technikphilosophien der Komputation zur Einsicht,
dass die diskutierten Theorien gerade im Versuch einer Kritik an der fort-
schreitenden Computerisierung an einem arelationalen Unbestimmten
festhalten. Dies zeigt sich Raskin zufolge besonders an den Konzepten
des Nicht-/Berechenbaren, die in Anschlag gebracht werden. Der sich
eröffnenden Problematik einer arelationalen Theorie der Komputation
begegnet Raskin mit dem Vorschlag einer an der Onto-Epistemologie
Karen Barads und Helen Verrans orientierten, dezidiert feministischen
und neumaterialistischen Theorie der Komputation als einer relationalen Praxis der Rekonfiguration von Techniken, Algorithmen, sozialen
Praktiken und Machtverhältnissen. Komputation wird mit Raskin als aktiv
materialisierendes und medialisiertes Produktionsverhältnis und damit
als politische Ökonomie verständlich, die kritische Relationalitäten von
Berechenbarkeit und Nichtberechenbarkeit, von Determiniertem und
Unbestimmtem, von Öffnungen und Schließungen hervorbringt. Der
Beitrag verdeutlicht, wie produktiv die durch die Neuen Materialismen
ausgelösten Debatten um Relationalität für die deutschsprachige Medienwissenschaft geworden sind und wie diese umgekehrt von der medienwissenschaftlichen Sensibilität für Fragen der Medialität profitieren.
Mit Bezug auf den bei Raskin zentralen Begriff der „Rekonfiguration"
nimmt Maximilian Rünker die Ausstellung *Real Humans* der Kunsthalle
Düsseldorf in den Blick, die Raskin selbst im Frühjahr 2015 (gemeinsam
mit Elodie Evers) kuratierte. Dabei verdeutlicht sich das kritische
Potenzial ästhetischer Verdichtungen, wie Kunstwerke sie anbieten: Die
präsentierten Arbeiten, so zeigt Rünker, widersprechen Bestimmungsver-
suchen eines stabilen menschlichen Wesenskerns, indem sie menschliche

Existenzweisen als relational und gerade dadurch als in stetigen Rekonfigurationsprozessen begriffen verstehen.

Eine Arbeit an und mit dem Archiv der Neuen Materialismen stellt auch Rémy Bocquillons Beitrag dar. In seinem Text befragt er die Möglichkeit relationaler Kritik mit dem französischen Philosophen Baptiste Morizot. Im Zentrum steht dabei die Figur der Diplomat:in, die Morizot in seinem Buch *Manières d'être vivant* (2020) einführt. Die Diplomat:in taucht hier als Vermittlungsinstanz im Kontext der Szene der Weidewirtschaft auf, die ein Konfliktfeld zwischen den verschiedenen beteiligten Akteur:innen – Schafen, Wölfen, Schäferhunden, Schafhirt:innen, Jäger:innen, Aktivist:innen und Forscher:innen – eröffnet. Wie Bocquillon zeigt, lässt sich relationale Kritik mit Morizot auch als Entwicklung von moderierenden, ökologischen Strategien denken. Zentral ist hierbei, dass die Diplomat:innen (im Beispielsfall die Forscher:innen) im Gegensatz zum Paradigma kritischer Distanz immer schon Teil der potenziell problematischen Relationen sind. Zudem besteht das Ziel einer als relational verstandenen Kritik (mit Morizot gedacht) nicht in der Separierung der Konfliktparteien, sondern in der Erhaltung und Gestaltung ihrer Begegnung. In diesem Sinne „lösen" Diplomat:innen keine Konflikte. Vielmehr unterstützen sie Formen der Ko-Existenz. Eine solche Ko-Existenz symmetrisiert nicht die Relata, sondern erhält asymmetrische „Gemeinschaften von Belang" – und zwar entlang ihrer Interdependenzen.

Neben neumaterialistischen Theorieeinsätzen ist ebenfalls die sich seit einigen Jahren formierende deutschsprachige Medienanthropologie eine der zentralen Triebkräfte des Nachdenkens über kritische Relationalität in diesem Band. Konzeptueller Nukleus ist dabei das Kompositum der *Anthropomedialität*, in dem sich die relationalen Potenziale des medienphilosophischen Forschungsfelds verdichten. Performativ artikuliert der Begriff die Zusammengehörigkeit seiner Terme – *anthropos* und Medialität – und argumentiert damit für die „irreduzible Verschränktheit von Menschen-und-Medien" (Voss 2019, 34). Um abstrakten, tendenziell essentialistischen Wesensbestimmungen entgegenzuwirken, verschiebt die Medienanthropologie die Fragestellung von einem verallgemeinerbaren „Was?" hin zum konkreten „Wie" und „Wo" menschlicher Existenz. Diese szenische, situierende Perspektive erlaubt es, Seinsvollzüge in den verschiedenen Formen ihrer medientechnischen Vermitteltheit in den Blick zu nehmen. Damit etabliert der medienanthropologische Ansatz einen ontologischen Pluralismus als Alternative zum Universalsubjekt des Menschen im Singular. Zugleich werden Mensch-Medien-Relationen als hybride Gefüge verständlich, deren Elemente sich in ihrer wechselseitigen

Durchformung – und somit erst in der Relation – konkretisieren. Wenn menschliche Seinsvollzüge demnach nicht unabhängig von den medien-technischen Verhältnissen zu denken sind, in denen sie sich artikulieren, sind Relationen hier auch in dem Sinne *kritisch*, dass sie entscheidend, also ausschlaggebend und mitunter gar existenziell sind.

Diese Dimension des Kritikbegriffs vergegenwärtigt insbesondere Martin Sieglers Beitrag. Sieglers Text führt in unwegsame Gefilde und somit in Situationen, die insofern *kritisch* sind, als menschliche Existenz hier auf-grund widriger Umgebungsbedingungen dem (potenziell) Krisenhaften ausgesetzt ist: Mit dem durch Seile zusammengehaltenen Kollektiv-körper der „Seilschaft", der Bergsteigende vor dem Absturz bewahrt, der „Lawinenschnur", die Verschüttete auffindbar macht, der „Sorgleine", die Segelnde bei rauer See an Bord hält und dem „umbilical cable", das Astronaut:innen den Schritt ins All ermöglicht, beschreibt Siegler Szenen, in denen menschliches (Über-)Leben von „Verstrickungen" – in einem konkret materiellen Sinne von Seilen, Leinen und Fäden – abhängig ist. Als *kritisch* erweist sich die Rolle von Relationen ausgehend von den Krisensituationen, die Siegler aufruft, demnach in zugespitzter Form – nämlich als lebens-wichtige Bedingung. In ihrer Respondenz auf Siegler ergänzt Shirin Weigelt die besprochenen Verstrickungen in Anlehnung an Michel Serres' Funk-tionsbestimmungen des Seils um eine kontraktuell-juridische Dimension. Die damit einhergehenden Bindungen, Bündnisse und Abhängigkeiten sind etymologisch in Operationen verwurzelt, die paradigmatisch durch Seile materialisiert werden. Ihre Beobachtung, dass sich Gesetzeskraft und bindende Normativität immer schon in existenzielle Relationen ein-schreiben, wird dabei von Weigelt alteritätsethisch perspektiviert.

Eva Krivanec diskutiert Seile „aus äquilibristischer Perspektive" (221), indem sie auf (kunst-)ästhetische Schauplätze der Moderne zurückblickt. In drei Vignetten zum *Seiltanz* widmet sich ihr Beitrag der „Fallhöhe", die sich aus dem Tanz auf einer in der Luft gespannten Linie als einer gleichsam spielerischen wie existenziellen Medienpraxis ergibt: Zwischen Infrastruktur, Requisit und künstlerischem Element eröffnet das Seil auch hier geradezu paradigmatisch anthropomediale Potenziale, wenn es sich temporär, situiert und szenografisch mit menschlichen Existenzweisen ver-bindet und darin belastbare, aber zugleich dynamische Relationen erzeugt, in denen sich Beziehungen zwischen Figur und Grund, zwischen Körpern und Räumen und weiteren, zuvor scheinbar disparaten Punkten ergeben.

Einen weiteren Schauplatz einer im obigen Sinne kritischen, also *ent-scheidenden* Relationalität beschreibt Maximilian Rünker in seinem Text über die mediale Infrastrukturalität von Alfred Hitchcocks Film *North by Northwest*. Rünkers im Dialog mit den Infrastructure Studies entwickelte Filmanalyse fokussiert die existenziellen, aber zumeist unsichtbaren Grundlagen moderner Gesellschaften – vornehmlich Verkehrs- und Kommunikationsnetze, die auch die Punkte der weiten US-amerikanischen Raumzeitlichkeit des Mystery-Thrillers aus den späten 1950er Jahren miteinander verbinden. Derartige Infrastrukturen, so zeigt Rünker, werden in Hitchcocks Film nicht nur handlungsleitend, sondern bestimmen die audiovisuelle Ästhetik maßgeblich, sodass eine ihrerseits existenzielle Relation zwischen filmischer Ästhetik und performativen Umgebungen des Films entsteht. Neben den konkreten Filmschauplätzen betrifft diese ebenso die materiellen und technischen Bedingungen filmischer Medien selbst. Eine Pointe von Rünkers Einsatz ist es in theoriepolitischer Hinsicht, darauf zu verweisen, dass das Filmmedium eine spezifische Affinität zur Infrastrukturalität (und ihrer Ästhetik) unterhält, die sich – entgegen der landläufigen These, Infrastrukturen kämen vor allem dort zur Wahrnehmung, wo sie kollabierten und sich als dysfunktional erwiesen – auf eine *gelingende* operative Relationalität bezieht. Während Rünker auf filmästhetische Verfahren zurückgreift, um ein Sichtbarwerden von Infrastrukturen auch bei deren reibungslosem Funktionieren zu beschreiben, widmet sich Nathalie Schäfer in ihrer Respondenz der Infrastrukturalität sozialer Medienplattformen. Zentral stellt Schäfer dabei das Konzept der Hyper-Funktionalität: Wie sie durch ihre Erfahrung mit *fame-enhancing bots* auf Instagram veranschaulicht, beschreibt das Konzept das bruchlose Funktionieren einer Infrastruktur innerhalb ihrer Parameter. Zugleich verdeutlicht Schäfer, dass sich aus der Benachrichtigungsfunktion der Plattform unerwartete Erfahrungen für die Nutzer:innen ergeben können, in denen die zugrunde liegende Infrastruktur sichtbar wird. Sowohl Rünker als auch Schäfer zeigen damit letztlich, dass eine ästhetische Befragung von Infrastrukturen das Potenzial besitzt, die medientheoretische Opposition von Funktion und Störung aufzuheben, insofern Infrastrukturen sowohl in als auch jenseits ihres reibungslosen Funktionierens auf spezifische Weise wahrnehmbar sind.

Operativität und Übertragung stehen auch in Lorenz Engells medienphilosophischem Einwurf zentral. Er schlägt das Konzept der Ontographie als einen kritischen Term für eine relationalistische Theorie vor, die von einer Verschränkung dessen ausgeht, was die Welt und der Fall ist, und dem, was in und durch Medien einsichtig wird. Spätestens im postrepräsentationalen Zeitalter des digitalen Computers zeigt sich Engell zufolge, dass die strikte Differenzierung zwischen einer außer- oder vormedialen Wirklichkeit und der Welt der Medien nicht trennscharf vorgenommen werden kann. Dafür steht das Konzept der *Ontographie*, das der Einsicht Rechnung trägt, dass das, was ist, und das Medium, das dieses Dasein registriert bzw. „aufschreibt", in eins fallen. Der Kontext, in dem Begriffe wie die Ontographie gebildet werden, bestimmt sich dabei als eine „ontologische Krise" (248), aus der sich die Notwendigkeit für neue Formen des Denkens jenseits etablierter Dualismen, das heißt als Notwendigkeit eines Denkens in immer schon gegebenen Relationen ergibt.

––––

Dieser Sammelband versteht Theoriearbeit als ein relationales Unterfangen, das sich aus Begegnungen und Konfrontationen verschiedener Modi des Denkens, Wahrnehmens und Sprechens speist. So unterhalten Texte Beziehungen zu anderen Texten ebenso wie zu Szenen und Situationen, die ihnen folgen werden und die ihnen vorausgegangen sind. Auch der vorliegende Band hat eine solche „Vorgeschichte": Er geht zurück auf die Tagung „Kritik der Relationen", die im Mai 2022 an der Bauhaus-Universität Weimar stattfand und von den Kollegiat:innen der ersten Kohorte des Weimarer DFG-Graduiertenkollegs Medienanthropologie – namentlich Kathrin Mira Amelung, Charlotte Bolwin, Charlotte Brachtendorf, Maria Brannys, Gabriel Geffert, Martin Kallmeyer, Hannah Peuker, Gereon Rahnfeld, Maximilian Rünker, Nathalie Schäfer, Max Walther und Shirin Weigelt sowie Tommaso Morawski und Katia Schwerzmann – konzipiert wurde. Der Sammelband baut auf Vorarbeiten, Recherchen, Gesprächen, Präsentationen und Diskussionen im Kontext der Tagung sowie deren Vor- und Nachbereitung auf. Dennoch versteht sich *Szenen kritischer Relationalität* nicht als klassischer Tagungsband, sondern als eine Weiterentwicklung und Zuspitzung der Debatten, Fragen und Problemstellungen, die während der Tagung in Weimar in Relation gebracht und auf ihre kritischen Potenziale befragt wurden. Ein zentrales, wiederkehrendes Motiv, das auch das initiale Anliegen der Organisator:innen widerspiegelt, findet sich in der Frage, wie auf der einen Seite Kritik durch relationale Ansätze praktiziert werden kann und wie auf der anderen Seite relationale Denkansätze selbst kritisch befragt werden können. Der Titel „Kritik der Relationen" implizierte somit die zweifache Perspektive auf relationales Denken als kritisches Projekt und als eine Weise des Denkens und Beschreibens, das mindestens dahin gehend selbst kritikwürdig ist, als ein Relationieren um des Relationierens selbst willen die Möglichkeit kritischer Differenzierung und Desidentifikation verfehlt.

Während einige Teilnehmer:innen der Tagung als Autor:innen in diesem Band wieder auftreten, sind weitere Stimmen hinzugekommen. Diese Aufsätze setzen sich wiederum zu den Ergebnissen der Tagung ins Verhältnis und entwickeln Konzepte kritischer Relationalität anhand ihrer eigenen Forschungsszenen und durch ihre Theorieansätze weiter. Durch dieses Vorgehen sowie die verschiedenen Formate des Bandes – Aufsätze, Respondenzen und Interventionen – versucht der Sammelband, dem Anspruch relationaler Arbeit auch formal nachzukommen und die Bedingungen und Möglichkeiten einer relationalen Kritik selbst zu erproben. Der Sammelband versteht sich folglich selbst als eine Szene kritischer Relationalität und versucht, eine eigene Methode dialogischer Theorieproduktion anzuregen, die Texte verschiedener Art und Länge ins Verhältnis setzt.

Dieses Buch, die ihm vorausgegangene Tagung sowie unsere kollektiven Denkprozesse wären ohne das Umfeld des Weimarer Graduiertenkollegs Medienanthropologie und ohne die Unterstützung vieler Menschen nicht möglich gewesen. Sie hier alle zu nennen – und der verteilten Handlungsmacht Rechnung zu tragen, die akademische Denk- und Textarbeit fundiert –, würde den Rahmen sprengen. Unser hervorgehobener Dank gilt Christiane Voss, Lorenz Engell, Christiane Lewe, Tim Othold, Katarzyna Włoszczyńska, Susan Goldammer, Nils Jönck, Florian Slodowski, Ivana Buhl, Dana Horch sowie allen Professor:innen und Kollegiat:innen der ersten Kohorte des Weimarer Graduiertenkollegs Medienanthropologie und den Teilnehmenden und Gäst:innen der Tagung „Kritik der Relationen". Marcus Burkhardt, Sabine Manke und dem Team von meson press danken wir für die redaktionelle Betreuung dieses Projekts. Für die finanzielle Unterstützung danken wir der Deutschen Forschungsgemeinschaft. Der Bauhaus-Universität Weimar danken wir dafür, unserem gemeinsamen Denken und Arbeiten ein produktives Milieu gewesen zu sein.

Literatur

Barad, Karen. 2007. *Meeting the Universe Halfway: Quantum Physics and the Entanglement of Matter and Meaning*. Durham: Duke University Press.

Berlant, Lauren G. 2011. *Cruel Optimism*. Durham: Duke University Press.

Foucault, Michel. 1981. *Archäologie des Wissens*. Frankfurt am Main: Suhrkamp.

Haraway, Donna. 1991. *Simians, Cyborgs, and Women: The Reinvention of Nature*. London: Routledge.

———. 1988. „Situated Knowledges: The Science Question in Feminism and the Privilege of Partial Perspective." *Feminist Studies* 14, Nr. 3: 575–599.

Hird, Myra J. 2016. „The Phenomenon of Waste-World-Making." *Rhizomes: Cultural Studies in Emerging Knowledge*, Nr. 30. Zugriff 11. September 2023. http://www.rhizomes.net/issue30/hird.html.

Hoppe, Katharina und Thomas Lemke. 2021. *Neue Materialismen zur Einführung*. Hamburg: Junius.

Loick, Daniel und Vanessa E. Thompson. 2022. „Was ist Abolitionismus?" In *Abolitionismus: Ein Reader,* herausgegeben von Daniel Loick und Vanessa E. Thompson, 7–56. Berlin: Suhrkamp.

Morizot, Baptiste. 2020. *Manières d'être Vivant: Enquêtes Sur La Vie à Travers Nous*. Arles: Actes Sud.

Rancière, Jacques. 1995. *La Mésentente: Politique et Philosophie*. Paris: Galilée.

———. 2018. *Das Unvernehmen: Politik und Philosophie*. Frankfurt am Main: Suhrkamp.

Schwerzmann, Katia. 2020. „‚Coupling Parts that Are Not Supposed to Touch' oder die Berührung als Kritik." In *Tangieren: Szenen Des Berührens*, herausgegeben von Sandra Fluhrer und Alexander Waszynski, 283–299. Baden-Baden: Rombach.

Voss, Christiane. 2019. „Anthropomediale Perspektiven." In *Figurationen des Menschen: Studien zur Medienanthropologie*, herausgegeben von Philipp Stoellger, 33–51. Würzburg: Königshausen & Neumann.

Voss, Christiane, Katerina Krtilova und Lorenz Engell, Hrsg. 2019. *Medienanthropologische Szenen: Die conditio humana im Zeitalter der Medien*. Paderborn: Wilhelm Fink.

Was ist Kritik in Anführungszeichen?

Astrid Deuber-Mankowsky

Kritik in Anführungszeichen oder auch fettgedruckt steht offensichtlich seit Längerem unter Beschuss? … Verdacht? … in der Kritik? Es ist ebenso offensichtlich, dass diese Worte nicht erfassen, worum es der Absetzbewegung von einer Haltung der *Kritik* hin zu einem Denken der Relationalität, Reparativität, der Affekttheorie(n) oder auch (Neuen) Materialismen geht. „Unter Verdacht" und „unter Beschuss nehmen" sind ebenjene Verfahren, die mit Kritik in Anführungszeichen assoziiert werden und von denen man sich doch distanzieren möchte. Es ist nicht so einfach, nicht zu wiederholen, was man überwinden möchte, wenn es um eine Kritik der Kritik geht. Ich schlage deshalb vor, zu differenzieren, und beziehe mich dabei bewusst auf ein Vermögen, dass genuin mit „Kritik" verbunden ist, dem Vermögen des Differenzierens.

In einem kurzen Text mit dem Titel *Schluss mit dem Gericht* in dem 1993 in der französischen Originalfassung veröffentlichten Band *Kritik und Klinik* unterscheidet Gilles Deleuze zwischen Handlung und Urteil und zwischen Kritik und Gericht:

> Von der griechischen Tragödie bis zur modernen Philosophie formt und entfaltet sich eine regelrechte Lehre vom Gericht. Tragisch ist weniger die Handlung als das Urteil, und die griechische Tragödie begründet zunächst ein Tribunal. (Deleuze 2000, 171)

Es ist nach Deleuze also keineswegs die *Kritik*, die mit der westlichen Denktradition in unheiliger Allianz verbunden ist, sondern das Gericht. In diesem Sinne fährt er fort und differenziert zwischen Kants *Kritik der Urteilskraft* und Spinozas *Ethik*: „Kant erfindet keine wahrhafte Kritik der Urteilskraft, da ja dieses Buch im Gegenteil ein phantastisches subjektives Gerichtsverfahren eröffnet. Spinoza ist es, der im Bruch mit der jüdisch-christlichen Tradition die Kritik daran betreibt" (Deleuze 2000, 171). Anders als Kant, der in seiner kritischen Philosophie die transzendentale Subjektivität mit dem Vermögen des Urteils verknüpft, übt Spinoza nach Deleuze die „wahrhafte Kritik" an der zu einer Lehre vom Gericht verkommenen Philosophie. Es geht in der Folge nicht um den Bruch mit der Kritik als dem Vermögen zu differenzieren, sondern um den Bruch mit der Assoziation von Kritik und Gericht. Und ist es nicht genau diese Sprache des Gerichts, die in der Formulierung „unter Verdacht stehen", „unter Beschuss nehmen" und „in der Kritik stehen" zitiert wird? Es gibt offensichtlich eine Nähe zwischen der Haltung der Kritik und der Sprache des Gerichts. Dies hat nicht nur Deleuze, sondern auch Foucault gesehen. Beide beziehen sich in ihrer kritischen, das meint, differenzierenden Lektüre von Kant auf Nietzsche und dabei insbesondere auf die *Genealogie der Moral*. Anders als Deleuze bezieht sich Foucault jedoch nicht auf Spinoza und dessen Denken in „Begriffen der Kraft" (Deleuze 2000, 183), um Kritik und Gericht zu differenzieren und das Urteil zu suspendieren. Er knüpft vielmehr an Kant an und bettet die Haltung der Kritik in die Geschichte der Biopolitik und die mit dieser verbundenen Menschenregierungskunst ein. Davon ausgehend schlägt er die bekannte Definition von Kritik vor als „die Kunst, nicht dermaßen regiert zu werden" (Foucault 1992, 12). Auch für Foucault hebt die Kritik das Urteil auf. Judith Butler (2001) folgte ihm darin und differenziert zwischen Kritik und Moral: „Die kritische Haltung ist nach den Regeln, deren Grenzen sie zu hinterfragen sucht, nicht moralisch." Die kritische Haltung ist nicht moralisch, weil sie sich just gegen jene von Foucault ausgemachten „illegitimen Gründe" wehrt, die „die kritische Beziehung auszuschließen und ihre eigene Macht auszuweiten suchen, um das gesamte Feld des moralischen und politischen Urteils zu ordnen." Es geht also nicht darum, eine gegebene Forderung für ungültig zu erachten, sondern es geht, so führt Butler aus, darum, „nach der Ordnung zu fragen, in der eine solche Forderung lesbar und möglich wird." Sie fügt in ihrem Kommentar zu Foucaults Bestimmung der Kritik als Kunst der Entunterwerfung die Frage hinzu: „Aber wie kann Kritik anders verfahren, ohne die Denunziation durch jene zu riskieren, die naturalisieren und ebenjene moralischen Begriffe als überlegen ausgeben, die von der Kritik selbst infrage gestellt werden?" (Butler 2001)

Butlers Antwort führt uns zu ebenjenem Versuch, zu dem die Herausgeber:innen des vorliegenden Bandes die Beiträger:innen ermutigen, indem sie die Haltung der Kritik mit dem Denken der Relationalität verbinden. Entunterwerfung zielt, so Judith Butler, auf die Suspension des Urteilens zugunsten einer „riskanteren Praxis", einer Praxis, die immer von Neuem die Frage aufwirft:

> „Wer wird hier Subjekt sein, und was wird als Leben zählen, ein Moment des ethischen Fragens, welcher erfordert, dass wir mit den Gewohnheiten des Urteilens zu Gunsten einer riskanteren Praxis brechen, die versucht, den Zwängen eine künstlerische Leistung abzuringen." (Butler 2001)

Dies führt mich zum Schluss zurück zu Deleuze und zu seinem Plädoyer, statt mit dem Urteil in Begriffen der Kraft zu denken, da das Urteil die Ankunft eines jeden neuen Existenzmodus verhindere. Deleuze (2000, 242) trifft den Punkt, wenn er zuspitzend formuliert, dass es nicht darum gehe zu „richten", sondern „existieren zu machen." Ebendarum geht es auch jener kritischen Haltung, in der Kritik nicht in Anführungszeichen steht, sondern eine riskante Praxis ist, die sich dem Dogmatismus überall entgegenstellt. Auch in den eigenen Reihen. Und auch wenn man das Problem in Begriffen der Kraft, der Relation oder des Affektes aufwirft.

Literatur

Butler, Judith. 2001. „Was ist Kritik? Ein Essay über Foucaults Tugend." *transversal texts*. Zugriff 3. August 2023. https://transversal.at/transversal/0806/butler/de.

Deleuze, Gilles. [1993] 2000. *Kritik und Klinik*. Frankfurt am Main: Suhrkamp.

Foucault, Michel. 1992. *Was ist Kritik?* Berlin: Merve Verlag.

KRITIK

SITUIERUNG

ANTHROPOZÄN

BLICKORDNUNG

ZÄSUR

Wie denkt es sich aus Relationalität heraus? Von anthropozänen Illusionen und kritisch-relationalen Experimenten

Julia Schade

Dieser Beitrag untersucht Relationalität als Neuaushandlung gewohnter Wissensformen und Darstellungsmodi und fragt, was es heißen könnte,
nicht nur *über* Relationalität nachzudenken,
sondern diese auch als Herausforderung des
eigenen Denkens zu begreifen und mit situierten
Wissens- und Schreibmodi zu experimentieren.
Denn wenn wir relationale Ansätze als Infragestellung westlicher anthropozentrischer Denktraditionen und als situierte Verwobenheit mit dem
Gegenstand unserer Betrachtung ernst nehmen,
dann stürzt das unweigerlich auch die Art und
Weise in die Krise, *wie* Wissen produziert und
Theorie gebildet wird. Am Beispiel von Frédérique
Aït-Touatis und Bruno Latours Lecture-Perfor-
mance *Inside* (2017) und Erich Hörls Kritik der

„anthropozänen Illusion" zeigt der Beitrag, welche Schwierigkeiten sich ergeben, wenn zwar eine relationale Perspektive eingefordert, dabei aber die eigene Situierung innerhalb einer epistemischen Blickordnung kritischer Distanz nicht mitverhandelt wird.

„We are implicated in what we study."
— *Gayatri C. Spivak*

Abstand halten: kritische Distanz

Ist Relationalität eine kritische Angelegenheit? Zunächst scheint es sich bei den Begriffen Kritik und Relation um zwei Denkweisen zu handeln, die sich gegenseitig ausschließen. Denn es sind gerade als relational beschreibbare Theorien, die sich in ihrem Einsatz für Beziehungsweisen, Situierung und andere Wissensformen meist gegen „die" Kritik in ihrer aufklärerischen Tradition richten. Während sich Relation im Sinne Édouard Glissants (1990) als eine Denkweise des untrennbaren In-Beziehung-Seins mit der Welt, ihren Differenzen und unseren Betrachtungsgegenständen verstehen lässt, beruht der westliche Kritikbegriff zunächst auf einer klaren räumlichen und affektiven Trennung des betrachtenden Subjekts von seinem Objekt der Kritik. Im Gegensatz zur relationalen Verwobenheit, die zugleich auch ein Affiziertsein vom Betrachteten bedeuten kann, setzt dieses Verständnis von Kritik also eine Distanz zu ihrem Gegenstand voraus, denn „[k]ritisch zu bleiben," das bedeutet, „Abstand … zu halten." (Butler 2001, Ab. 1) Die Distanz zum Objekt der Untersuchung ist aus diesem Blickwinkel keineswegs Hindernis, sondern schlicht Bedingung für dessen kritische Erkennbarkeit.

In Zeiten, in denen der westliche Geltungsanspruch universalistischer Theorien zur Disposition steht und der Status *der* Theorie in der Tradition der *French Theory* und der Kritischen Theorie an Bedeutung einbüßt (Butler, Guillory und Thomas 2000), befindet sich auch dieses Verständnis von Kritik und damit das Paradigma eines kritisch-erkennenden, sich selbst als neutral behauptenden, distanzierten Blicks in der Krise.[1] Bruno Latour

---

1   Ruth Sonderegger wiederum sieht die gegenwärtige Krise der Kritik auch in ihrer neoliberalen Vereinnahmung als Imperativ zur Selbstkritik und -evaluierung begründet (Sonderegger 2019, 10).

(2007) diagnostiziert eine reaktionäre Vereinnahmung des Kritik-Begriffs und Karen Barad (2012, 49) postuliert, dass Kritik heute, statt konstitutive Ausschlüsse zu untersuchen, selbst zum bloßen Instrument einer distanzierten „destruktiven Praxis"[2] geworden sei, die ebendiese Ausschlüsse fortschreibe. Angesichts dessen stellt sich umso dringlicher die Frage nach einem Ausweg aus dieser – wie es Judith Butler (2001, Ab. 10) beschreibt – „Sackgasse innerhalb kritischer und post-kritischer Theorie unserer Zeit".

Nun sind es vor allem als *relational* beschreibbare Ansätze der letzten Jahre, die westliche Denksysteme und damit auch ebenjenen unsituierten kritischen Blick zur Disposition stellen sowie eine Neuaushandlung von Kritik und ihrer Praxis einfordern. Dies gilt auf je unterschiedliche Weise zum einen für Ansätze des New Materialism, der Critical Ecology und der feministischen Science Studies (Stengers 2011; Haraway 2016; Barad 2007; 2010; 2018; Tsing 2015; Alaimo 2014), die mehr-als-menschliche Entanglements und die Partialität von Wissen verhandeln. Zum anderen sind solche Theorien zu nennen, die Relationalität als diasporisches Nachleben rassistisch-kolonialer Gewaltgefüge untersuchen (Glissant 1990; Spillers 1987; Hartman 2022; Sharpe 2016), sowie solche, die indigene Epistemologien in den Fokus nehmen (Smith 2022; Hokowhitu et al. 2021). Relationale Positionen zur Sorge(-arbeit) (Puig de la Bellacasa 2017) und queerfeministische Positionen problematisieren wiederum (hetero-) normative Vorannahmen westlicher Theoriebildung und entwerfen Möglichkeiten anderer Beziehungsweisen (Adamczak 2017) und von queerem „world-making" (Nyong'o 2018, 42).

Kritisch-relational? Die Frage der Methode

So riskant es auch ist, solch heterogene Theorien unter dem Schlagwort „relational" zusammenzufassen und damit Gefahr zu laufen, ihre spezifischen Einsätze unter einem Stichwort einzugemeinden, so erscheint es mir doch wichtig, Gemeinsamkeiten zu betonen. Relational zu denken, impliziert zunächst, die Subjektzentriertheit westlicher Theorie und deren binäre Annahmen zu hinterfragen. Darüber hinaus steht Relationalität für ein „thinking-with" (Haraway 2016, 39) ein – ein Denken von Beziehungsgefügen, das sich als in gegenseitiger Verstrickung mit seinem Zu-Denkenden versteht und daraus ethisch-politische Konsequenzen ableitet. „We are implicated in what we study," schreibt Gayatri Spivak (2000, 6) und diagnostiziert eine Notwendigkeit für linke, emanzipatorische Theoriebildung, „to turn toward ethical practices." Damit wird eine

2   Übersetzung J. S.

ethisch-politische Verpflichtung als Sorge um Andere akzentuiert: „care of others as care of the self" (7).

Nicht mehr Großtheorien, sondern sympoietische, mehr-als-menschliche oder affektive Gefüge stehen damit im Vordergrund – im Sinne eines In-Beziehung-Seins, das immer auch eine Reflexion der eigenen Situiertheit, seiner Historizität und der Verpflichtung Anderen gegenüber impliziert: Aus welcher Position heraus denke und schreibe ich und welche Machtstrukturen, Denktraditionen und Infrastrukturen haben daran einen maßgeblichen Anteil? Die im Kontext dieses Artikels zu stellende Frage wäre insofern weniger, ob sich Kritik und Relationalität gegenseitig ausschließen, als vielmehr, was die spezifischen methodischen Einsätze einer relationalen Kritik ausmacht, die nicht nur Relationalität als Theoriegegenstand betrachtet, sondern ihre eigenen Analysemethoden und Wissensmodi an der Relationalität misst, die sie verhandelt.

Statt den Kritikbegriff mitsamt seiner aufklärerischen Denktradition gänzlich zu verwerfen, geht es, mit Ruth Sonderegger formuliert, vielmehr um die (selbst-)kritische Neubestimmung der Kritik als Praxis der „Ent|Übung" (Sonderegger 1990, 128) von Denkgewohnheiten. Damit wird insbesondere auch einer Gefahr der Wiedereinschreibung von eigentlich kritisierten Herrschaftsdynamiken Rechnung getragen.[3] In Anbetracht dessen ist meine These, dass in einigen der oben bereits genannten Positionen – wenn auch oft nur implizit – eine Neuaushandlung von Foucaults (1992, 15) Verständnis von Kritik als Praxis der *Ent-unterwerfung* stattfindet.[4] Kritik wird so als „die Kunst, nicht dermaßen regiert zu werden" (12) und damit als widerständige Praxis verstanden, die zugleich die Frage ihrer eigenen Methode neu stellt.[5] Foucault weiterdenkend, besteht der relationale Anspruch hierbei aber nicht darin, widerständige Praxen von der privilegierten Position des (*weißen*, männlichen) unbeteiligten Beobachters aus zu erörtern und von dort aus die Grenzen unserer eingeübten Denkweisen zu erkennen, um ein „anderes" Denken jenseits dessen zu entwerfen. Vielmehr geht es um eine „geopolitische Situierung" (Sonderegger 2019), die die eigene Implikation in die kritisierten

---

3   Der Appell zur „Ent|Übung" ist im Kontext gegenwärtiger Forderungen nach einem „unlearning" (Spivak 1990, 14; Azoulay 2019) und „unthinking" (Singh 2018) kolonialer Denktraditionen zu verorten.

4   Foucault schreibt in anderem Zusammenhang in Bezug auf Kant, Kritik sei eine „Grenzhaltung" sowie die „Analyse der Grenzen und die Reflexion über sie" (2005, 702 f.).

5   Besonders deutlich wird dies vor allem bei Saidiya Hartman und der Weiterentwicklung ihrer Thesen ausgehend von *Scenes of Subjection*, über *„Venus in zwei Akten"* bis hin zu *Wayward Lives* (1997; 2020; 2022).

Verhältnisse mitdenkt und damit das mit dieser Kritik gleichzeitig produzierte Wissen als notwendigerweise situiert und lokalisiert erachtet (David-Ménard 2013).

Wenn wiederum Donna Haraway (2016, 31) in ihrer viel zitierten Passage schreibt, „[n]othing is connected to everything; everything is connected to something", oder Édouard Glissant (2011, 9) die Relation als „made up of all the differences in the world" bestimmt, dann geht es hier nicht um eine Romantisierung einer allumfassenden Verbundenheit mit der Welt, sondern um die Spezifik dieser Beziehungsweisen, um die Verantwortlichkeit gegenüber ebendiesen Relationen und die methodische Verunmöglichung einer neutralen, distanzierten Betrachter:innenperspektive. Dies muss also notwendigerweise Folgen haben für sowohl die geistes- und kulturwissenschaftliche Methoden- und Wissensbildung als auch deren Modi und Politiken der Darstellung.

Wie denkt es sich *aus* Relationalität *heraus*?

Mein Einsatz ist nun folgender: Wenn wir relationale Ansätze, wie eben dargelegt, als Infragestellung westlicher anthropozentrischer Denktraditionen und als situierte Verwobenheit mit dem Gegenstand unserer Betrachtung ernst nehmen, dann stürzt das unweigerlich auch die Art und Weise in die Krise, *wie* Wissen produziert und Theorie gebildet wird. In diesem Sinne ist auch dieser Beitrag als Suchbewegung zu verstehen, mich aus meiner eigenen Positionalität heraus, nämlich als eine in der spezifischen Verbindung von Dekonstruktion und Kritischer Theorie geschulte und an der Schnittstelle von Theater- und Medienwissenschaft arbeitende *weiße* Wissenschaftlerin, an den Vorannahmen meines eigenen Kritikbegriffs abzuarbeiten und neue relationale Zugänge zu finden. Denn lediglich oberflächlich bliebe jene relationale Kritik, die aus dem theoretischen Anspruch auf Situiertheit und Relationalität keine Konsequenzen für ihr eigenes Schreiben, für ihre eigenen Methoden ziehen würde. Relationalität als kritischen Einsatz ernst zu nehmen heißt, sich auch damit auseinanderzusetzen, inwiefern die eigenen Wissensmodi und Denktraditionen an spezifische Darstellungsweisen gebunden sind, die sich oft ungewollt reproduzieren.[6] Dies lässt sich gut veranschaulichen, wenn wir uns vorstellen, wie wir auf die Frage „Wie sieht Relationalität denn eigentlich aus?" antworten würden. Routiniert lässt sich darauf schnell mit bekannten Wissensmodi reagieren, die jedoch eine bestimmte darin

---

6   Tiffany Lethabo King beschreibt dieses Problem in Bezug auf *weiße* Ansätze als Reproduktion eines fetischisierenden, sezierenden, unsituierten Blicks (2019, 45).

verankerte ästhetische Darstellungspraktik – oder auch Schauanordnung –
wiedereinschreiben, die den Implikationen von Relationalität zuwiderläuft:
Denn die Beschreibung des Betrachtungsgegenstands Relationalität setzt,
wie in der bereits skizzierten aufklärerischen Kritiktradition angelegt,
einen „archimedischen Punkt" (Arendt 1996, 252) voraus, der außerhalb
der beschriebenen Relationalität liegt und somit selbst ganz unbeeinflusst
von der Verwobenheit, die sie zu fassen sucht, von oben auf sie herab-
blickt. Es handelt sich um eine universalisierende Darstellungsweise,
einen „universalkosmischen Standpunkt" (260), der sich beispielsweise in
typischen Aufnahmen der Welt als *blue marble* wiederfindet und in Google-
Earth-Ansichten fortschreibt.[7] Das Problem liegt also in einem Wissen-
schaftsverständnis, das durch seine Bemühung um Beschreibbarkeit und
Visualisierung darauf beharrt, die Komplexität von Relationalität aus der
Ferne darstellbar zu machen, und damit den „Wert der Wissenschaft selbst
zu einer Frage der Darstellbarkeit" werden lässt (Deuber-Mankowsky 2011,
89).

In Anbetracht dessen erscheint es mir umso wichtiger, sich in kritisch-relationalen Analysen zu üben, die diesen Rückfall in althergebrachte, distanzierte wissenschaftliche Denkweisen untersuchen, ohne Letztere zu
reproduzieren. Die Herausforderung liegt dementsprechend darin, *aus*
Relationalität *heraus* zu denken, anstatt sie sich in gewohnter Form aus
der Distanz anzueignen. Anhand zweier Beispiele werde ich nun zeigen,
inwiefern sich gerade in Positionen, die versuchen, eine Verschiebung
von anthropozentrischen hin zu relationalen Denkmustern zu entwickeln,
immer wieder doch eine tradierte anthropozentrische, universalisierende
Schauanordnung des körperlosen, distanzierten Betrachters re-etabliert.
Zunächst diskutiere ich die Lecture-Performance *Inside* von Bruno Latour
in der Regie von Frédérique Aït-Touati als einen theoretisch-künstlerischen
Versuch, der es sich zur Aufgabe macht, nach neuen Darstellungsweisen für
eine Perspektive aus dem Innen einer Relationalität zu entwerfen.

Frédérique Aït-Touati/Bruno Latour: *Inside*

Was wäre, wenn wir jenen kritisch-distanzierten anthropozentrischen
Blick aus dem Außen zugunsten einer anderen relationalen Perspektive

---

7   Zum Verhältnis von distanzierter Betrachter:innenkonstellation und Weltbezug bei
     Arendt siehe: Gabriel 2021, 81. Zur Abbildbarkeit des Planetarischen: Bergermann
     2010. Die archimedische Perspektive wird mit militärischer Implikation als „Bomb
     Eye's view" (Virilio 2006) oder „world target" (Chow 2006) beschrieben. Wie sich der
     Blick aus dem Außen beispielsweise in Google Earth und Google Ocean wieder ein-
     schreibt, erläutert Melody Jue (2020, 112–141).

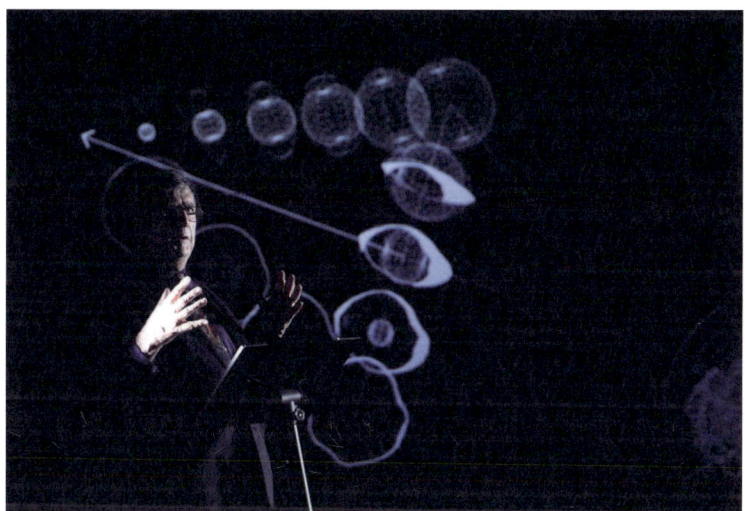

[Abb. 1] Latour auf der Bühne bei der Erläuterung der Perspektivverschiebung. *Inside: A Conference-Performance by Bruno Latour and Frédérique Aït-Touati*, 2017 (Quelle Foto und Copyright: Frédérique Aït-Touati/Compagnie Zone Critique)

verlassen könnten? Wenn wir also die komplexe Verwobenheit von Mensch, Mehr-als-Menschlichem und Technologie nicht mehr von einem phantasmatischen Punkt im Außen beobachten würden, sondern in sie hineintreten könnten? Was für eine Szene täte sich hier auf? In dieses Gedankenexperiment führt uns Bruno Latours Lecture-Performance *Inside* (Abb. 1).[8] Die Arbeit ist deswegen interessant, weil sie gerade in dem Versuch der Darstellung einer relationalen Perspektive ihre eigene theatrale Schauanordnung und ihre Situierung von Blickkonstellationen unhinterfragt lässt und sich damit als symptomatisch für die Herausforderung relationaler Kritik erweist. Die Inszenierung ist als Versuch einer In-Szene-Setzung von Latours theoretischem Entwurf einer relationalen Kosmologie zu verstehen, die er in Auseinandersetzung mit James E. Lovelocks und Lynn Margulis' Gaia-Hypothese entwickelt (2017).[9]

Das erklärte Ziel der Lecture-Performance liegt bezeichnenderweise in einem „change in perspective" (Arènes, Latour und Gaillardet 2018, 120): Es gehe also um alternative Darstellungsweisen jener komplexen Prozesse, die

8   *Inside* (2017). Lecture-Performance von Bruno Latour, Regie: Frédérique Aït-Touati. Deutsche Erstaufführung 23. April 2017, Koproduktion Künstlerhaus Mousonturm, Théâtre Nanterre-Amandiers.

9   Zur Einordnung von Latours Auseinandersetzung mit James E. Lovelocks und Lynn Margulis' Gaia-Hypothese siehe Sprenger 2018.

[Abb. 2] Latour erklärt die gaia-grafische Perspektive. *Inside: A conference-performance by Bruno Latour and Frédérique Aït-Touati*, 2017 (Quelle Foto und Copyright: Frédérique Aït-Touati/Compagnie Zone Critique)

[Abb. 3] Latour verschwindet hinter der Projektion der *Critical Zone*. *Inside: A Conference-Performance by Bruno Latour and Frédérique Aït-Touati*, 2017 (Quelle Foto und Copyright: Frédérique Aït-Touati/Compagnie Zone Critique)

zur Ausrufung des Anthropozäns geführt haben, und zwar in einer Art und Weise, die sich ausdrücklich von der bisherigen äußerlichen, distanzierten Darstellung des Globus als einer aus dem Weltall aufgenommen Kugel löse. Stattdessen gehe es darum, ein „Innen" der Prozesse sichtbar zu machen und zu fragen:

> Can we change our perception of the Earth? No longer from a great distance, like a blue marble flying through space, but from the inside out, as a cross-section of that critical zone? What does it mean not to live ‚on' the Earth but ‚in' the Earth? (Aït-Touati und Latour 2017b)

Während Latour auf der dunklen Theaterbühne den Anspruch dieser Perspektivverschiebung erläutert, werden großflächige animierte Projektionen eingeblendet, die seine Ausführungen illustrieren oder vorwegnehmen (Abb. 1 und 2).

Mal legt sich eine merkwürdige Mondlandschaft, die sich später als Visualisierung mikrobakterieller Prozesse auf der Erdoberfläche herausstellt, wie eine vierte Wand auf und über den Vortragenden, der dahinter langsam verschwindet (Abb. 3). Ein anderes Mal erscheinen psychedelisch anmutende Grafiken, die die Vorgänge der Atmosphäre darstellen sollen. „Gaia-graphic view" nennen Latour, Alexandra Arènes und Jérôme Gaillardet (2018, 120) diesen Versuch, andere Visualisierungs- und Bildgebungsverfahren für die sogenannte „critical zone" zu finden, eine Bezeichnung für das Ensemble all jener Prozesse, die an und in der Erdoberfläche stattfinden und damit die Einwirkungszone des Anthropozäns betreffen. Die *gaia-grafische* Perspektive, die hier angestrebt wird, definiert sich also als Versuch, etwas aus dem Inneren der Prozesse heraus darzustellen, und dabei auf den allumfassenden Blick aus dem Nirgendwo zu verzichten, denn, wie Latour (2017, 136) betont, „he who looks at the Earth as a Globe always sees himself as a God." Es handelt sich um jenes Phantasma einer objektivierenden Perspektive, die Haraway (1988, 582) als „god trick" kritisiert.

Besonders deutlich zeigt sich dies in der Episode, in der Latour ein „ganz neues" Modell kommentiert, das in *gaia-grafischer* Perspektive die Erde nicht mehr als runden Globus aus weiter Ferne darstellt, sondern die zeitlichen Prozesse und Transformationen der Erdatmosphäre abbilden soll. Dabei ist auffallend, dass der Globus als flach erscheint, sodass sein eigentliches Zentrum an den Seiten, die Atmosphäre der Erde aber in der Mitte des Modells liegt. Mehrere Ringe um dieses Zentrum herum, die Planetenumlaufbahnen ähneln, stellen die Zeitschichten dar – der äußerste Ring mehrere Millionen Jahre, der innerste eine Millisekunde (Abb. 4).

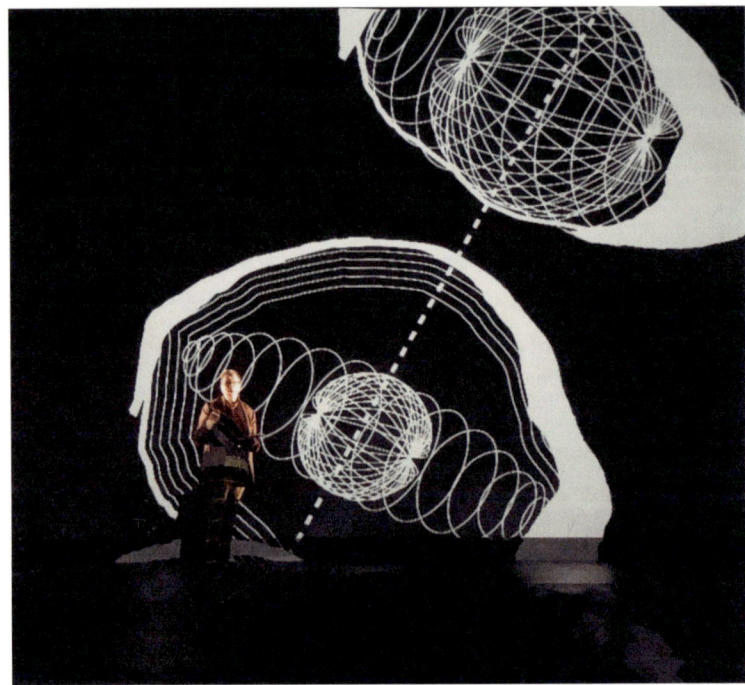

[Abb. 4] Latour erläutert die Problematik einer globalisierten Perspektive. *Inside: A Conference-Performance by Bruno Latour and Frédérique Aït-Touati*, 2017 (Quelle Foto und Copyright: Frédérique Aït-Touati/Compagnie Zone Critique)

[Abb. 5] Latour deutet auf die Visualisierung der *critical zone*. *Inside: A Conference-Performance by Bruno Latour and Frédérique Aït-Touati*, 2017 (Quelle Foto und Copyright: Frédérique Aït-Touati/Compagnie Zone Critique)

Entscheidend ist an diesem Modell, dass es zeit- und nicht raumbezogen ist. Es vollzieht keine Lokalisierung, macht also nicht, wie übliche Modelle dieser Art, eine Angabe über eine Position im Raum im Verhältnis zur Erde, sondern versucht, die Darstellung zeitlicher Prozesse einzufangen, ohne kartografischen Mustern zu folgen. „Where you are in this representation is in between circles that are slow and quick", erklärt Latour (Aït-Touati und Latour 2017a, 00:29:15), während er auf die Projektion zeigt und in seiner Vortragshaltung die Ringe mit seinen Armen nachzeichnet (Abb. 5).

Was hier angestrebt wird, ist die Perspektive aus dem Vortex der Erd-atmosphäre und damit eine Situiertheit in ihr: „So instead of having us trying to find our place in space viewed from nowhere, we begin to get a feeling for what it's like to be situated inside what is the vortex" (Arènes, Latour und Gaillardet 2018, 130). In der Beschreibung dieser Methode heißt es wiederum: „[T]he viewer is given a strong feeling of being inside …. [W]e situate ourselves in the map, … we are now inside a deep set of envelopes instead of on the surface of a planet" (130). Allerdings verzichtet das vorgestellte Diagramm ausdrücklich eben nicht auf einen externen Fluchtpunkt. Vielmehr wird hier nämlich die Sonne als zentraler übergeord-neter Punkt über die abgeflachte Erde gesetzt. Damit ähnelt die Abbildung pythagoreischen Darstellungen des Kosmos – obgleich Latour betont, es handle sich um ein Hybrid aus Geozentrismus und Heliozentrismus. Im Versuch einer anderen Darstellung wird also erneut das Dargestellte auf einen äußeren Punkt ausgerichtet, von dem aus die Welt und ihre Ober-flächenprozesse repräsentier- und abbildbar werden. Die Sonne ersetzt damit die gottgleiche Perspektive. Obgleich das erklärte Ziel der kol-laborativen Lecture-Performance eine radikale Perspektivverschiebung ist, der es spezifisch um die Innen-Sicht auf die Eingebundenheit und Verzweigung von Prozessen und ihren Zeitlichkeiten jenseits von kartogra-fischen und geografischen Schemata geht, erweist sie sich doch als blind gegenüber der eigenen Darstellungsweise. Dies bezieht sich vor allem auch auf die theatrale Schauanordnung, *in der* die Lecture-Performance situiert ist, in der sie sich aber *selbst* nicht positioniert. Damit werden die Voran-nahmen ihrer eigenen Inszenierung nicht mitgedacht, wie ich im Folgenden aufzeigen werde.

Die Verzweigung pluraler Prozesse der *critical zone*, die eine Form der Übersicht unmöglich macht, findet sich in der Arbeit im Dispositiv einer klassischen Theaterform gebrochen, die sich „Zauberkasteneffekten" aus der Lichtregie bedient und sie dem entsprechend angeordneten Publikum gegenübersetzt. Insbesondere die Publikumssituation verdeutlicht den

Widerspruch zwischen behaupteter Innen-Perspektive und unreflektierter Wiedereinschreibung einer distanzierten Blickordnung. Die Performance ist so ungewollt der rationalistischen Vorstellung verpflichtet, aus der Distanz Erkenntnis vermitteln zu können, und reproduziert das Phantasma eines körperlosen Blicks, welches durch die klassische Bühnenform bedingt wird. Diese ist epistemisch verankert in der neuzeitlichen „Spaltung von Welt und Betrachter" (Gabriel 2021, 23). Sie geht mit der Verschleierung ihrer eigenen medialen Vermittlung einher: Im Anspruch, eine allgemeine Darstellungsweise zu sein, die alles universell sichtbar und abbildbar zu machen vermag, setzt die sich im 17. und 18. Jahrhundert etablierende und institutionalisierende Bühnenform den:die Betrachtende:n als „körperloses Auge" voraus, das „nur schauen und von seinem Körper nichts wissen" darf (Haß 2005, 68). Dementsprechend muss dieses Darstellungsmodell auch in seiner weiteren Genese, bis hin zur *Blackbox*, das ausschließen, was letztlich Grundbedingungen für Relationalität sind, nämlich „Lokalisierung, Positionierung und Situierung" (Haraway 1995, 89). Anstatt auch den Theaterraum als relational zu verstehen und dementsprechend zu erproben, bedient sich *Inside* unhinterfragt also einer Bühnenform, die epistemisch in der Tradition eines körperlosen Blicks steht. Durch ihre perspektivische Ausrichtung auf die Sonne reproduziert sie in der theatralen Schauanordnung einen *Blick aus dem Außen*, den sie eigentlich für überwunden erklärt. Somit re-etabliert sie auch jene distanzierte Schauanordnung, die selbst von der dargestellten Relationalität unberührt bleibt und Latours theoretischem Entwurf einer relationalen Kosmologie zuwiderläuft.

Latours Arbeit zeigt somit umso deutlicher, wie leicht gerade jene Denkversuche, die für sich beanspruchen, einen dezidiert *anderen Blickwinkel in Bezug* auf das Anthropozän, Relationalität und deren Verzweigungsprozesse einzunehmen, doch unbemerkt wieder in herkömmliche Repräsentationsmuster zurückfallen. Auch wenn eine der Prozesshaftigkeit mehr-als-menschlicher Akteur:innen und Transformationen entsprechende Innen-Perspektive angestrebt wird, verfällt die Darstellung wieder dem Phantasma eines *Außen*. Einerseits weist *Inside* damit rhetorisch und inszenatorisch geschickt auf eine notwendige relationale Verschiebung der Wahrnehmung hin. Andererseits aber unterminiert die Inszenierung diesen Anspruch selbst, indem sie ausschließlich diejenigen Ansichtsweisen, Erfahrungsmodi und letztlich Erkenntnismodelle bedient, die eigentlich kritisiert werden. Indem die Performance die Notwendigkeit neuer Darstellungsweisen für Relationalität formuliert, veranschaulicht sie darüber hinaus eine spezifische Problematik innerhalb gegenwärtiger

kritischer Theoretisierungsversuche des Anthropozäns (und weiterer
-zäne[10]), nämlich genau dort, wo versucht wird, die Hinwendung zu relationalen Denkweisen zu bestimmen, aber ohne daraus Konsequenzen für
die eigenen Beschreibungs- und Denkweisen zu ziehen.

Enttarnungsmetaphorik: Die anthropozäne Illusion

Besonders deutlich findet sich dieses Problem in der Annahme eines
„entscheidende[n] geschichtliche[n] Momentum[s]" der Ablösung des
Anthropozän-Paradigmas durch ein neues relationales, wie es Erich
Hörl (2016, 44) in *Die Ökologisierung des Denkens* beschreibt. Wie ich
nun erläutern werde, schleicht sich in diese Ablösungsmetaphorik, die
sich eigentlich zur Aufgabe macht, die Veränderung durch relationale
Denkweisen aufzuzeigen, wiederum die Setzung eines Außen ein, von
dem aus der historische Moment der Umwälzung vermeintlich festlegbar
wird. Ähnlich wie bei Latour ist dabei zu beobachten, inwiefern der Diskurs
genau jenen rationalistischen Vorstellungsweisen verhaftet bleibt, die in
der Anrufung einer relationalen neuen Epoche für überwunden erklärt
werden. Dies zeigt sich bezeichnenderweise just an der Stelle, an der
Hörl eine Theatermetaphorik für sein Denkmodell wählt – nämlich eine
Metaphorik der Illusion und seiner Enttarnung.

Als „anthropozäne Illusion" bezeichnet Hörl (2016, 44) zunächst das Phantasma des menschlichen Wirkmonopols im Anthropozän, also die Annahme
einer *qua Technik* bestehenden Vormachtstellung des Menschen[11] als
rationalistisches, handlungsmächtiges Subjekt (und ergänzt werden müsste
hier: in seiner Form als Homo oeconomicus).[12] Enttarnt wird diese Illusion

---

10   Dem Begriff des Anthropozäns werden eine ganze Reihe Neologismen entgegen-
      gestellt, zu denen nicht nur das „Capitalocene" (Haraway 2015) gehört, sondern
      auch jene des „Anthrobscene" (Parikka 2015), „Plantationocene" (Tsing 2015), „(m)
      Anthropocene" (Di Chiro 2017) oder „Plasticene" (Braidotti und Hlavajova 2018, 7).

11   Die verallgemeinernde Rede von der bedrohten und sich selbst zerstörenden
      Menschheit im Anthropozän, die Hörl hier unkommentiert fortführt, riskiert all jene
      postkolonialen, (queer-)feministischen Kritiken der letzten Jahrzehnte zu übergehen,
      die sich mit den Ungleichheitsverhältnissen innerhalb dieser vermeintlich univer-
      sellen Menschheit auseinandersetzen. Claire Colebrook folgert dementsprechend
      lakonisch: „After years of theory that contested every naturalization of what was
      ultimately historical and political, ‚man' has returned" (Colebrook 2016, 90).

12   Wie Sylvia Wynter (2003, 282) aufzeigt, geht es bei dieser dominanten westlichen Vor-
      stellung des Menschen um einen „mode of being human", der maßgeblich geprägt
      wurde durch die westliche, *weiße*, männliche Subjektivität des 19. Jahrhunderts.

ihm zufolge in dem Moment, in dem mehr-als-menschliche Akteur:innen auf den Plan treten:

> Die Explosion von *agencies*, wie sie gerade und nichts so sehr wie die Technosphäre vorführt, entzaubert zu guter Letzt die – wie ich sie nenne – anthropozäne Illusion, die dem Menschen ein phantastisches Wirkmonopol zuerkannt hatte. Der Begriff der anthropozänen Illusion benennt das entscheidende geschichtliche Momentum, das dieses Phantasma aus den Angeln hebt. (Hörl 2016, 44)

Genau dann also, wenn mehr-als-menschlichen Faktoren eine Wirkmacht zugeschrieben wird, entzaubert sich die Illusion des „phantastische[n] Wirkmonopol[s]" des Menschen als *geological agent*. Ergebnis dieser Enttarnung ist die Erkenntnis, dass er lediglich Teil einer relationalen Ganzheit ist. Der Anbruch der „Technoökologie" und das Aufkommen neuer Relationalität markiert für Hörl (2016, 44 f.) demnach jenes „geschichtliche Momentum" einer Entzauberung menschlicher Hybris. Bemerkenswert ist, wie sehr Hörls Beschreibung dieses Paradigmenwechsels geprägt ist von theatraler Metaphorik von Erscheinungen, entzauberten Illusionen, enttarnten Phantasmen und der Aufdeckung dessen, was sich vermeintlich „dahinter" verberge. Die Frage jedoch, die sich aus Hörls Ausführungen ergibt, ist nicht zuletzt, wer oder was die Entzauberung des Phantasmas vorzunehmen vermag und von welchem Ort aus die *anthropozäne Illusion* als solche enttarnt werden kann. Denn das Problem einer Rhetorik der Enttarnung oder der Enthüllung einer Illusion liegt schließlich in der Vorannahme eines erkennenden Blicks, der das *Wesentliche* hinter dem Schein zu enthüllen vermag (Koch und Voss 2005). Wer enttarnt hier also eigentlich?

Was hier als „rationalitätsgeschichtliche Zäsur" ausgerufen wird, geht nicht nur Hand in Hand mit einem „Neudenken der Relation" (Hörl 2016, 38 f.), sondern scheint die Form einer verheißungsvollen „neue[n] Aufklärung" (Hörl 2013, 123) anzunehmen, die aber dem Menschen eben nicht zu einer „neue[n] Form der Mündigkeit" (Simondon 2012, 96) verhelfe, sondern ihm just seine anthropozentrische Vormachtstellung nehme.[13] Es kommt also den umweltlichen relationalen Wirkmächten die Aufgabe des Aufklärers zu: So scheinen es die mehr-als-menschlichen *agencies* selbst zu sein, die für diese neue aufklärerische Enttarnung verantwortlich sind und hinter dem Schleier vermeintlich menschlicher Wirkungsmacht eine

---

13   Mit dieser Metaphorik einer neuen Aufklärung, die Illusionen enttarnt, reiht sich Hörl ein in die Tradition einer aufklärerischen kantischen Kritik von Illusionen. Inwiefern der Umstand, dass bei Kant „eine gedankliche Schöpfung aus einer Illusion gewonnen wird", dem Denken selbst einen unsicheren Standort zuweist, zeigt Monique David-Ménard (2013, 162) auf.

originäre, wesenhafte, relationale Verschränkung der Umweltlichkeit enthüllen. Relationen werden damit nicht nur „als *ursprüngliche* Größen" (Hörl 2016, 39) rekonzeptualisiert, ihnen wird auch die Handlungsmacht zur Entschleierung zugeschrieben. Führt Hörl damit nicht wiederum einen rationalen, souveränen und allumfassenden Blick aus dem Außen ein, der zwischen Schein und Sein unterscheiden, Trugbilder erkennen und die Ablösung des einen Paradigmas durch das andere, relationale bestimmen kann? Damit findet sich hier das Festhalten an der Schauanordnung eines distanzierten, außenstehenden Beobachtungspunktes, von dem aus sich das Anthropozän als menschliche Illusion entarnen und ein neues Paradigma ausmachen lässt.

Die Wiedereinschreibung des distanzierten Blicks

Paradoxerweise sind es in Hörls Argumentation aber eben mehr-als-menschliche Relationen, die diese Perspektive einnehmen. Es scheint, als käme auch eine Theorie, die es sich zur Aufgabe macht, das „anbrechende Zeitalter relationalen Denkens" als radikale Perspektivverschiebung und Herausforderung anthropozentrischen Denkens zu beschreiben, nicht umhin, ebendiese mithilfe eines „kalte[n] Blick[s] aus dem Außen der Technologie" (Hörl 2016, 38, 44) zu denken. Doch wenn wir von einer relationalen Verschränkung und Verwobenheit von menschlichen und nicht-menschlichen Akteur:innen, Natur und Technik, Mensch und Umwelt im Zeitalter, das als Anthropozän deklariert wird, ausgehen, dann kann es die äußerliche Position eines privilegierten Blicks, der eine Erscheinung als Illusion enttarnen könnte, eigentlich nicht mehr geben. Relationale Verschränkungen pluraler Systeme von Lebensformen und Wirkungsmächten verunmöglichen einen universalisierenden Außenblick zugunsten einer partialen Perspektive. Der widersprüchliche Punkt ist also dieser: Während auf der einen Seite der theoretische distanzierte Blick in der Tradition des zuvor geschilderten Kritikbegriffs zur Bedingung einer „anthropozentrismuskritischen und antiteleologischen Position" (Hörl 2016, 44) wird, so steht dieses Denkmodell schlussendlich im gleichen Repräsentationsmodus und im gleichen rationalistischen Register wie dasjenige, das es überwunden zu haben glaubt.

Was anhand der Wiedereinschreibung dieser aufklärerischen Schauanordnung deutlich wird, ist, dass Hörls Kritik der Illusion selbst unbeachtet lässt, *woher* sie selbst kommt, also wie sie selbst lokalisiert und situiert ist. Mit Monique David-Ménard (2013, 162) ließe sich die darin enthaltene Problematik folgendermaßen zuspitzen: Hörls Bestimmung einer Ablösung des alten anthropozentrischen Denkens durch ein neues relationales bezieht nicht denjenigen „Boden" mit ein, „von dem es sich durch das [neue] Denken frei zu machen gilt." Demgegenüber betont David-Ménard, dass es bei einer Befragung der Grenzen des (anthropozentrischen) Wissens darum gehen müsse,

> genau zu ermitteln, wie eine Erfindung des Denkens einen ihr vor-gängigen Kontext voraussetzt, von dem sich neue Begriffe loslösen. … Es handelt sich … darum, eine dem Wissen vorausliegende Illusion kritisieren zu können. Das mit dieser Kritik gleichzeitig produzierte Wissen ist also notwendigerweise durch die Verlaufsbahn eben dieser Kritik situiert bzw. lokalisiert. (2013, 162)

Es handelt sich also hier vor allem um eine epistemische Frage: Es geht um den Standpunkt, von dem die Grenzen des Wissens ausgemacht werden können, und vor allem um die epistemischen Vorannahmen, die bestimmen, was als Wissen gilt und was nicht.

Zusammenfassend lässt sich festhalten: Theorien, die große Zäsuren und epistemologische Brüche im Kontext des Anthropozändiskurses erfassen und festschreiben wollen, laufen Gefahr, eben gerade in der Beschreibung des neuen Paradigmas jene anthropozäne Illusion und damit Schauanordnung einer überblickshaften Beobachtung zu reproduzieren, die sie eigentlich als Grundannahme eines europäischen Rationalismus verwerfen.[14] Der Überblick wird zwar nun einer relationalen, mehr-als-menschlichen Position zugeschrieben, die aber ihrerseits vom Theoretiker erkannt werden muss. Wie ich sowohl anhand des szenischen Versuchs von Latours *Inside* als auch am Beispiel der Hörl'schen Schreibszene deutlich gemacht habe, reproduzieren schließlich beide Ansätze doch wieder das, was Haraway (1988, 582) die „god-like perspective" nennen würde, der sie ihr Modell der „partial perspective" entgegensetzt. Dem verheißungsvollen Blick auf eine „rationalitätsgeschichtliche Zäsur" (Hörl 2016, 38) und dem Anbruch einer neuen relationalen Ökologie zum Trotz bleibt diese Per-spektive im Trennungsgestus einer Bühne des souveränen Beobachters verhaftet. Die Verwendung des Zäsurbegriffs ist hier eigentlich irreführend, geht es doch vielmehr um eine Verschiebung, aus der heraus auch retrospektiv deutlich wird, dass Verflechtungen immer schon von Relevanz waren. Nähmen wir also Relationalität nicht als Epochenzäsur, sondern als

---

14   Monique David-Ménard schreibt von einer „philosophischen Tradition" epistemologischer Brüche seit Kant, Comte, Bachelard, Foucault und Althusser, „die die Problematik der epistemologischen Brüche genutzt (und sicherlich mitunter auch ausgenutzt) hat" (2013, 162).

Infragestellung bisheriger Denk- und Schaugewohnheiten ernst, müsste es dann nicht um den Entwurf einer Theorie und die Darstellung derselben gehen, die sich nicht selbst als universale entkörperte Metaperspektive setzt? Notwendig wäre also eine Perspektive, die *nicht allein über*, sondern vor allem *aus* ihrem Innen heraus denkt und damit ihre Situiertheit miteinbezieht.

Nun kann eine solche Forderung nach einer situierten Innen-Perspektive leicht missverstanden werden als Legitimation dafür, in der immanenten Relationierung einer westlichen Denktradition mitsamt ihren patriarchalen, kolonialen und kapitalistischen Implikationen zu verbleiben. Vielmehr muss es darum gehen, auch das *Außen* als Figurationen des Anderen in Beziehung zu setzen und sich von dieser Alterität tangieren, affizieren und verunsichern zu lassen. Wenn sowohl bei Latour wie auch bei Hörl ebenjene Denkordnungen reproduziert werden, die eigentlich überwunden werden sollen, so ähnelt dies nicht von ungefähr jenem unsituierten „Denken des Außen" (Ott 2019), welches durch seine vermeintliche Allgemeingültigkeit seinerseits Ausschlüsse produziert.

Schluss: Relationale Denkexperimente

Mit Blick auf Ausschlüsse von Theoriebildung ist aus queerfeministischer und dekolonialer Perspektive der Begriff des Anthropozäns in den letzten Jahren aufgrund seiner universalisierenden Implikationen vielfach problematisiert worden (Ahuja 2015; Grusin 2017; 2018; Grosz 2015; Colebrook 2016) – und damit komme ich nun auf die anfangs bereits von mir beschriebenen kritisch-relationalen Ansätze zurück. Die Vorstellung des Anthropozäns als eines Paradigmenwechsels, mit dem der Mensch erstmals zu einer seine Umwelt zerstörenden Lebensform wird und damit eine evolutionäre Sonderstellung erhält, impliziert die Re-Essentialisierung einer scheinbar homogenen Menschheit, die sowohl eine geologische Handlungsmacht wie auch eine sich selbst bedrohende Lebensform ist – bei gleichzeitiger Negierung sozialpolitischer, gesellschaftlicher Faktoren und einer kolonialen, extraktivistischen Gewaltgeschichte (Yusoff 2018). Die Rede von der bedrohten und sich selbst zerstörenden Menschheit im Anthropozän läuft also Gefahr, all jene kritischen feministischen, dekolonialen, gesellschaftspolitischen und philosophischen Ansätze für nichtig zu erklären, die nicht im Namen *der* Menschheit argumentieren, sondern relationale Abhängigkeitsverhältnisse, Ausgrenzungen, koloniale Verschränkungen und mehr-als-menschliche Entanglements herausarbeiten. Dementsprechend wird der Begriff des Anthropozäns etwa in

Ansätzen der Critical Race Studies (Karera 2019) als eine seine eigene historische Bedingung ausblendende, universalistische geologische Kategorie
kritisiert, weshalb etwa Françoise Vergès anstelle dessen vom „racial
Capitalocene" (Vergès 2017) schreibt.[15]

Solche kritisch-relationalen Ansätze plädieren also, wie anfangs formuliert,
im Sinne Haraways (2016, 39) für ein „thinking-with", dessen Anspruch nicht
der Blick aus dem Außen auf „rationalitätsgeschichtliche Zäsur[en]" (Hörl
2016, 38) ist, sondern unsere Aufmerksamkeit auf die „response-ability"
(Barad 2018, 237) gegenüber den Verflechtungen und Verschränkungen
menschlicher und mehr-als-menschlicher Beziehungen zu richten. Damit
denken jene Ansätze vor allem auch darüber nach, ob es nicht andere
Methoden, andere Schreib- und Darstellungsmodi bräuchte, um Relationalität nicht nur zu *be*schreiben, sondern ihrem Anspruch auch durch
situierte Schreib*weisen* gerecht zu werden. Wie also lässt sich die Spezifik
von Beziehungsweisen sichtbar machen, ohne sie in eine universalisierende
Metatheorie einzugemeinden?

Schreibexperimente dieser Art haben Haraway (2016) und Anna Tsing (2015)
mit ihrer richtungsweisenden „speculative fabulation" unternommen, die
immer wieder spielerisch auf das Genre der Science-Fiction zurückgreift,
sowie im Bereich des Black Feminism vor allem Saidiya Hartman (2022) mit
ihrer Methode der „Kritischen Fabulation", die in ihren Texten die Grenzen
der eigenen Situiertheit zwischen Fiktion und Fabulation auslotet und dabei
das Scheitern ebendieser Methode als wichtigen Bestandteil voraussetzt:
Die Aufgabe bestehe darin, „das darzustellen, was wir nicht darstellen
können", also „das Unmögliche zu schreiben", aber unter der „Bedingung,
dass man das voraussichtliche Scheitern annimmt und den fortgesetzten,
unfertigen und provisorischen Charakter dieser Bestrebung bereitwillig
akzeptiert" (Hartman 2022, 112, 116).

Im Bereich queerer Theorie wird das Scheitern wissenschaftlichen
Schreibens als „low theory" (Halberstam 2011) aus der Position nicht-
normativer marginalisierter Körper, Archive und Identitäten erprobt.
Und selbstverständlich ist auch Édouard Glissants (1990) philosophisch-
poetische Schreibweise, seine Poetik der Relation, zu nennen, die sich
durch die Opazität von Sprache und Identität selbst objektivierend-uni-
versalisierenden Gesten verwehrt und damit philosophische Konzepte

---

15   Vergès formuliert eine Kritik an Dipesh Chakrabarty, der zwar betont, es brauche
     „nicht-ontologische Weisen, den Menschen zu denken", aber dabei doch dem Univer-
     salismus der einen Menschheit als bedrohter Spezies verpflichtet bleibt (Chakrabarty
     2011, 160).

durch ein Denken des In-Beziehung-Seins herausfordert. Indigene Perspektiven wiederum versuchen sich in verwebenden Erzählformen anderer Epistemologien des Wissens (Wall Kimmerer 2015) und milieuspezifische medientheoretische Ansätze erproben ein feministisch situiertes Schreiben, das Diskurse um Umwelten und *environments* durch die Relationalität verkörperter Erfahrung neu zu denken versucht: Der Verlust (oder vielmehr das Aufgeben) einer Überblick bietenden Perspektive und die damit verbundene verunsichernde Desorientierung wird hier produktiv zur Methode eines „conceptual displacement" erklärt (Jue 2020, 4).[16]

Um zu meinem anfangs erläuterten Widerspruch zwischen Kritik und Relationalität zurückzukommen: Kritisch sind diese genannten relationalen Ansätze – so unterschiedlich sie auch sind – gerade deswegen, weil sie Relationalität nicht als feststehende Kategorie oder theoretisches Konzept voraussetzen, über das einfach geschrieben werden könnte, sondern weil sie in Schreibexperimenten die Grenzen ihrer Denkweisen und -traditionen ausloten und dabei immer wieder implizit danach fragen, wie es sich *aus* Relationalität *heraus* denkt, statt lediglich in herkömmlicher Weise *über* sie nachzudenken, auch wenn das oft heißt, der Verlockung einer Übersicht zu widerstehen und im unüberschaubaren Beziehungsgefüge stecken zu bleiben. In diesem Sinne besteht auch die kritisch-relationale Bewegung meines Beitrages darin, Relationalität als die Herausforderung des *Verlernens* der eigenen Denktraditionen zu begreifen und das Risiko des Scheiterns dieser Unternehmung dabei produktiv anzunehmen.[17]

Literatur

Adamczak, Bini. 2017. *Beziehungsweise Revolution: 1917, 1968 und kommende*. Frankfurt am Main: Suhrkamp.

Ahuja, Neel. 2015. „Intimate Atmospheres: Queer Theory in a Time of Extinctions." *GLQ: A Journal of Lesbian and Gay Studies* 21: 365–385.

Aït-Touati, Frédérique. 2017. *Inside: A conference-performance by Bruno Latour and Frédérique Aït-Touati*, 2017. Deutsche Erstaufführung 23. April 2017. Koproduktion Künstlerhaus Mousonturm Frankfurt und Théâtre Nanterre-Amandiers.

Aït-Touati, Frédérique und Bruno Latour. 2017a. *Inside*. Videoaufzeichnung der Aufführung am HAU Berlin vom 20. September 2017. Video von Patrick Laffont-Delojo, 51:32 Minuten.

16   Jue (2020) schlägt ein „thinking through seawater" und damit einen relationalen milieuspezifischen Ansatz vor, der die jeweiligen Bedingungen, unter denen medienwissenschaftlich gedacht und geschrieben wird, miteinbeziehet und ebenso die Situierung von Betrachter:innen als „embodied", also die verkörperte Erfahrung mitdenkt.

17   Ich möchte Jasmin Degeling und Gabriel Geffert ausdrücklich danken für die sorgfältige Lektüre und das produktive kritische Feedback zu diesem Text.

Bruno Latour (Homepage). Zugriff 26. Mai 2023. http://www.bruno-latour.fr/node/755.
html.

———. 2017b. „Inside." Programmheft, Mousonturm Frankfurt.

Alaimo, Stacy. 2014. „Feminist Science Studies: Aesthetics and Entanglement in the Deep
Sea." In *Oxford Handbook of Ecocriticism,* herausgegeben von Greg Garrard, 188–204.
Oxford: Oxford University Press.

Arendt, Hannah. 1996. *Vita Activa oder Vom tätigen Leben.* München: Piper.

Arènes, Alexandra, Bruno Latour und Jérôme Gaillardet. 2018. „Giving Depth to the Surface:
An Exercise in the Gaia-graphy of Critical Zones." *The Anthropocene Review* 5: 120–135.

Azoulay, Ariella Aïsha. 2019. *Potential History: Unlearning Imperialism.* London: Verso.

Barad, Karen. 2007. *Meeting the Universe Halfway: Quantum Physics and the Entanglement of
Matter and Meaning.* Durham: Duke University Press.

———. 2010. „Quantum Entanglements and Hauntological Relations of Inheritance: Dis/
continuities, SpaceTime Enfoldings, and Justice-to-Come." *Derrida Today,* Nr. 3: 240–268.

———. 2018. „Troubling Time/s and Ecologies of Nothingness: Re-turning, Re-membering,
and Facing the Incalculable." In *Eco-Deconstruction: Derrida and Environmental Philosophy,*
herausgegeben von Matthias Fritsch, 206–248. New York: Fordham University Press.

Barad, Karen, Rick Dolphijn und Iris van der Tuin. 2012. „Matter Feels, Converses, Suffers,
Desires, Yearns and Remembers: Interview with Karen Barad." In *New Materialism: Interviews & Cartographies,* 48–70. Ann Arbor: Open Humanities Press.

Bergermann, Ulrike. 2010. „Das Planetarische. Vom Denken und Abbilden des ganzen
Globus." In *Das Planetarische: Kultur – Technik – Medien im postglobalen Zeitalter,* heraus-
gegeben von Ulrike Bergermann, Isabel Otto und Gabriele Schabacher, 17–42. Paderborn:
Fink.

Braidotti, Rosi und Maria Hlavajova. 2018. *Posthuman Glossary.* London: Bloomsbury
Academic.

Butler, Judith. 2001. „Was ist Kritik? Ein Essay über Foucaults Tugend." *transversal texts,*
Nr. 5, 2001. Zugriff 31. Oktober 2022. https://transversal.at/transversal/0806/butler/
de#sdfootnote4anc.

Butler, Judith, John Guillory und Kendall Thomas. 2000. „Preface." In *What's Left of Theory?
New Work on the Politics of Literary Theory,* herausgegeben von Judith Butler, John Guillory
und Kendall Thomas, viii-xii. New York: Routledge.

Chakrabarty, Dipesh. 2011. „Verändert der Klimawandel die Geschichtsschreibung?" *Transit:
Europäische Revue* 41: 143–163.

Chow, Rey. 2006. *Age of the World Target: Self-Referentiality in War, Theory and Comparative
Work.* Durham: Duke University Press.

Colebrook, Claire. 2016. „What is the Anthropo-Political?" In *Twilight of the Anthropocene
Idols,* herausgegeben von Tom Cohen, Claire Colebrook und J. H. Miller, 81–125. London:
Open Humanities Press.

David-Ménard, Monique. 2013. „Die Begrenzung der Wissensfelder bei Kant, Canguilhem
und Foucault." In *Situiertes Wissen und regionale Epistemologie: Zur Aktualität Georges
Canguilhems und Donna J. Haraways,* herausgegeben von Astrid Deuber-Mankowsky und
Christoph F. E. Holzhey, 161–173. Wien: Turia + Kant.

Deuber-Mankowsky, Astrid. 2011. „Diffraktion statt Reflexion. Zu Donna Haraways Konzept
des situierten Wissens." *Zeitschrift für Medienwissenschaft* 3: 83–91.

Di Chiro, Giovanna. 2017. „Welcome to the White (M)Anthropocene?" In *Routledge Handbook
of Gender and Environment,* 487–505. London: Routledge.

Foucault, Michel. [1984] 2005. „Was ist Aufklärung?" In *Schriften in vier Bänden: Dits et Ecrits.*
Bd. 4, herausgegeben von Daniel Defert und François Ewald, 687–707. Frankfurt am Main:
Suhrkamp.

———. [1978] 1992. *Was ist Kritik?* Berlin: Merve.

Gabriel, Leon. 2021. *Bühnen der Altermundialität: Vom Bild der Welt zur räumlichen Theaterpraxis*. Berlin: Neofelis.

Glissant, Édouard. 2011. „One World in Relation: Édouard Glissant in Conversation with Manthia Diawara." *Journal of Contemporary African Art* 28: 4–19.

———. 1990. *Poétique de la Rélation*. Paris: Gallimard.

Grosz, Elizabeth. 2015. *Time Travels: Feminism, Nature, Power*. Durham: Duke University Press.

Grusin, Richard. 2018. *After Extinction*. Minneapolis: University of Minnesota Press.

———. 2017. *Anthropocene Feminism*. Minneapolis: University of Minnesota Press.

Halberstam, Jack. 2011. *The Queer Art of Failure*. Durham: Duke University Press.

Haraway, Donna. 2015. „Anthropocene, Capitalocene, Plantationocene, Chthulucene: Making Kin." *Environmental Humanities* 6: 159–165.

———. 1988. „Situated Knowledges: The Science Question in Feminism and the Privilege of Partial Perspective." *Feminist Studies* 14: 575–599.

———. 1995. „Situiertes Wissen: Die Wissenschaftsfrage im Feminismus und das Privileg einer partialen Perspektive." In *Die Neuerfindung der Natur. Primaten, Cyborgs und Frauen*, herausgegeben von Carmen Hammer et al., 73–98. Frankfurt am Main: Campus.

———. 2016. *Staying with the Trouble: Making Kin in the Chthulucene*. Durham: Duke University Press.

Hartman, Saidiya V. 1997. *Scenes of Subjection: Terror, Slavery, and Self-making in Nineteenth-century America*. New York: Oxford University Press.

———. 2002. „The Time of Slavery." *The South Atlantic Quarterly* 101: 757–777.

———. 2022. „Venus in zwei Akten." In *Diese bittere Erde (ist womöglich nicht, was sie scheint)*, 85–116. Berlin: August Verlag.

———. 2020. *Wayward Lives, Beautiful Experiments: Intimate Histories of Riotous Black Girls, Troublesome Women, and Queer Radicals*. New York: Norton.

Haß, Ulrike. 2005. *Das Drama des Sehens: Auge, Blick und Bühnenform*. München: Wilhelm Fink Verlag.

Hokowhitu, Brendan , Aileen Moreton-Robinson, Linda Tuhiwai Smith, Chris Andersen und Steve Larkin, Hrsg. 2021. *Routledge Handbook of Critical Indigenous Studies*. London: Routledge, Taylor & Francis Group.

Hörl, Erich. 2016. „Die Ökologisierung des Denkens." *Zeitschrift für Medienwissenschaft* 1: 33–45.

———. 2013. „Tausend Ökologien: Der Prozess der Kybernetisierung und die allgemeine Ökologie." In *The Whole Earth: Kalifornien und das Verschwinden des Außen*, herausgegeben von Diedrich Diedrichsen und Anselm Franke, 121–130. Berlin: Sternberg Press.

Jue, Melody. 2020. *Wild Blue Media. Thinking through Seawater*. Minneapolis: University of Minnesota Press.

Karera, Axelle. 2019. „Blackness and the Pitfalls of Anthropocene Ethics." *Critical Philosophy of Race* 7: 32–56.

King, Tiffany Lethabo. 2019. „Off Littorality (Shoal 1.0): Black Study off the Shores of ‚the Black Body'." *Propter Nos* 3: 40–50.

Koch, Gertrud und Christiane Voss, Hrsg. 2005. *…kraft der Illusion*. Paderborn: Fink.

Latour, Bruno. 2007. *Das Elend der Kritik*. Zürich: Diaphanes.

———. 2017. *Facing Gaia: Eight Lectures on the New Climatic Regime*. Oxford: Polity Press.

Nyong'o, Tavia. 2018. *Afro-Fabulations: The Queer Drama of Black Life*. New York: NYU Press.

Ott, Michaela. 2019. *Welches Außen des Denkens? Französische Theorien in (post)kolonialer Kritik*. Berlin: Turia + Kant.

Parikka, Jussi. 2015. *The Anthrobscene*. Minneapolis: Minnesota Press.

Puig de la Bellacasa, María. 2017. *Matters of Care: Speculative Ethics in More Than Human Worlds*. Minneapolis: University of Minnesota Press.

Sharpe, Christina. 2016. *In the Wake: On Blackness and Being*. Durham: Duke University Press.

Singh, Julietta. 2018. *Unthinking Mastery: Dehumanism and Decolonial Entanglements*. Durham: Duke University Press.

Simondon, Gilbert. 2012. *Die Existenzweise technischer Objekte*. Zürich: Diaphanes.

Smith, Linda Tuhiwai. 2022. *Decolonizing Methodologies: Research and Indigenous Peoples*. London: Bloomsbury Academic.

Sonderegger, Ruth. 2019. *Vom Leben der Kritik: Kritische Praktiken – und die Notwendigkeit ihrer geopolitischen Situierung*. Wien: Zaglossus.

Spillers, Hortense J. 1987. „Mama's Baby, Papa's Maybe: An American Grammar Book." *Diacritics* 17, Nr. 2.

Spivak, Gayatri Chakravorty. 2000. „From Haverstock Hill Flat to U.S. Classroom, What's Left of Theory?" In *What's Left of Theory?*, herausgegeben von Judith Butler, John Guillory und Kendall Thomas, 1–39. New York: Routledge.

Spivak, Gayatri Chakravorty und Sarah Harasym. 1990. *The Post-Colonial Critic: Interviews, Strategies, Dialogues*. New York: Routledge.

Sprenger, Florian. 2018. „Das Außen des Innen: Latours Gaia." In *Ökologien der Erde: Zur Wissensgeschichte und Aktualität der Gaia-Hypothese*, herausgegeben von Alexander Friedrich, Petra Löffler, Niklas Schrape und Florian Sprenger, 63–94. Lüneburg: meson Press.

Stengers, Isabelle. 2011. „Relaying a War Machine?" In *The Guattari Effect*, herausgegeben von Éric Alliez und Andrew Goffey, 134–155. London: Continuum.

Tsing, Anna Lowenhaupt. 2015. *The Mushroom at the End of the World: On the Possibility of Life in Capitalist Ruins*. Princeton: Princeton University Press.

Virilio, Paul. 2006. *Speed and Politics*. Los Angeles: Semiotext(e).

Yusoff, Kathryn. 2018. *A Billion Black Anthropocenes or None*. Minneapolis: Minnesota Press.

Wall Kimmerer, Robin. 2015. *Braiding Seagrass: Indigenous Wisdom, Scientific Knowledge and the Teachings of Plants*. Minneapolis: Milkweed Editions.

Wynter, Sylvia. 2003. „Unsettling the Coloniality of Being/Power/Truth/Freedom: Towards the Human, After Man, Its Overrepresentation: An Argument." *CR: The New Centennial Review* 3, Nr. 3: 257–337.

Post-Ästhetik: Trickreiche Objekte anthropomedialer Wahrnehmung

Christiane Voss

Die Rede vom post-digitalen Zeitalter, die das 21. Jahrhundert aus medien-philosophischer Sicht charakterisieren soll, besagt, dass die ubiquitäre Verbreitung von (digitalen) Medientechniken durch alle gesellschaftlichen Lebensbereiche hindurch (Wirtschaft, Wissenschaft, Militär, Medizin, Kunst, Alltag) ein solches Ausmaß angenommen habe, dass es keinen Sinn mehr mache, davon zu sprechen, dass Medientechniken bewusst gegen-ständlich wahrnehmbar wären. In ihrer Omnipräsenz, Vernetztheit sowie Miniaturisierung und Invasivität (Nanotechnik, Neuroprothetik) hätten Medientechniken ihren Status gewechselt und seien von Objekten oder Werkzeugen zu netzförmigen Umwelten geworden. Die so gefassten medientechnischen Bedingungen des Alltagslebens im 21. Jahrhundert seien transparent und allenfalls im Störfall bemerkbar. Diese medienöko-logische Zeitdiagnose kann zugespitzt darauf hinauslaufen, menschliche Existenzweisen selbst ebenfalls für ab- und aufgelöst zu erklären. Denn wenn die Möglichkeit, sich mithilfe von Wahrnehmungen orientieren zu können, gänzlich geleugnet wird, wenn auf Wahrnehmung in epistemischer Hinsicht keinerlei Verlass mehr sein soll, weil ihr ihre eigenen technischen Bedingtheiten vermeintlich prinzipiell nicht zugänglich sind, so ist nicht zu sehen, wie von der Lebenswirklichkeit menschlicher Existenzweisen – ganz ohne Vermittlung durch Leiblichkeit und Körperlichkeit – überhaupt sinnvoll zu handeln sein soll. Mit ihrer (historisch wandelbaren) Sinnlich-keit, die zudem stets einen zumindest schwachen anthropozentrischen Bias mit sich führt, verlieren menschliche Existenzweisen auch einen Großteil ihrer materiellen Grundierung und Matrix. Will man einer radikal posthumanistischen Verabschiedung menschlicher Wahrnehmung und daran hängender Existenzmodi jedoch nicht das letzte Wort überlassen, so bleibt die Frage, welche andere Rolle der sinnlichen Wahrnehmung im Alltagsleben für die Orientierung im Handeln, Fühlen und Denken zuge-sprochen werden könnte, auch dann, wenn ihre basale Eingebettetheit in Technosphären explizit zugestanden bleibt. Könnte Wahrnehmung womöglich in anachronistischer Beschränkung noch produktive Funk-tionen im Alltagsleben übernehmen? Was ist, wenn sich Aisthesis auch da einträgt, wo sie vordergründig keine starke Wahrheitsfunktion erfüllt? Die hier vertretene Intuition ist, dass die historisch wandelbare Aisthesis ihrer-seits nie ungemischt und unvermittelt vorkommt, sondern vielmehr selbst anthropomedial ausfällt. Daneben ist sie es, die den volatilen Ort markiert, an dem so etwas wie ein lebendig verkörpernder Umweltbezug – auch in einer dezidiert digitalitätstechnisch fundierten Gegenwart – statthaben kann. Wahrnehmung ist aus einer post-ästhetischen Sicht kein von allen Bezügen auf Materialitäten, Diskursen, Hierarchien oder Techniken abspaltbares, ahistorisches und rein physisches Vermögen, das exklusiv einem biologisch und/oder medizinisch konstruierten Gattungskörper zukäme. In post-ästhetischer Perspektive fungiert Aisthesis vielmehr selbst als verteiltes und hybrides Medium, das für menschliche und mehr-als-menschliche Einflüsse gleichermaßen durchlässig ist.

Die hier „post-ästhetisch" genannte Perspektive widerspricht jeder technikphilosophischen Verabschiedung von Phänomenalität und Aisthesis. Sie hält an der auch in methodischer Hinsicht großen Wichtigkeit beider Faktoren für heutige Gegenwartsdiagnosen des Alltaglebens und der Behandlung von Fragen nach der Stellung menschlicher Existenzweisen fest. Sie stellt der technikphilosophischen Kontrastierung einer isoliert gedachten digitalen Technik auf der einen Seite und einem anthropoiden Wahrnehmungs- und Weltverlust auf der anderen Seite die Unhintergehbarkeit und Allgegenwart einer anthropomedialen Aisthesis entgegen. Dabei werden hier Aisthesis- und Technikentwicklung strikt koevolutiv gefasst. Eine post-ästhetische Sicht nimmt mithin die Fragen nach Verbleib und Konfiguration von sinnlicher Wahrnehmung auch im post-digitalen Zeitalter weiterhin ernst, anstatt sie komplett zu kassieren. *Aisthesis* lässt sich demnach weder anthropozentrisch verkürzen, noch technisch austreiben. Speziell in ihren atmosphärischen und affektiven Ausformungen fungiert Wahrnehmung nach wie vor als ein verkörpertes „In-Beziehung-Setzen-zu-Etwas". Als leibliche Form der Relationierung bringt Wahrnehmung (Aisthesis) die qualitativen Positionierungen ihrer Relata situativ hervor. So sind auch Großwetterlagengefühle, wie beispielsweise die gegenwärtig wachsende Verunsicherung angesichts der Entwicklung künstlicher Intelligenz, Belege für die qualitativ positionierende Insistenz des Aisthetischen. Es ist eine Funktion ihrer volatilen Verfasstheit, dass Aisthesis sich von singulären Körpern ablösen kann, etwa indem sie sich stimmungshaft ausbreitet und so heterogene Instanzen neu konstelliert. Der anthropomediale und volatile Aspekt von Aisthesis ist nun auch in medienanthropologischer Hinsicht interessant. Die schlechte Alternative zwischen Anthropo- *oder* Technikzentrismus lässt sich nämlich vermeiden, wenn man auf die in sich auch disharmonisch ausfallen-könnende Verschränktheit von menschlichen und mehr-als-menschlichen Faktoren fokussiert, wie sie affektiv oder perzeptiv (d. h. aisthetisch) in unterschiedlichen medialen Settings divers vollzogen wird. Wie angedeutet, wird Aisthesis in medienhistorischen Umbrüchen lebensweltlich je neu adressiert, konfiguriert, repariert, diszipliniert, trainiert oder auch negiert. Für das 21. Jahrhundert ist anhand von „anthropomedialen" Existenzweisen und Wahrnehmungen in dichten, ästhetischen Analysen medienanthropologischer Szenen aufzeigbar, wie sich im Einzelnen qua Wahrnehmung und Affekt Existenzmodi über Objekte, Zeichen, Praktiken und Techniken verteilt erstrecken und sich dabei in Abhängigkeit von je medienspezifischen Verknüpfungs- und Abtrennungsregeln konkretisieren. Die Mitarbeit der Aisthesis an der Stabilisierung und Destabilisierung von Existenzmodi lässt sich sodann anhand der an ihr hängenden subjektiv-qualitativen Eigenlogik thematisieren. Unter den vielen hybriden Existenzmodi stechen nur solche als dezidiert „anthropomediale" heraus, welche die subjektiv-werthaften Dimensionen ihrer Lebensvollzüge zu einem bestimmten Zeitpunkt auch in wertender Hinsicht thematisieren (wollen). Diese historisch gewachsene Praxis der Metathematisierung von aisthetischen Wertigkeiten des Lebens und nicht etwa die rein objektiv beschreibbare, hybride Verschränktheit auf ontologischer Ebene mit allem Möglichen als solcher setzt anthropomediale von zum Beispiel rein mediamedialen, bio-, geo- und anderweitig medialen Existenzweisen graduell ab.

Subjektivierende Trickster

In der Archäologie gibt es nun einen interessanten Typus von Objekten, der von sich aus aktiv hybride Existenzvollzüge anleitet und wie nebenbei ein Licht darauf wirft, wie vermeintlich anachronistisch gewordene Aisthesisfunktionen dazu beitragen können, Innovationen zuzulassen und zu habitualisieren: sogenannte Skeuomorpheme. Skeuomorpheme sind wahrnehmbare Oberflächen- und Gestaltphänomene, die bestimmte Umgangsweisen mit ihnen aktiv nahelegen und solche nicht nur auf passive Weise erlauben. Sie dienen als aisthetische Übertragungsvehikel eines praktischen und verkörperten Wissens von vergangenen Techniken und Stilen, deren Vertrautheit sie in ihrer Gestalt quasi reenacten, ohne dass die alte Funktionalität der nachgeahmten Techniken oder Stile noch gegeben wäre. So kann ein digitales Handy zum Beispiel eine analoge Telefonklingel imitieren, ein elektrischer Wasserkocher in Form einer alten Eisenkanne gestaltet sein, auf dem digitalen Bildschirm eine Schreibtischoptik erscheinen, die an analoge Schreibtische erinnert usw. Unser Alltagsleben wimmelt von solchen anachronistischen Objekten und Imitationen. Es handelt sich bei diesen objekthaften Aufführungen bekannter Formen in neuen Gewändern um mediale Wiedergänger, die Übersetzungshilfen beim Einüben neuer Technologien oder Stilrichtungen bieten. Skeuomorpheme

verhelfen nach archäologischer Deutung dabei, Gewohnheiten auf
ungewohnte Felder zu übertragen, wo sie dann Verhaltensorientierung
erleichtern. In der Mode kann beispielsweise ein Leopardenfellmantel als
skeuomorphisches Imitat in Plastik remediatisiert werden und damit den
Wert ehemaliger Textilien aufrufen, während zugleich auf ein neueres öko-
logisches Bewusstsein im Tragen von Mode verwiesen wird. Ein weiteres
Beispiel sind Weinflaschen, die eine Wölbung am Boden aufweisen, obwohl
diese der ursprünglichen Glasbläsertechnik geschuldet war, die in der
seriellen Glasherstellung von heute eigentlich überflüssig ist. Die nach-
geahmte Wölbung ist ein optisch-haptischer Echoeffekt einer verlorenen
Technologie, der als anhängliche Erwartung an das Aussehen einer Weinflasche anachronistisch mitgeführt wird und das Objekt „Weinflasche" erst
in dieser (alten) Form komplett macht.

Wichtig ist für die hiesigen Überlegungen, dass die Funktionsweise der
Skeuomorpheme auf die perzeptuelle Dimension anthropomedialer
Existenzvollzüge ein anschauliches Licht wirft. Die genannten Fälle verdeutlichen, dass die wahrnehmbare Präsenz bekannter Objektbezüge und
ihre Affordanzen erforderlich sind, um Kontinuität im Verhalten zu sichern
und diesem selbst eine Form zu geben: ebendie des vertraulich-affektiven
Bezugs auf gewohnte Objektgestalten. Von der Gewöhnung an bekannte
Objekte und Umweltaspekte hängt die Stabilität des Alltags demzufolge
ebenso ab wie die Verortung von Subjektivität. Skeuomorphismen erlauben
es, archäologischen Einsichten zufolge, Anhänglichkeiten an Bekanntes und
Erinnerungen daran mit der Neugierde auf Neues so zu kombinieren, dass
technische und ästhetische Innovationen keine reinen Überforderungen
für Akteur:innen und ihre Wahrnehmung darstellen.

Skeuomorphemisch vermittelte Subjektivität entsteht im Schnittpunkt
von gewohnheitsmäßigen Wahrnehmungen und erfahrungsgrundierten
Erwartungen gegenüber bestimmten neuen Umweltaspekten. Dieser
Schnittpunkt, der sich, je nachdem, in der ersten Person Singular („Ich")
oder im Plural („Wir") aussprechen kann, existiert stets nur im Spiegel
anhängender Objektbezüge, verdichtet *und* kontinuiert sich darin. Im
„Besitz seiner selbst zu sein" bedeutet demnach, den eigenen perzep-
tuellen Anhänglichkeiten Autorität zuzusprechen und ihnen darüber
hinaus Fürsorge zukommen zu lassen, etwa indem man Bedingungen
dafür schafft, sie sich bestätigen und wiederholen zu lassen, und sei es
dadurch, dass man sich skeuomorphischen Wiedergängern zuwendet. Der
so wichtige aisthetische Faktor der Anhänglichkeit, so ist ein Vorschlag
zum Schluss dieser Überlegungen noch anzufügen, könnte perspektivisch
auch in medienanthropologischen Kontexten vertiefend mitaufgenommen

und dort zum Beispiel in ethischer Perspektive weiter ausgelotet und zu anderen Formen wie etwa feministischen Care-Ethiken und/oder auch zum Longtermism ins Verhältnis gesetzt werden.

KOLONIALISMUS

WISSENSGESCHICHTE

ETHNOLOGIE

MEDIALE PRAKTIKEN

EXTRAKTION

KOLONIALARCHIVE

Not the First Time: Asymmetrisches Wissen zwischen medialer Zirkulation und Kolonialarchiv

Jakob Claus

Der Text befragt die medial-ethnografischen Konstellationen im Pazifik im Kontext des deutschen Kolonialismus. Am Beispiel der Hamburger Südsee-Expedition werden medientechnische Praktiken ethnografischer Wissensproduktion untersucht: Während Informationen, Bilder und Aufnahmen von Menschen, Dinge und Interaktionsformen als vermeintlich stabiles Wissen vor dem Hintergrund eurozentrischer Narrative inszeniert wurden, erweisen sich diese „dokumentarischen" Formen bei genauer Betrachtung als kontextabhängige Konstruktionen epistemischer Vorannahmen und medialer Zirkulationen. *Imperiale Nostalgie* **und ethnografische Rettungsphantasien sind Ausdruck der kolonialen Kontaktzone und zugleich Erklärungsversuch europäisch-moderner**

Wissensordnungen und deren Unsicherheiten. In der Auseinandersetzung mit Kolonialarchiven zeigt sich demnach auch, wie asymmetrische Relationen kolonialer Wissensproduktion gegenwärtig rekontextualisiert und die eigene Forschungsperspektive situiert werden können.

Die von Georg Thilenius initiierte Hamburger Südsee-Expedition (1908–1910) folgte unterschiedlichen politischen, wissenschaftlichen und ökonomischen Interessen und Vorannahmen über die Menschen und Kulturen der Pazifikinseln. Während die Expedition in erster Linie über die ethnografische Erschließung deutscher Kolonialgebiete und den Aufbau einer ethnografischen Sammlung für das Museum für Völkerkunde Hamburg legitimiert wurde, war eines der erklärten Ziele, die Indigene Bevölkerung[1] und deren materielle Praktiken und soziale Organisation zu erforschen.[2] Die Idee einer Bestandsaufnahme von „Kultur und Umwelt" (Fischer 1981, 28) begründete sich mithin in der selbstgefälligen Vorstellung, „die letzten Phasen einer älteren und eigenen Kultur zu beobachten und festzulegen, solange sie noch als Ganzes lebendig ist", so der damalige Direktor des Museums Thilenius (1927, 12). Die Bewohner:innen von Palau, den Marshallinseln, den Karolinen und anderen Inselgruppen, sollten – ebenso wie die Region selbst – nicht nur ökonomisch, sondern auch umfassend „wissenschaftlich kolonisiert" werden, wie es Bernhard Dernburg (1907), seit 1907 Leiter des Reichskolonialamtes, formuliert hatte (Zimmerman 2001a, 218). Diesem Anspruch wurde mit der systematischen Sammlung kultureller Artefakte, der Erhebung statistischer Daten, der Anfertigung von Fotografien, Notizen und kartografischen Skizzen versucht, gerecht zu werden. Diese sollten schlicht „Informationen" und Aufschluss über die Menschen, die sozialen, umweltlichen Verhältnisse sowie geografischen Räume der Inseln liefern. Bezeichnend für diese vielfältigen Medien- und Dokumentationspraktiken ist das detaillierte Interesse und die Aufzeichnung sozialer Relationen, materieller Praktiken und „ethnografischer Objekte" wie deren zeitgleiche

---

1   In dem begrifflichen Verständnis und der Schreibweise von „Indigen" folge ich Linda Tuhiwai Smiths Hinweisen auf die komplexen Dimensionen des Begriffs. Siehe Tuhiwai Smith 2021, 6–7.

2   Thilenius' Initiative kann auch vor dem Hintergrund der Konflikte zwischen den ethnologischen Museen in Hamburg, Berlin, Stuttgart und Leipzig sowie innen- und kolonialpolitischen Interessenunterschieden um den Aufbau wissenschaftlicher Einrichtungen verstanden werden. Siehe dazu u. a. Buschmann 2008, 71–96 bzw. 76–80.

Inszenierung innerhalb einer kolonialen Kontaktzone. Mary Louise Pratt (2008) beschreibt mit der Kontaktzone die asymmetrischen Beziehungen und sozialen Situationen des inter- bzw. transkulturellen Kontakts sowie deren Folgen und Effekte im Kontext kolonialer Expansion. Die in diesem Kontext stattfindende Inszenierung zeichnet sich besonders deutlich im europäischen Diskurs der Ethnologie und dessen Institutionen wie Museen, Wissenschaften, politischen Geldgebern und populären Zirkulations-formen wie beispielsweise Postkarten und populären Reiseberichten der deutschen Kolonialgebiete ab. Im Folgenden konzentriere ich mich auf die medialen Repräsentationen und Praktiken imperialer Wissensproduktion anhand historisch-epistemischer Bedingungen und Dokumentations-praktiken. Dabei werde ich zwei fotografische Konstellationen der Hamburger Südsee-Expedition genauer analysieren, auf die epistemische Konstruktion einer Kontaktzone und deren post-kolonialen Ausläufern eingehen sowie danach fragen, inwiefern Formen der medialen Wissens-produktion in diesem Kontext mit Bruno Latours (2006) Konzept der *immutable mobiles* verhandelt werden können. Unter diesen Gesichts-punkten reflektiere ich die medialen Bedingungen der Mobilisierung und Zirkulation ethnografischen Wissens und frage mit Temi Odumosu (2020) nach der darin eingeschriebenen Gewalt, den hinterlassenen „Leerstellen" und Möglichkeiten einer kritischen Relektüre kolonialer Wissensgefüge.[3] Wichtig für mich ist dabei herauszustellen, dass ich eine unter vielen möglichen Herangehensweisen zur Aufarbeitung kolonialer Wissensformen und Medienpraktiken vorschlage und diese als andauernde und offene Aus-einandersetzung verstehe, die in unterschiedlichen Theorie- und Praxis-feldern geschieht.

Als „Ergebnisse der Expedition" veröffentlicht, zeugen die publizierten Bände von den Spannungen innerhalb der kolonialen Kontaktzone. Die umfangreichen ethnografischen Beschreibungen werden in den Publikationen durch sogenannte „Lichtdrucktafeln" ergänzt, auf denen aus Sicht der deutschen Ethnograf:innen thematisch verwandte Foto-grafien tableauartig reproduziert wurden. Besonderes Interesse hatten die Forschenden an der materiellen Kultur und den Techniken der Bewohner:innen. Auf der hier reproduzierten Seite der Publikation zur Insel Chuuk (damals „Truk") (Abb. 1) werden einige Mechanismen der visuellen Fremd- und Selbstinszenierung deutlich: Drei Fotografien

---

3   Odumosu (2020) verdeutlicht die Logiken der Zirkulation kolonialer Bildmotive
     u. a. auf Postkarten und in Fotoalben in Hinblick auf dänische Kolonialarchive und
     argumentiert für einen dekolonialen, sorgevollen Umgang vor dem Hintergrund
     zunehmender Digitalisierung von Kolonialarchiven. Für den Hinweis dazu danke ich
     Kea Wienand.

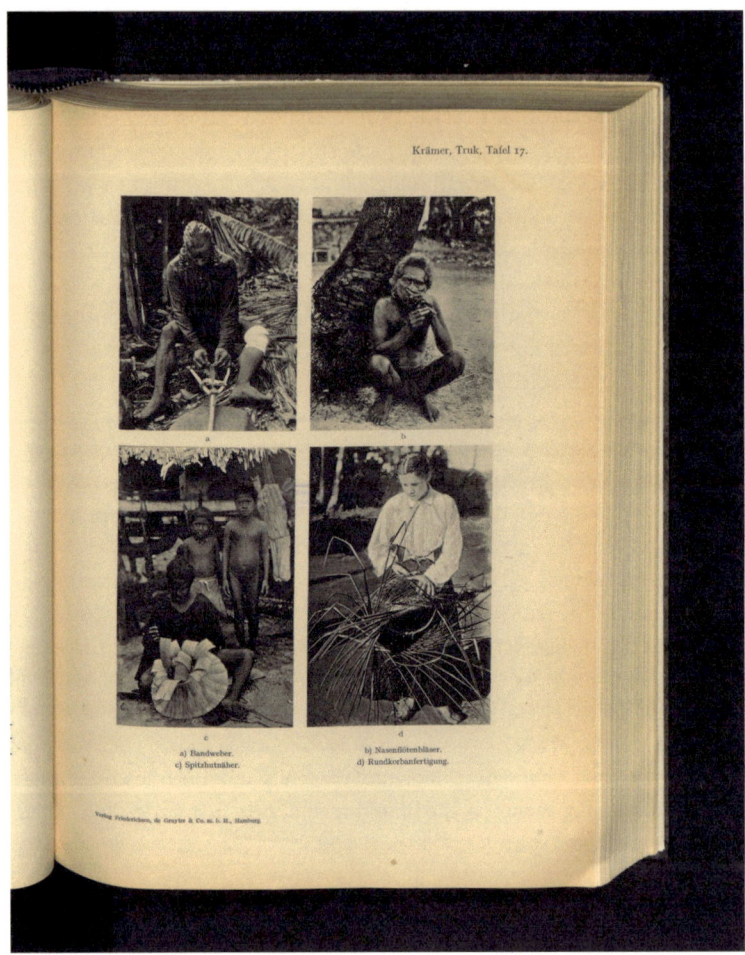

[Abb. 1] Scan einer Lichtdrucktafel mit Fotografien zur „Anschauung" materieller Praktiken des Chuuk-Atolls (Quelle: Krämer 1932, 177)

zeigen Bewohner:innen von Chuuk beim Weben, Flötespielen und Nähen. Während die abgebildeten Personen weder genauer beschrieben noch die Szene kontextualisiert wird, soll sich der visuell-textuelle Fokus der Betrachtenden vordergründig auf die Tätigkeit richten. Die Bildunter-schriften nehmen allein auf die vermeintlich offensichtlichen Tätig-keiten Bezug und „erfassen" die abgebildeten Menschen im generischen Maskulin und im Stile einer westlichen Typologie handwerklicher Berufe als „Bandweber", „Nasenflötenbläser" und „Spitzhutnäher." Auf dem vierten Bild ist – ebenfalls nicht weiter kontextualisiert – eine *weiße* Frau bei der

„Rundkorbanfertigung" dargestellt. Ein Unterschied ist jedoch, dass hier nicht die Person, sondern die Praxis bezeichnet wird. In der Publikation wird allerdings an keiner Stelle konkret auf die Entstehung der Fotografien, die auf ihnen dargestellten Personen oder gar die wissenschaftlichen Absichten fotografischer Dokumentation eingegangen.

Ebenso wenig, wie der genauere Kontext der nähenden Person und der hinter ihr stehenden Kinder erläutert wird, wird aufgelöst, dass es sich bei der *weißen* Frau um Elisabeth Krämer-Bannow handelt. Krämer-Bannow ist als einzige Frau auf der Expedition mitgereist und hat als Ehefrau des im zweiten Jahr leitenden Augustin Krämer selbst umfassend zur ethnografischen Forschung materieller Kultur und weiblich konnotierter Tätigkeiten beigetragen (Beer 2007, 127–130). Die hier reproduzierte Lichtdrucktafel in der Publikation enthält in meiner Betrachtung somit eine subtile, aber doch entscheidende Suggestion, die aufschlussreich in Bezug auf den Status des visuellen Mediendispositivs insgesamt erscheint: Die Fotografien dienen zwar zur Veranschaulichung und Dokumentation materieller Praktiken in deutschen Kolonialgebieten, zeigen aber zugleich das ambivalente Verhältnis zwischen „teilnehmender Forschung" und unkommentierter Selbstinszenierung. Die Motive, die Aufnahmewinkel – einzig Krämer-Bannow wird stehend und damit „auf Augenhöhe" fotografiert – und Ausschnitte der Fotografien sind dabei ebenso Ausdruck einer bestimmten Form der ethnografischen Wissensproduktion, wie es die Reproduktion und Anordnung in der Publikation und die mittlerweile online als „creative commons" verfügbare digitale Version der Publikation sind. Die unterschiedlichen Formate verstehe ich als Teil der kolonialen Kontaktzone, wenn auch in unterschiedlichen historischen und medialen Konstellationen verortet. In diesem Zusammenhang machen es die Fotografien möglich, anhand von Motiv und Technik, Auswahl und Arrangement, Zirkulation und Zugänglichkeit die Effekte und Ausläufer kolonialer Wissensproduktion genauer zu beleuchten. Als extraktive Praktiken implizieren die „Dokumente" der Expedition in diesem Sinne auch eine Kontinuität und Aktualität, die ebenso meine Auseinandersetzung mit Formen kolonialer Archive und der medialen Zirkulationsformen betrifft. Indigene Reaktionen auf die koloniale Herrschaft und die Handlungsspielräume im kolonialen Kontext wurden von den deutschen Forschenden ignoriert bzw. größtenteils ausgeblendet und finden sich als verstreute Fragmente in den Archiven.[4] In diesem Sinne zeigt sich die Kontaktzone nicht nur als

---

4   Thilenius (1905, zit. nach Fischer 1981, 29) benennt in einer Denkschrift zur Konzeption der Expedition die Ziele und intendierten Folgen des Sammelns in unmissverständlichen Worten: „Für die Praxis des Museums handelt es sich damit um eine

historische Konstellation, sondern ebenso in ihren gegenwärtigen Ausläufern für mich als konfliktgeladener Spannungsraum wechselseitiger Einflüsse, extraktiver Medienpraktiken und widersprüchlicher Annahmen und asymmetrischer Archive.

Zonen des Kontakts

Innerhalb eines geografisch begrenzten Raums erlaubt der Begriff der Kontaktzone, das Verhältnis sich begegnender Kulturen, deren Widersprüche, Unverständnisse und materiellen wie symbolischen Austauschbeziehungen zu befragen und dabei nachzuvollziehen, von welchen Annahmen und Vorurteilen diese Beziehungen geprägt wurden. Kontaktzonen zeichnen sich laut Pratt durch räumliche Begrenztheit und lokale Entfaltung wie zugleich durch historische Konstellationen und zeitliche Ausdehnung auf Vorgeschichte und gegenwärtiges Nachleben aus. Eine Kontaktzone ist

> the space of imperial encounters, the space in which peoples geographically and historically separated come into contact with each other and establish ongoing relations, usually involving conditions of coercion, radical inequality, and intractable conflict. (Pratt 2008, 8)

Dabei betont Pratt zwei Aspekte, die auch für meine Argumentation zentral sind. Zum einen kommt sie auf die Gegenseitigkeit zu sprechen: Während die europäische Erzählung und wissenschaftliche Aufarbeitung kolonialer Herrschaft traditionell von der Idee einseitiger Handlungsmacht und Einflussnahme bestimmt sei, unterstreicht Pratt, dass die Kontaktzone reziproke Affizierung, Begegnungen, Austausch und Adaption impliziere.[5]

> The term ,contact,' foregrounds the interactive, improvisational dimensions of colonial encounters so easily ignored or suppressed by diffusionist accounts of conquest and domination. A ,contact' perspective emphasizes how subjects are constituted in and by their relations to each other. (Pratt 2008, 8)

Spezialsammlung, welche so vollständig ist und das zu wählende Gebiet gründlich erschöpft, daß ein späterer von anderer Seite etwa zu planender Versuch der gleichen Art von vornherein als aussichtlos erscheinen muß".

5   Prominente Beispiele für die vielschichtigen Interaktionen und Indigenen Strategien hinsichtlich kultureller Reaktionen auf europäische Kolonialherrschaft sind u. a. der Cargo-Kult im Südpazifik (Lindstrom 1990) sowie eine adaptierte Form des von den britischen Kolonisatoren auf Trobriand eingeführten Cricketspiels, das „Trobriand Cricket." Siehe dazu Jerry Leach's Film *Trobriand Cricket: An Ingenious Response to Colonialism* (1975). Für den Hinweis dazu danke ich Erhard Schüttpelz.

Diese Relationen sind aber im kolonialen Kontext immer als asymmetrische Relationen, als gewaltvolle Macht-, Wissens- und Herrschaftsrelationen zu verstehen, die sowohl instantane als auch historische Konsequenzen haben. Die sozialen Räume des kolonialen Kontakts seien „highly asymmetrical relations of domination and subordination – such as colonialism and slavery, or their aftermaths as they are lived out across the globe today" (Pratt 2008, 7). Die Effekte zeigen sich dabei in medialen Konstellationen wie visuellen und auditiven Medientechniken und Wissensformen ebenso wie in Museen, Archiven und wissenschaftlichen Diskursen. Wie Brigitta Kuster (2016, 24) schreibt, sind die Dimensionen des Austauschs und der gegenseitigen Verunsicherung, Irritationen und Widersprüche auf beiden Seiten des Kontakts zu finden: Die Kontaktzonen „akzentuieren Ambivalenzen, Missverständnisse, Desorientierungen, Kontroll- und Signifikationsverluste. Wichtig ist, dass die Verunsicherung, die sie auslösen, auf jeweils beiden Seiten einer Begegnung in Gang gesetzt wird". Während sich die Symptome des „Kontrollverlusts", wie Kuster schreibt, auf unterschiedliche Weise bemerkbar machen, lag den *weißen* deutschen Forschenden der Hamburger Südsee-Expedition daran, die Unsicherheiten und Irritation der eigenen Vorannahmen und Glaubensvorstellungen gegenüber den Indigenen zu negieren, herunterzuspielen und nur marginal in die Ergebnisse der Forschung und die Dokumentation einfließen zu lassen. Die Verunsicherungen der Kontaktzone provozieren also besonders auf westlich-imperialer Seite Mechanismen der Stabilisierung der eigenen Annahmen und Weltbilder. Nicholas Mirzoeff (2023, 19) bezeichnet die westliche Reaktion auf Verunsicherung als inhärente Spannung: „[I]mperial modernity always saw itself at risk of collapse. It is not that empire is now coming to an end. Rather, empire always creates moral panics about its impending collapse." Auf diesen Aspekt werde ich noch genauer eingehen.

Pratts Konzept eröffnet aber noch eine weitere Perspektive: Wenn sie betont, dass Kontaktzonen zwar geografisch, jedoch nicht temporal begrenzt sind und sich deren Nachwirkungen auch gegenwärtig zeigen, verorte ich mich mit diesem Text selbst innerhalb dieser zeitlich ausgedehnten Kontaktzone. Schon in der Auseinandersetzung mit und Aufarbeitung von einer spezifischen Form kolonialer Wissensproduktion beziehe ich mich auf Medien und Kolonialarchive, welche die Struktur und Möglichkeiten meiner Auseinandersetzung mitbestimmen. Bedenkenswert ist dabei weniger die Analyse kolonialer und gewaltsamer Wissensformationen als vielmehr die Frage nach dem spezifischen Umgang mit dem derzeit für mich zugänglichen Archivmaterial und den Formen der Geschichtsschreibung. Während

sich für mich eine kritisch-genealogische Arbeit an medialen Wissensformen auch dadurch auszeichnet, historisches Material zu bearbeiten und
zu rekonstruieren, verlasse ich mich zugleich tendenziell auf die machtvolle
Präsenz und Ordnung der Kolonialarchive. Nicht nur bieten historische
Quellen dabei eine Form der vermeintlichen Absicherung, sondern sie
tendieren – allein durch ihre Zugänglichkeit für mich – dazu, eine Faktizität
der bereits archivierten Objekte und Geschichten dokumentarisch zu
bestätigen und performativ zu verstärken. In diesem Sinne charakterisiert
Achille Mbembe die wissensgeschichtliche Macht des Archivs:

> [The archive] then acquires the status of proof. It is proof that a life
> truly existed, that something actually happened, an account of which
> can be put together. The final destination of the archive is therefore
> always situated outside its own materiality, in the story that it makes
> possible. (Mbembe 2002, 21)

Für die kritische Auseinandersetzung mit der oben angeführten Bildseite
ergibt sich daraus die Frage danach, für *wen* oder *was* bzw. *wovon* „proofs"
existieren. Daran schließt sich für mich die Frage an, ob Kolonialarchive
schlicht Beleg und Reproduktion kolonial-ethnografischer Wissensproduktion sind oder sich darüber hinaus nicht ebenso die Relationen der
Kontaktzone verändern lassen.

Bezogen auf meine Verortung und den Ansatz der Argumentation zeigen
sich ebenso die verdeckten Aushandlungsprozesse dessen, was überhaupt
als archivierbar gilt, wie auch die offene Frage danach, wie eine kritische
Distanz gegenüber den nahegelegten Perspektiven bewahrt werden kann.
Die von mir hier adressierten Fragen der kolonialen Wissensproduktion im
Rahmen der Hamburger Südsee-Expedition, deren mediale Konstellationen
und ethnografisch-epistemischen Bedingungen, sind somit Ausdruck
der Kontinuität der Kontaktzone sowie meiner Situierung innerhalb
dieser asymmetrischen Relationen. Indem ich im deutschen Universitäts-
system situiert bin, ergibt sich für mich eine nicht aufzulösende Spannung
zwischen dem produktiven Bezug auf „anerkannte" bzw. „etablierte"
Quellen, Archive und Wissensformen einerseits und dem „Unbehagen" der
strukturellen Reproduktion bestehender Lektüren, Ansätze und Narrative.
Versuch des Textes ist es also auch, diese Spannung zu verhandeln, ohne
sie situativ aufzulösen.

Kontakt instrumentalisieren

In Verweis auf Pratts Konzept und dessen Grenzen gehe ich im Folgenden auf eine wissensgeschichtliche Figur ein, die sich in konstruierten und idealisierten Szenen des „ersten Kontakts" zeigt. Diese Trope entfaltet gerade auch für das Selbstverständnis der westlich modernen Geschichtsschreibung besondere Bedeutung.[6] Jean M. O'Brian (2010) hat diese Trope als *Firsting* bezeichnet und deren Finte als strategische Funktion des westlichen Herrschaftsanspruchs herausgestellt. O'Brian verweist auf die narrative Struktur „erster" Begegnungen im Kontext von Erkundungs- und Eroberungsfahrten, in deren Narrativierung Indigene Erfahrungen und Geschichten strategisch ausgeblendet werden. Die Figur des *Firsting* zeigt sich in der Verdeckung und Negation nicht-europäischer Historien und kultureller Formen und konstruiert damit eine eurozentrische Geschichte, die eine aktive Leistung der *weißen* Entdecker:innen mithilfe ihrer vermeintlich „ersten" Entdeckungen suggeriert. Szenen des imperialen Kontakts sind also keineswegs neutrale oder egalitäre Konstellationen, sondern immer schon asymmetrisch.[7] „[T]he practice of firsting implicitly argues for the inherent supremacy of New English ways, as the institutions and practices of New Englanders are posited as the epitome of modernity" (O'Brien 2010, 6). Wenn „die Geschichte" infolgedessen als eine universale, temporale und chronologische Ordnung etabliert wird, ist immer auch eine zweite, dritte und schließlich „letzte" Position angesprochen, und schlussendlich die Unmöglichkeit „anderer" Zeitlichkeiten: „If firsting and seconding can be associated with discovery and colonization, then lasting finds its match in extinction and effacement" (Beck 2017, 110). Marylin Strathern argumentiert in dieser Hinsicht für ein relationales Verständnis von kulturellen Begegnungen. Die Szene des ersten Kontakts, so Strathern, stehe demnach nie auf neutralem Grund, sondern sei auf beiden Seiten immer in Narrative und kosmologische Rahmungen eingebettet:

> The study of social relations pre-empts any illusion of first contact: no one encounters anyone ‚for the first time', for no one has ever lived in the absence of relationships. Interaction is made possible on the minimalist premise that persons (like concepts) are inevitably lived and perceived as versions of other persons – they are always in that sense already in a relationship. (Strathern 1995, 164)

---

6   Vgl. die Übersicht über die pazifischen Inseln und die jeweils frühesten dokumentierten europäischen Kontakte (Quanchi und Robson 2005, xiii).

7   So weist unter anderem Erhard Schüttpelz (2005, 394) darauf hin, dass „der" und „das" Primitive selbst eine kosmologische Kategorie und Figur der Moderne sei, die das Verhältnis von Innen und Außen derselben manifestieren.

Dem ersten Kontakt würde in dieser modernen linearen Logik schließlich die Möglichkeit des letzten Kontakts, also eines potenziellen „Verschwindens" folgen. Dieser Aspekt entfaltet im Kontext europäischer Geschichts- und Evolutionsvorstellungen insbesondere in der anthropologischen Forschung und Theoriebildung umfassende Wirkung.

Das mögliche „Verschwinden" Indigener Kulturen als Folge kolonialer Herrschaft, aber auch ideeller und materieller Einflüsse, wird so zu einem basalen Narrativ und Legitimationsmuster für ethnografische Forschung und Extraktion, Dokumentation und Ordnung von Wissen. Die Bevölkerung und Kultur der pazifischen Inseln wurde aus Sicht der deutschen Forschenden dem damaligen Rettungsparadigma ethnografischer Forschung entsprechend als „zu bewahrend" imaginiert. Kulturelle Artefakte und materielle Praktiken wurden als erfassbar und „gründlich erschöpf[end]" (Thilenius zit. nach Fischer 1981, 29) sammelbar konzeptualisiert.

Kollektive Nostalgie

Ethnologie und Anthropologie, die sich um 1900 in Europa und Nordamerika als empirische Disziplinen formierten, begründeten ihre fachliche Relevanz unter anderem über das in Bezug auf die Hamburger Südsee-Expedition aufgerufene Narrativ einer vermeintlich akut bedrohten „Ursprünglichkeit" Indigener Völker. Dies manifestierte sich infolge des Einflusses europäischer Kolonisation und der ökonomischen wie kulturellen Ausbeutung nur umso dringlicher als Verlustangst, und ließe sich als einer der Gründe für zunehmende Forschungsreisen und ein sich in der Öffentlichkeit etablierendes Bild von Ethnografie und Kolonialherrschaft verstehen. Miriam Kahn und Sabine Wilke gehen auf die historische Konstruktion der deutschen Vorstellungen und Imaginationen pazifischer Lebenswelten und deren Konsequenzen für die deutsche Kolonialherrschaft im Pazifik ein.

> The origin of these German perspectives, we suggest, lies in a particular German imagination of the Pacific that emerged from early travel writing, fiction and art, all of which influenced later practices during colonial and postcolonial times. (Kahn und Wilke 2007, 293)

Neben diversen kolonialpolitischen, ökonomischen wie auch wissenschaftlichen Gründen, eine Expedition zu den unter deutscher Kolonialherrschaft stehenden pazifischen Inseln durchzuführen, begründete sich die Dringlichkeit des Unternehmens in der Annahme, dass die lokalen Kulturen in rasanter Veränderung begriffen seien. Die deutschen Ethnolog:innen,

Mediziner:innen und Forschungsreisenden waren sich bis zu einem gewissen Grad sehr wohl über die verheerenden Folgen für die Indigenen Menschen und Kulturen durch die koloniale Herrschaft und ökonomische Ausbeutung der der deutschen Kolonialverwaltung und des Militärs bewusst. In dieser dynamischen Kontaktsituation, so die Schlussfolgerung, würden die lokalen Kulturen ihre „ursprünglichen" und „natürlichen" Merkmale verlieren und müssten zugleich als immer schon im Wandel befindliche kulturelle Konstellation erfasst und dokumentiert werden (Thilenius 1927, 1 ff.; vgl. auch Fischer 1981, 29 f., Schleip 1989, Zimmerman 2001a).

Renato Rosaldo (1989) hat dieses Muster als „imperiale Nostalgie" bezeichnet, als eine Sehnsucht also, die die eigene Involviertheit in und Verantwortung für vermeintlich verlorene Ursprünglichkeit oder Unberührtheit negiert. Imperiale Nostalgie zeichne sich dadurch aus, dass die imperialen Einflüsse und Taten in kollektiver Nostalgie verschwimmen und undeutlich werden. „[I]mperialist nostalgia uses a pose of ‚innocent yearning' both to capture people's imaginations and to conceal its complicity with often brutal domination" (Rosaldo 1989, 108). Kolonisatoren würden sich damit in eine nichtinvolvierte Position versetzen, aus der heraus sie zugleich die Fähigkeit erlangen, historische Dynamiken quasi „von außen" zu beobachten und diese vor dem Hintergrund einer größeren Geschichte als verwerflich zu beklagen. Die eigene Verantwortung wird negiert, um daraufhin umso dringlichere „Rettungsversuche" zu legitimieren. Rebekka Habermas (2021, 91) bezieht sich im Kontext der gegenwärtigen Restitutionsdebatte auf Rosaldo und geht einen Schritt weiter, indem sie argumentiert, dass „Verlustängste" als Kernbestandteil einer krisenhaften und in ihrer Identität unsicheren Moderne zu verstehen seien. Selbst mit radikalen, technologischen und gesellschaftlichen Veränderungen der Industrialisierung konfrontiert, lokalisiert Habermas die imperiale Nostalgie unter anderem als Reflex auf Verlusterfahrungen eines romantisierten vorindustriellen Europas. Das Rettungsparadigma ging in diesem Sinne mit einem Sammlungsdrang einher, alles im Verschwinden Begriffene möglichst umfassend zu sammeln und enzyklopädisch zu dokumentieren:

> Retten durch Sammeln war also um 1900 ein emotional aufgeladenes und eben nicht auf das Außereuropäische begrenztes Phänomen, das sich vor dem Hintergrund dessen erklären lässt, was bereits Zeitgenossen als Krise der Moderne bezeichnet haben. … [D]as massenhafte Sammeln und der damit verbundene Versuch der

> Rettung ist ein Phänomen, welches als spezifisches Signum der euro-
> päischen Moderne verstanden werden kann. (Habermas 2021, 93)

Dieser Einschätzung folgend, lässt sich auch die Rechtfertigung finanzieller
Unterstützung durch Forschungsreisende und Museumsdirektoren um
1900 einordnen, die von der Relevanz der Forschung ebenso wie von
der historischen Dringlichkeit ihrer Arbeit überzeugt waren. Das Rettungsparadigma – auch als *salvage anthropology* bezeichnet – formiert
so nicht nur eine affektive Gemengelage der deutschen, respektive
europäischen Forschenden und Kolonialverwaltungen, sondern ebenso
wissenschaftliche und methodologische Vorgehensweisen und Vor-
urteile. Habermas' Argument aufgreifend, zeigen sich die Symptome der
Spannungen und Reibungen innerhalb europäischer Wissensordnungen
durch ihre Projektion auf bzw. ihren Export in außereuropäische Kulturen
in Form rassistischer, primitivistischer und kulturalistischer Annahmen
(vgl. dazu auch Franke 2012). Jacob Gruber (1970, 1296) hält fest, dass sich
die Ethnologie mithilfe eines Dringlichkeitsimperativs nicht nur politisch,
sondern zugleich wissenschaftlich als Disziplin etablierte. „[T]he needs of
recovery of preservation, of salvage in the face of the impending extinction
of peoples and their cultures dictated much that came to be anthropology
both as science and as a view of man." Insbesondere im Kontext deutscher
Ethnologie koppelte sich das Narrativ der Konservierung und Errettung
strategisch mit Zielen und Methoden kolonialer Herrschaft. Nicht zuletzt
spricht das Reichskolonialamt von der Kolonisierung durch „Erhaltungs-
mittel" (Dernburg 1907, 9). Die „wissenschaftliche Kolonisierung" zielte
keineswegs auf zweckfreie Forschung ab, sondern verstand sich vielmehr
als kolonialpolitische Ergänzung unter dem „Schutz" von militärischer
Präsenz und Kolonialverwaltung (Zimmerman 2001a, 220 ff.; Habermas
2021, 82 f.). Die Hamburger Südsee-Expedition sowie die wissenspolitischen
Vorannahmen ihrer Teilnehmenden ließen sich mitunter selbst als Methode
und Umsetzung von Kolonisierung und Wissensextraktion verstehen.

Für die Konzeption der Hamburger Südsee-Expedition wurde dieser
realpolitische Hintergrund zum Argument für die kostspielige materielle
Ausstattung und die Konzeption der wissenschaftlichen Forschungsvor-
haben. Rainer Buschmann (1996, 320) hat argumentiert, dass Thilenius
explizit die technisch-materiellen Bedingungen, die Geschwindigkeit
sowie Logistik und Transportkapazitäten der Expedition adressierte und
daraus die Notwendigkeit eines eigenen Expeditionsschiffes ableitete. Im
Gegensatz zu der Nutzung militärischer Schiffe würde nur ein eigens aus-
gestattetes Schiff den Sammlungsanforderungen genügen. Die Verlustangst manifestiert sich hier vor dem Hintergrund kritischer Zeitlichkeit bis

in die Begründung der technischen Ausrüstung. Hans Fischer zeigt in seiner kritischen Studie zur Hamburger Südsee-Expedition die unterschiedlichen selbsterklärten „wissenschaftlichen" und „praktischen" Ziele der Expedition auf (Fischer 1981, 34–39). Diese, so Fischer, manifestieren sich schlussendlich und an vielen Stellen offensichtlich als kolonial-politische Ziele, die einer realpolitischen Lage im Deutschen Reich, aber zugleich auch einem wissensgeschichtlichen Selbstverständnis ethnologischer Wissensproduktion entsprechen. Neben der *„vollständige*[*n*] *Sammlung der Erzeugnisse der materiellen Kultur* jener Völker", sowie der *„Umgrenzung des geistigen Besitzes*" legte Thilenius (zit. nach Fischer 1981, 34; Hervorh. i. O.) ebenso Wert darauf, die Einflüsse der physikalischen Umwelt mit zu untersuchen. Nicht nur bedient Thilenius hier den enzyklopädischen Anspruch der Sammlungstätigkeit, sondern formuliert darüber hinaus auch ein „naturwissenschaftliches" Interesse an den umweltlichen Bedingungen kultureller Ausdrucksformen. Auf die Menschen als ebenbürtige Personen und Akteure allerdings kommt er nicht zu sprechen, bezeichnet die Forschung als „Umgrenzung" und rückt damit die kolonisierten Subjekte aus dem Fokus bzw. „objektiviert" diese. Die Menschen erscheinen einerseits lediglich als hintergründige Urheber:innen materieller Kultur und andererseits dem Einfluss umweltlicher Bedingungen ausgeliefert.[8] Im Kontext der deutschen Kolonialherrschaft im Pazifik tritt die Bevölkerung vor allem vor dem Hintergrund der möglichen ökonomischen Ausbeutung auf. Anthropologisches Wissen übersetzt sich (un-)mittelbar in Techniken der Ausbeutung und Regierungsformen.[9] So notiert Thilenius (zit. nach Fischer 1981, 38; Hervorh. i. O.): *„Die Lösung der Arbeiterfrage setzt die genaue Kenntnis der Bevölkerung voraus, welcher die Arbeiter entnommen werden*

8   Johannes Fabian hält in Bezug auf die Wissensproduktion von Forschungsreisenden zwischen 1870 und 1887 in Zentralafrika fest, dass ein Verständnis von Wissenschaftlichkeit zu dieser Zeit eng an naturwissenschaftliche Begriffe und Methoden geknüpft war. Die Parameter des Wissens um Menschen, Verhalten und kulturelle Formen richteten sich, so Fabian, mitunter an diesen Ansprüchen aus und trugen dabei zu der Verstärkung rassistischer Stereotype bei. „Wissenschaftliche Erkenntnis wird produziert, indem man die Natur beobachtet. Eine Erkenntnis von Völkern, von ihrer Kultur und ihrer gesellschaftlichen Organisation ist wissenschaftlich, wenn sie gemäß den Regeln produziert und präsentiert wird, die für die Beobachtung der Natur maßgebend sind" (Fabian 2001, 244).

9   Viel Resonanz zu dieser Überschneidung hat das 2021 von Götz Aly veröffentlichte Buch *Das Prachtboot: Wie Deutsche die Kunstschätze der Südsee raubten* gefunden (Aly 2021). Darin plädiert Aly unter anderem für eine aktuelle Neubewertung der Provenienz deutscher ethnologischer Sammlungen. Ebenso aber argumentiert er, dass ethnografische Forschung und Ethnograf:innen in der Zeit des deutschen Kolonialismus unweigerlich mehr oder weniger intentional zu kolonialpolitischen Zielen beigetragen hätten und die Forschung insgesamt Herrschaftswissen mitproduziert habe.

sollen." Diese von rassifizierender Hierarchisierung und extraktiver Logik geprägte Bestimmung der Ziele der Expedition zeigt, dass Reiseberichte, programmatische Schriften und ethnografische Monografien als Quellen wie mediale Praktiken selbst in historischen Kontexten verortet werden müssen, um die Bedingungen für eine aktualisierende Lektüre zu schaffen. Denn eine Kritik der kolonialen Kontaktzone und deren vielschichtigen Folgen und Konsequenzen wird auch darin produktiv, die wissensgeschichtlichen Bedingungen aufzuarbeiten und koloniale Wissenschaft als Rettungsarbeit historisch zu rahmen.[10]

„Ergebnisse" festhalten

In den Ansprüchen des Sammelns ethnografischer Objekte und kultureller Artefakte wird die Spannung zwischen den erklärten und impliziten Zielen anschaulich. So werden die Forschenden wiederholt mit den inhärenten Widersprüchen ihrer Vorannahmen und Erwartungen konfrontiert. Im Verlauf einer früheren Forschungsreise schrieb Augustin Krämer (zit. nach Schleip 1986, 129) im September 1906 an Karl von Linden, Gründer des Museums für Völkerkunde in Stuttgart, dass es für die aufzubauende Sammlung nur noch wenig „authentische", also „ursprüngliche" kulturelle Artefakte gebe: „Außer an abgelegenen Plätzen ist es für den Reisenden noch äußerst schwer, etwas Gutes zu sammeln, da eben alles sammelt. Matty und Luf sind geradezu ausgeplündert, und nur bei den gefährlichen Manus hatten wir noch etwas Glück". Zugleich wird ebenso der Einfluss anderer kultureller wie wirtschaftlicher Beziehungen betont, um die deutsche Kolonialpolitik wie ethnologische Forschung davon differenzieren und distanzieren zu können. Im *Plan der Expedition* geht Thilenius (1927, 1 ff.) auf die ethnografischen Quellen der Expedition ein und verdeutlicht seine Annahmen über die Indigenen der pazifischen Inseln:

> Es handelt sich einmal um die immerhin räumlich begrenzten Einflüsse aus Indonesien und Ostasien, dann aber um die überall erscheinenden und schließlich umwälzenden Einflüsse der Europäer, die diese unmittelbar oder auf dem Umwege über Amerika oder Ostasien ausüben. (Thilenius 1927, 4)

---

10   Nicholas Thomas (1990, 156) notiert in diesem Zusammenhang: „Writing about the colonial encounter thus cannot be immediately ‚decolonised' but must rather deal with the persistence of colonialism and the consolidation of quasi-colonial relationships within the independent Pacific states".

In den im Nachgang der Expedition sukzessive veröffentlichten
Publikationen lässt sich immer wieder das strategische „Herausschreiben"
der fatalen Konsequenzen des deutschen Kolonialismus erkennen. Die
Folgen der deutschen Herrschaft werden schlicht neben andere Einflüsse
wie die der japanischen Kolonialverwaltung gestellt, ohne dabei den
Bewohner·innen der Inseln selbst Handlungsmacht zuzugestehen. Wie
Buschmann gezeigt hat, fungierten in diesem Sinne auch die Publikationen
als mediale Konstellation ethnografischer Wissensproduktion. Da sich
die Veröffentlichung aus finanziellen wie politischen Gründen bis in die
1950er Jahre zog, wurden die Bücher teils nicht selbst von den Forschungsreisenden verfasst. Am Beispiel der Insel Tobi, einer Insel in Palau, wird
nachvollziehbar, inwiefern die von der Hamburger Südsee-Expedition
importierten Krankheiten nicht nur zu vielen Todesopfern der lokalen
Bevölkerung führten, sondern im Nachhinein vom Standpunkt imperialer
Nostalgie aus relativiert wurden. So war beispielsweise Anneliese Eilers
selbst nie in Ozeanien gewesen und stellte die von ihr bearbeiteten ethnografischen Monografien aus Notizen, Tagebucheinträgen, Fotografien und
anderen „Dokumenten" der Expedition zusammen. Eilers sei während
des Verfassens der Monografie zu Tobi, so Buschmann, unmittelbar mit
der Spannung von Handlungsmacht und Schuldzuweisung konfrontiert
gewesen.

> At stake for Eilers was the ironic interplay between the salvaging of a
> people's cultural heritage and their physical extermination by a disease
> introduced by the Hamburg expedition. While she did not deny that the
> disease was introduced by the *Peiho,* she maintained that the culprits
> were to be found among the Tobians, not the ethnographers. (Busch-
> mann 1996, 334)

Damit zeigt sich die inhärente Widersprüchlichkeit und Negation, die quasi
paradigmatisch für die Logik der Relation innerhalb der kolonialen Kontaktzone ist. Selbstverständnis und Praxis der Ethnologie bestehen in
der Extraktion und Fixierung kultureller Praktiken, Wissensformen und
materieller Objekte, um diese mit ihrer Platzierung im Kontext deutscher
Museen und wissenschaftlicher Publikationen ihrem Entstehungskontext zu entheben, dabei stillzustellen und die „Ausbeute der Expedition"
(Thilenius 1927, 38) durch Medientechniken wie Schrift, Bild- und Tonauf-
nahmen zirkulieren zu lassen.[11] Was sich jedoch als mediale Konstellation

---

11   Vgl. zu den Filmaufnahmen der Hamburger Südsee-Expedition als Archivobjekten
      sowie deren Geschichte und Zirkulation Petra Löffler (2022). Buschmann hat zudem
      darauf hingewiesen, dass es nicht allein um den Aufbau einer Sammlung ethnogra-
      fischer Objekte für das Museum für Völkerkunde Hamburg ging, sondern sich die

der Extraktion zeigt, ist zugleich Effekt und Teil der Kontaktzone und somit auch von den Machtrelationen bestimmt.

Zirkulierende Extraktion

Tagebücher und Reiseberichte von Forschungsreisenden sind als Notationstechniken und Übertragungskanäle frühe Formen dessen, was im 19. Jahrhundert als mediale Bedingung von Anthropologie und Ethnologie bezeichnet werden kann (Fabian 2001; Harbsmeier 1997). Die asymmetrischen und doch reziproken medialen Beziehungen in ethnografischen Kontaktzonen hat Erhard Schüttpelz (2005) als „Szenen medientechnischer Überlegenheit" beschrieben. In der epistemologischen Konstruktion von Andersheit spielt laut Schüttpelz die Annahme der Überlegenheit von Schrift bzw. Schriftlichkeit eine zentrale Rolle und bringt darin die Zuschreibung von „Schriftlosigkeit" oder Oralität als Medien/Macht-Nexus mit hervor (Werkmeister 2010). „Die Aneignung und Universalisierung der eigenen Schrift schafft sich ein Gegenüber und nennt dies Oralität" (Schüttpelz 2005, 20). Die vermeintliche Überlegenheit westlicher Medientechniken gegenüber als „anders" markierten werde dadurch vorgegeben und performativ als allmächtige und zugleich rationale Apparate in Szene gesetzt. Während diese Techniken bei ihrem Aufkommen in Europa teils selbst als magische Medien wahrgenommen wurden, inszenieren nicht zuletzt Forschungsreisende sie als Medien wissenschaftlicher Rationalität. Dabei ist für meine Argumentation zentral, dass den Medientechniken von den Europäer:innen eine indexikalische *agency* zugesprochen wurde, welche gegenüber subjektiv-gefärbten Beobachtungen und Notizen „objektives" oder „neutrales" Wissen aufnehmen könne (Theye 1989, 89 f.). Medientechniken erscheinen hier als Zeichen eines Rationalismus und einer Wissenschaftlichkeit, welche sich konstitutiv von anderen Medientechniken und Wissenssystemen distanzieren. Wie bereits angedeutet, schreibt sich in Fotografien deren technische wie diskursive Inszenierung von Machtgefällen ein, welche die koloniale Produktion eines „Anderen" zum Ziel hat – oder zu der sie zumindest beiträgt –, die Differenz aufrechterhält und zugleich die „Schaulust" europäischer Wissenschaften und Öffentlichkeiten bedient (Zimmerman 2001b). Medientechniken der Wissensproduktion und -extraktion verweisen nicht zuletzt in der fotografischen Praxis, den Motiven, der Inszenierung und Zirkulationsform auf die

Ergebnisse als ethnografische Monografien manifestiert haben. „Beyond accomplishing Thilenius's goal of enriching the Hamburg Ethnological Museum with Oceanic artifacts, the main accomplishment was the crafting of a different kind of artifact – the ethnographic monograph" (Buschmann 1996, 332).

affektiven Reaktionen europäischer Forschender (Edwards 2015) und die Versuche, diese zu negieren und auszuschließen. „Anthropology presented itself as an observational natural science that was more ‚objective' than the academic humanities" (Zimmerman 2001b, 386).

An anderer Stelle plädiert Schüttpelz dafür, die Logik und Operabilität von Extraktion und Mobilität in diesem Kontext genauer in den Blick zu nehmen und bezieht sich auf Bruno Latours Konzept der *immutable mobiles*. Latour (2005, 272) unterstreicht damit zwei Funktionsweisen westlicher Medientechniken und Aufschreibesysteme: „Inskriptionen" seien für diese nur deswegen interessant, „weil sie entweder die Mobilität oder die Unveränderbarkeit von Spuren steigern." Feststellung und Fixierung sowie Zirkulation und Mobilität bilden demnach basale Prinzipien westlich-moderner Wissensproduktion und ermöglichen den indexikalischen Verweis auf einen anderen Ort und eine andere Zeit. „[Jede] Steigerung der Mobilität und jede Steigerung einer Formkonstanz über Transformationen hinweg kann Organisationen helfen, Kontrolle über die Distanzen eines Raums ... zu gewinnen" (Schüttpelz 2009, 70). Organisationen ließen sich im Kontext dieses Textes auch als „Wissenssystem" verstehen. Entsprechend stellen Medientechniken der kolonialen Ethnografie immer auch Techniken der Kontrolle dar, deren Verwendung vorgibt, über die Fixierung und das Dokumentwerden Indigener Lebensformen bestimmen zu können. Die zunehmende Verbreitung von Kameras und Aufnahmegeräten um 1900 machte diese Techniken besonders für Expeditionen interessant. Ein Grund dafür lag in der Annahme, stabilere und „realistischere" Repräsentationen von als „anders" markierten Lebensweisen fixieren zu können und damit eine präzisere Kontrolle kolonialer Subjekte wie ethnografischer Objekte zu ermöglichen.[12]

Auch der Hamburger Südsee-Expedition ging es um die Fixierung ethnografischer Objekte sowie die Möglichkeit ihrer Mobilität und der Rezeption von Schrift, Fotografie und Film im Kontext deutscher Museen und westeuropäischer Öffentlichkeiten. Die Umsetzung der „wissenschaftlichen Ziele" der Expedition, also der Erforschung (bzw. Erfassung) der lokalen Bevölkerung der pazifischen Inseln und deren Praktiken, impliziert einen Nexus zwischen Wissen, Kontrolle und Distanz als Dimensionen kolonialer Wissensproduktion. So zeigt sich die versuchte Stillstellung und Inszenierung als *immutable mobiles* anhand einer Lichtdrucktafel eines

---

12   Thomas Theye (1989) hat die frühe Mediengeschichte der ethnografischen Fotografie im Kontext deutschsprachiger Wissenschaft umfassend rekonstruiert und darin auch gezeigt, welche Erwartungen, Vorstellungen und aber auch Unsicherheiten und Skepsis der Fotografie entgegengebracht wurden.

[Abb. 2] Scan einer Lichtdrucktafel mit einer Fotografie von in Hamburg ausgestellten
Bekleidungsstücken von den Marshallinseln (Quelle: Krämer und Nevermann 1938, Tafel 4)

anderen Bandes. Die Tafel 4 des Bandes über die Marshallinseln (damals
„Ralik-Ratak" genannt) zeigt etwas überraschend eine Fotografie, auf
welcher eingekleidete Stoffpuppen zu erkennen sind (Abb. 2). Die Bild-
unterschrift verrät, dass es sich um Schmuck und Kleidung einer Frau
und eines Mannes handelt und dass das Foto im Hamburger Museum
für Völkerkunde aufgenommen wurde. Das Foto zeigt möglicherweise
eine Ausstellungsansicht, in jedem Falle aber die für das Foto drapierten
Puppen. Jeglicher Spezifität und jeglichen kulturellen Kontextes entledigt,
soll der betrachtende Blick auf die Kleidung und den Schmuck gelenkt
und darin Letztere als „typisch" inszeniert werden. Mithilfe der Puppen
als vermeintlich neutralem Trägermaterial bleibt der betrachtende Blick
im Gegensatz zur Auffälligkeit einer ungewollten Geste oder gar eines
selbstbewussten – der Fotografie „antwortenden" – Blicks der tatsächlichen Träger:innen der Kleidung ungestört. Das Foto verdeutlicht darüber
hinaus den oben erwähnten Aspekt der Mobilisierung. Neben dem
Zeigen der Fotografie macht die Lichtdrucktafel deutlich, in welchen Kontexten die „ethnografischen Objekte" zirkulieren und wie diese vor den
Augen deutscher Museumsbesucher:innen als „Beispiele" und „Belege"
präsentiert und zugleich in die „ethnografische Monographie" eingebunden
wurden, die ich heute in deutschen Bibliotheken finden kann.

Thilenius hielt die Erfassung und Kartografie Indigener Kulturen als zentrales Anliegen und Ziel wissenschaftlicher Expedition fest und verstand materielle Objekte und die Sammlungsarbeit als Veranschaulichung und Belege. Die wissenschaftliche Erfassung sei durch ethnografische Objekte zu begleiten „wobei die erforderlichen Geräte, Waffen, religiösen Masken usw. lediglich als Belegstücke mitgebracht werden" (Thilenius zit. nach Fischer 1981, 28). Nimmt man Thilenius' Aussage an dieser Stelle ernst, wirft sie zumindest einen möglichen Blick auf die dekontextualisierende Inszenierung der Kleidungsstücke als exemplarische Belegstücke.

Und gerade darin zeigt sich die Leerstelle und der *weiße* Fleck der ethnografischen Forschung. Die „Sammelwut" und „Verlustangst" zeichnen sich mitunter durch ihre extraktiven, gewaltvollen und zerstörerischen Effekte aus. Sie hinterlassen Lücken und Leerstellen auf den Marshallinseln wie auf Tobi – versetzen Artefakte in den Kontext deutscher Museen und Fotoarchive und sichern als affektive Konstellationen Macht über Formen der Repräsentation. Die koloniale Kontaktzone erweist sich nicht zuletzt in dieser Verschränkung als historisch kontinuierlich weiterhin andauernd. Eine kritische Aufarbeitung kolonialer Wissensproduktion kann also neben der Kontextualisierung historischer Relationen auch bei der Analyse von Zirkulations- und Extraktionsformen ansetzen.

The Void

Die Folgen der extraktiven Momentaufnahmen ethnografischer Forschung treten insbesondere in der Kontaktzone und den medialen Praktiken der Ethnografie in den Vordergrund und beschreiben darin die Asymmetrie und Stabilisierungstendenzen ethnografischer Wissensproduktion und kolonialer Herrschaft. Extraktion impliziert hier aber immer auch, dass kolonial-ethnologische Wissenschaft Lücken und Leerstellen reißt. Diese sind dabei in doppelter Weise zu verstehen und betreffen Fragen der Restitution ebenso wie die der Repräsentation. Temi Odumosu betont diesen Aspekt vor dem Hintergrund von Fragen der Zugänglichkeit, Repräsentation und Zirkulation kolonialer Archive. Odumosu hält fest, dass es in der kritischen Auseinandersetzung mit (digitalen) Kolonialarchivien um die zentrale Frage des Zugangs zu und der Möglichkeiten von Repräsentation geht:

> [T]he whole discussion negotiates tensions surrounding access to representations and visibility of enslaved or colonized peoples, as they intersect with community needs for historical recognition, cultural ownership, and healing. (Odumosu 2020, 298)

Ihr Plädoyer für eine Ethik der Sorge im Umgang mit Kolonialarchiven und ihr Vorschlag, wie eine solche in Hinblick auf Fotografien und deren Zirkulationsformen aussehen könnte, ließen sich auch auf die zu Beginn vorgeschlagene Situierung innerhalb kolonialer Kontaktzonen übertragen. Wie ich zu zeigen versucht habe, setzen die epistemischen Ordnungen, die die Ansätze und Wissenspraktiken der Hamburger Südsee-Expedition informierten, in ihrer kritischen Diskussion und gegenwärtigen Auseinandersetzung eine Situierung im Nachleben der Kontaktzone voraus. Die *immutable mobiles* sind möglicherweise weitaus mehr *mutabale* und weniger *mobile*. Odumosu zitiert Felwine Sarrs und Bénédicte Savoys Bericht über die Restitution von Kulturgütern, um auf die hinterlassenen Leerstellen sowie mögliche Dimensionen der Restitution zu verweisen:

> [They] insist that while object encounters in collections are haunted, so too is the void left elsewhere. Reframing objects as diaspora (with dense accumulated memories), they ask, "How are we able then to restitute to these objects the sense and functions that once belonged to them, without neglecting the fact that they had been captured and then reshaped by a plurality of semantic, symbolic, and epistemological dispositives for more than a century?" (Odumosu 2020, 295)

Damit möchte ich hier weniger Aspekte von Restitution vor dem Hintergrund der von mir verhandelten Aspekte beiläufig erwähnen als vielmehr die Frage stellen, inwiefern diese Beobachtungen und Forderung für die kritische medienwissenschaftliche Aufarbeitung medialer Praktiken der Wissensproduktion relevant sein können. Denn die *immutable mobiles* verweisen auf instabile mediale Objekte, die sich keineswegs als immateriell-symbolische Informationsträger medientechnischer Praktiken, sondern als Dokumente von Kolonialgeschichte zeigen und als *mutable mobiles* Zeugen der von ihnen hinterlassenen Lücken und Leerstellen darstellen. Wie ich zu zeigen versucht habe, trifft dies auch auf die von mir angeführten Lichtdrucktafeln in den digitalisierten Publikationen und den darauf arrangierten Fotografien zu. Die dargestellten Tätigkeiten bzw. Kleidungsstücke, die Fotografien, aber auch die Lichtdrucktafeln sowie die medialen Konstellationen zeigen sich dabei als *mobile* und zugleich kontextspezifisch als veränderlich und eben *mutable*. Koloniale Wissensproduktion wäre in diesem Sinne als vielschichtiger, komplexer Prozess zu verstehen, der gerade in Hinblick auf seine historisch-epistemologischen Bedingungen wie den situierten und affektiven medialen Praktiken, dem reziproken Kontakt-Wissen sowie den Methoden der Dekontextualisierung und Extraktion besteht. Im Lichte gegenwärtiger Formen der kolonialen Kontaktzonen der europäischen Moderne und der situierten diskursiven wie praktischen Begegnung mit Kolonialarchiven wird deutlich, inwiefern eine von Odumosu mit „sensitivity" bezeichnete Herangehensweise Möglichkeiten der kritischen Wissensgeschichte bietet.

Ich danke Charlotte Bolwin und Katia Schwerzmann für das umsichtige Lektorat, Petra Löffler für die Gespräche und Hannah Schmedes für die aufmerksame Lektüre.

Literatur

Beck, Lauren. 2017. „Firsting in Discovery and Exploration History." *Terrae Incognitae* 49, Nr. 2: 109–113.

Beer, Bettina. 2007. *Frauen in der deutschsprachigen Ethnologie: Ein Handbuch*. Köln: Böhlau.

Buschmann, Rainer F. 1996. „Tobi Captured: Converging Ethnographic and Colonial Visions on a Caroline Island." *ISLA – A Journal of Micronesian Studies* 4, Nr. 2: 317–340.

Dernburg, Bernhard. 1907. *Zielpunkte des deutschen Kolonialwesens*. Berlin: Ernst Siegfried Mittler und Sohn.

Edwards, Elizabeth. 2015. „Anthropology and Photography: A Long History of Knowledge and Affect." *Photographies* 8, Nr. 3: 235–252.

Fabian, Johannes. 2001. *Im Tropenfieber: Wissenschaft und Wahn in der Erforschung Zentral-afrikas*. München: Beck.

Fischer, Hans. 1981. *Die Hamburger Südsee-Expedition: Über Ethnographie und Kolonialismus*. Frankfurt am Main: Syndikat.

Franke, Anselm. 2012. „Kippbilder: Animismus als ästhetisch-politischer Umschlagpunkt." In *Animismus: Revisionen der Moderne*, herausgegeben von Irene Albers und Anselm Franke, 199–209. Zürich: Diaphanes.

Gruber, Jacob W. 1970. „Ethnographic Salvage and the Shaping of Anthropology." *American Anthropologist* 72, Nr. 6: 1289–99.

Habermas, Rebekka. 2021. „Rettungsparadigma und Bewahrungsfetischismus: Oder was die Restitutionsdebatte mit der europäischen Moderne zu tun hat." In *Geschichtskultur durch Restitution? Ein Kunst-Historikerstreit*, herausgegeben von Thomas Sandkühler, Angelika Epple und Jürgen Zimmerer, 79–99. Wien: Böhlau.

Harbsmeier, Michael. 1997. „Spontaneous Ethnographies: Towards a Social History of Travellers' Tales." *Studies in Travel Writing* 1, Nr. 1: 216–238.

Kahn, Miriam und Sabine Wilke. 2007. „Narrating Colonial Encounters: Germany in the Pacific Islands." *The Journal of Pacific History* 42, Nr. 3: 293–297.

Krämer, Augustin. 1932. *Truk: Ergebnisse der Südsee-Expedition 1908–1910. II. Ethnographie: B. Mikronesien*. Bd. 5, herausgegeben von Georg Thilenius. Hamburg: Friedrichsen, De Gruyter.

Krämer, Augustin und Hans Nevermann. 1938. *Ralik-Ratak: Ergebnisse der Südsee-Expedition 1908–1910. II. Ethnographie: B. Mikronesien*. Bd. 11, herausgegeben von Georg Thilenius. Hamburg: Friedrichsen, De Gruyter.

Kuster, Brigitta. 2016. *Choix d'un passé: Transnationale Vergegenwärtigungen kolonialer Hinterlassenschaften*, herausgegeben von Isabell Lorey. Wien: transversal texts.

Latour, Bruno. 2006. „Drawing Things Together: Die Macht der unveränderlich mobilen Elemente." In *ANThology: Ein einführendes Handbuch zur Akteur-Netzwerk-Theorie*, herausgegeben von Andréa Belliger und David J. Kreiger, 259–307. Bielefeld: transcript.

Löffler, Petra. 2022. „Double Vision: Encountering Early Ethnographic Films in the Digital Archive." *Frames Cinema Journal* 19, Nr. 1: 277–291.

Mbembe, Achille. 2002. „The Power of the Archive and Its Limits." In *Refiguring the Archive*, herausgegeben von Carolyn Hamilton et al., 19–26. Dordrecht: Springer Science and Business Media.

Mirzoeff, Nicholas. 2023. *White Sight: Visual Politics and Practices of Whiteness*. Cambridge, MA: MIT Press.

O'Brien, Jean M. 2010. *Firsting and Lasting: Writing Indians out of Existence in New England*. Minneapolis: University of Minnesota Press.

Odumosu, Temi. 2020. „The Crying Child: On Colonial Archives, Digitization, and Ethics of Care in the Cultural Commons." *Current Anthropology* 61, Nr. 22: 289–302.

Pratt, Mary Louise. 2008. *Imperial Eyes: Travel Writing and Transculturation*. London: Routledge.

Quanchi, Max und John Robson. 2005. *Historical Dictionary of the Discovery and Exploration of the Pacific Islands*. Lanham: Scarecrow Press.

Rosaldo, Renato. 1989. „Imperialist Nostalgia." *Representations* 26: 107–122.

Schleip, Dietrich. 1989. „Ozeanistische Ethnographie und koloniale Praxis: Das Beispiel Augustin Krämer." *TRIBUS – Jahrbuch des Linden-Museums Stuttgart* 38: 121–148.

Schüttpelz, Erhard. 2009. „Die medientechnische Überlegenheit des Westens: Zur Geschichte und Geographie der *immutable mobiles* Bruno Latours." In *Mediengeographie: Theorie – Analyse – Diskussion*, herausgegeben von Jörg Döring und Tristan Thielmann, 67–110. Bielefeld: transcript.

———. 2005. *Die Moderne im Spiegel des Primitiven: Weltliteratur und Ethnologie (1870–1960)*. München: Wilhelm Fink.

Strathern, Marilyn. 1995. „The Nice Thing about Culture Is that Everyone Has It." In *Shifting Contexts: Transformations in Anthropological Knowledge*, herausgegeben von Marilyn Strathern, 153–176. London: Routledge.

Theye, Thomas. 1989. „‚Wir wollen nicht glauben, sondern schauen.' Zur Geschichte der ethnographischen Fotografie im deutschsprachigen Raum im 19. Jahrhundert." In *Der geraubte Schatten: Eine Weltreise im Spiegel der ethnographischen Photographie*, herausgegeben von Thomas Theye, 60–119. München: Bucher.

Thilenius, Georg. 1927. „Plan der Expedition." In *Ergebnisse der Südsee-Expedition 1908–1910, 1. Allgemeines*, herausgegeben von Georg Thilenius. Hamburg: L. Friederichsen & Co.

Thomas, Nicholas. 1990. „Partial Texts: Representation, Colonialism and Agency in Pacific History." *The Journal of Pacific History* 25, Nr. 2: 139–58.

Tuhiwai Smith, Linda. 2021. *Decolonizing Methodologies: Research and Indigenous Peoples*. London: ZED Books.

Werkmeister, Sven. 2010. *Kulturen jenseits der Schrift: Zur Figur des Primitiven in Ethnologie, Kulturtheorie und Literatur um 1900*. München: Wilhelm Fink.

Zimmerman, Andrew. 2001a. *Anthropology and Antihumanism in Imperial Germany*. Chicago: University of Chicago Press.

———. 2001b. „Looking beyond History: The Optics of German Anthropology and the Critique of Humanism." *Studies in History and Philosophy of Science* 32, Nr. 3: 385–411.

QUEER AFFECT THEORY

REPARATIVITÄT

ATTACHMENT

JUDITH BUTLER

LAUREN BERLANT

EVE KOSOFSKY SEDGWICK

KRITISCHE THEORIE

Trauer, Verwerfung und zwei Formen der Anerkennung: Reparative Praktiken und relationale Kritik

Jasmin Degeling & Philipp Hohmann

In Anschluss an Eve Kosofsky Sedgwicks queer-theoretisches Konzept des Reparativen und Lauren Berlants Theorie des Attachments erprobt dieser Beitrag das Konzept reparativer Kritik im Dialog mit künstlerischen Praktiken der Auseinandersetzung mit verschiedenen Formen struktureller Gewalt: Talya Feldmans akustische Arbeit an rechter, rassistischer und antisemitischer Gewalt und Boudrys und Lorenz' Reflexion des Nachlebens queerfeindlicher Sichtbarkeitsregime werden als Beispiele reparativer Kritik gelesen, insofern sie an der Anerkennbarkeit von Formen der Verwerfung und Enteignung, der Trauer und Traumatisierung arbeiten, ohne sich der normativen Struktur einer ausschließenden Annerkennungslogik zu unterwerfen. In Auseinandersetzung mit Judith

Butler schlagen wir hinsichtlich der Ambivalenz einer kritischen Anerkennungspolitik vor, zwei Formen der Anerkennung zu differenzieren: *recognition* und *acknowledgment*.

Wie lässt sich methodisch eine Praxis der Kritik, durchaus auch der Kritischen Theorie, entwickeln, der die Vorgängigkeit von Relationalität zur Bedingung wird? Wenn Kritik etymologisch wie epistemologisch mit der Praxis der Trennung, des Auseinanderhaltens und auch der Distanzierung verbunden ist, wie kann Kritik dann in der Relationalität gedacht und zu einer relationalen Praxis werden? Die Vorrangigkeit von Relationalität wird in verschiedenen Feldern – auch in der Medienanthropologie – unter dem Eindruck von Neuen Materialismen, Akteur-Netzwerk-Theorie und den Science and Technology Studies offensiv diskutiert. Sie steht in Zusammenhang mit einer erneuten Repolitisierung von Anthropozentrismuskritik aus der Erfahrung heraus, dass die – im Westen kanonische – Trennung von Natur und Kultur, von Organischem und Anorganischem oder von Subjekt und Objekt im Zeichen multipler systemischer Krisen nicht mehr haltbar und der Situation epistemologisch nicht mehr angemessen ist. Feministische Wissenschaftskritik, wie sie etwa von Donna Haraway und vielen weiteren Stimmen angestrengt wurde (Haraway 1995; Barad 2020; Deuber-Mankowsky 2011; 2019), ermöglicht durch die Historisierung und Situierung von Wissen eine Dezentrierung des *anthropos* zugunsten naturkultureller Verwandtschaftsverhältnisse und knüpft hierfür an die feministische Kritik der Naturalisierung und Trennung von (Zwei-)Geschlechtern, von dem, was als Ethnien bezeichnet wird, von gesellschaftlichen Klassen und hierarchisierenden Aufteilungen an. Dabei verbindet die Annahme einer Vorgängigkeit von Relationen solche Ansätze mit Judith Butlers Performativitätstheorie als einer Theorie gemeinsamen Handelns, die von der Erkenntnis wechselseitiger Abhängigkeit und des Ausgesetztseins im Sozialen ausgeht, um die philosophische Diskussion der Grenzen des Menschlichen mit der Frage nach der Un-/Möglichkeit eines lebbaren Lebens überhaupt zu verbinden (Butler 2004; 2016).

Wie lässt sich in diesem Kontext vorgängiger Relationalität eine Kritik struktureller Gewaltverhältnisse entwickeln, wenn diese Gewalt selbst relational zu denken ist, eine Kritik also von Relationen, die auf Verwerfung, Enteignung und Ausschluss zielen? Virulent ist diese Frage in der Gender und Queer Theory und verschiedenen rassismuskritischen Feldern wie der Kritischen Migrationsforschung, der Critical Race Theory und den Black

Studies geworden (Harney und Moten 2016; Fanon 2015; Inan 2021; Hartman 1997; Sharpe 2016). Eine der produktivsten Verbindungen zwischen antirassistischer und queerfeministischer Theorie der letzten Jahre findet sich aus unserer Perspektive in einer radikalen Infragestellung der Trennung von Subjekt und Objekt, die sich gerade aus der Geschichte und Erfahrung der Ent-Menschlichung, Pathologisierung und Objektifizierung ergibt. Fred Motens und Stefano Harneys (2016, 110–119) in den *Undercommons* formulierte Verweigerung dessen, was verweigert wurde (Inan 2021, 220), formuliert paradigmatisch ein Misstrauen gegenüber anerkennungslogischen Forderungen, bezweifelt die Möglichkeit oder politische Produktivität eines „Zurück" zum Subjekt (Harney und Moten 2016, 110–119). Schließlich sind die Existenzbedingungen dieses Subjekts, das in Butlers (2021, 10–13) Hegellektüre von der Anerkennung (*recognition*)[1] als menschlich oder wertvoll abhängt, ebenjene gesellschaftlichen Gewaltverhältnisse, denen ein Ausschluss anderer – Schwarzer, queerer, be_hinderter – Leben inhärent ist. Die Notwendigkeit, eine Zone des Außerhalbs des Menschlichen zu unterhalten, sowie das historisch je spezifische Wissen eines Lebens jenseits der Intelligibilität als Subjekt begründen die oben genannte Verweigerung.[2] Im Anschluss an solche Theoriebildungen erproben wir in diesem Beitrag die Möglichkeit, Relationalität selbst als Operator einer Kritik von Machtverhältnissen zu denken, einer Kritik, die sich eine etablierte Form der Distanz, der Aufteilung, nicht mehr leisten kann und will. Kritik *an* bestimmten Verhältnissen zu üben, kann angesichts der Verstrickung in diese nicht mehr ausreichen, sie muss in und durch die Verhältnisse geübt werden. Wir schlagen hierfür einen Begriff reparativer Kritik vor.

---

1   In unserem Text diskutieren wir zwei Formen der Anerkennung, die auf zwei verschiedene englische Begriffe zurückgehen: *recognition* und *acknowledgment*. Wenn wir uns auf den von Butler nach Hegel verwendeten Begriff der Anerkennung beziehen, markieren wir dies, indem wir das englische *recognition* einfügen. Wenn wir über Anerkennung als affektpolitisch wirksame Erkenntnis alltäglicher Negativität schreiben, wie wir sie im Folgenden nach Lauren Berlant entwickeln, verweisen wir auf *acknowledgment*. Beide Formen sind nicht voneinander getrennt zu denken.

2   „Wenn aber die Schemata der Anerkennung, die uns verfügbar sind, genau die sind, welche die Person ‚zerstören', indem sie Anerkennung verleihen, oder die Person ‚auflösen', indem sie Anerkennung vorenthalten, dann wird die Anerkennung zu einem Ort der Macht, durch die das Menschliche verschiedenartig erzeugt wird." (Butler 2021, 11). Die beliebige Ausdehnung der Kategorie des Menschlichen kann hier keine Abhilfe schaffen, müsste sie doch nicht nur die rassistisch Ausgeschlossenen (Fanon) oder ihre Vergeschlechtlichung (Butler) ablegen, sondern, wie Butler mit Verweis auf Haraway und Derrida markiert, auch die qualitative Differenz zum Tier und anderen organisch-technischen Wesen (Butler 2021, 27).

Relationalität wirft in ihrer Vorgängigkeit und gleichzeitig potenziell immanenten Gewalt die Frage nach der Reparativität auf, und zwar nicht im Sinne einer Idee des Guten, Ganzen, Heilen, sondern im Sinne der Erkenntnis der (andauernden) Wiederholung medialer und politischer Gewalt. Mit Eve Kosofsky Segdwick (2003) können wir Reparativität als epistemologischen Modus verstehen, der die Ordnungen des Wissens, die auch der Kritischen Theorie konventionell geworden sind, befragt: die große Enthüllungsgeste, ubiquitäres, antizipatorisches Misstrauen, eine Logik zirkulärer Reproduktion. Sedgwicks Einsatz gilt einer affekttheoretischen Aufarbeitung dieser ansteckenden epistemologischen Dynamik, die sie – ohne zu pathologisieren – mit Paranoia assoziiert und der sie eine alternative Epistemologie aus Perspektive der Queer Affect Theory gegenüberstellt: die Reparativität. Sedgwicks breit rezipierter Essay bietet Anschlussstellen für methodologische Kritik, wie Mary Shnayien (2022) in einer genauen Relektüre deutlich macht, in der sie zeigt, wie Sedgwicks Distinktion von Paranoia und Reparativität die performative Dimension von Wissen hervorkehrt. Mit Sedgwick ist jeder Kritik eine prinzipielle Relationalität zur affektiven Dimension von Begriffen und Wissensordnungen inhärent. Sie wirkt – im Widerspruch zu ihrer Tradition der Abstandnahme und Unterscheidung – in und durch ihre affektive Verstrickung, mitunter gar der eigenen Maxime entgegen.[3] Wir interessieren uns in diesem Sinne für eine reparative Methode kritischer Praxis, die sich einem epistemologischen Zugriff auf die affektive Dimension von Wissensproduktion verpflichtet und das Verhältnis von Kritik und Affekt auf diese Weise repolitisiert. An Sedgwicks Überlegungen anknüpfend und vor allem an ihrem Einsatz für die Queer Affect Theory festhaltend, führt Lauren Berlant das Konzept der Bindungsweise (*attachment*) als, so unsere These, Operator kritischer Relationalität wie relationaler Kritik ein.

Die im Folgenden diskutierten künstlerischen Arbeiten erproben medial und praktisch jeweils Modi reparativer Kritik: Es handelt sich um gegen\ dokumentarische Arbeiten (Canpalat et al. 2020), die auf unterschiedliche Weise mit medialen Archiven umgehen, welche bestehende strukturelle Gewaltverhältnisse bezeugen und in denen verwendete Medien und

---

3   Das Dominantwerden der Enthüllungsgeste im Rahmen einer Hermeneutik des Verdachts (starker) Kritischer Theorie, die stets nach verborgenen Formen von Gewalt sucht, verfehlt für Sedgwick (2003, 140 f.) nicht nur die Auseinandersetzung mit offensichtlicher, alltäglicher Gewalt, sondern droht auch ignorant gegenüber anders strukturierter (schwacher) Theorie zu werden und unterläuft ihr eigenes Anliegen: „[T]hey [die o. g. kritischen Ansätze] may have made it less rather than more possible to unpack the local, contingent relations between any given piece of knowledge and its narrative/epistemological entailments for the seeker, knower, or teller" (124).

Materialien ebenso ineinander verwickelt sind wie die betroffenen Personen. Talya Feldman geht von populären Medienpraktiken aus und nutzt selbstdokumentarisches Material von Überlebenden, Angehörigen und Aktivist:innen rassistischer, antisemitischer und faschistischer Gewalt für eine gedenkpolitische und gleichermaßen affektpolitische Intervention. Die Soundinstallation *The Violence We Have Witnessed Carries a Weight on Our Hearts* (2021) erprobt eine mediale Trauerarbeit, welche die Wiederholung der Forderungen von Überlebenden nach Anerkennung und Aufklärung audiovisuell inszeniert. In *After Halle* (2021) wird die auf Dauer gestellte Wiederholung der Forderungen zum Klagelied: In ihrer (migrantischen) Situierung in der Erfahrung verweigerter Anerkennung (*recognition*) (Inan 2019) artikuliert sich affektiv die Erkenntnis einer der Anerkennungslogik inhärenten Verwerfung und Enteignung. Ausgehend von dieser Erkenntnis, die als Modus reparativer Kritik begriffen werden kann, lässt sich auf eine andere Form der Anerkennung (*acknowledgment*) spekulieren. Das Künstlerinnen-Duo Pauline Boudry und Renate Lorenz betont die Historizität und Kontinuität der Erfahrung des Verworfenseins, indem sie sich Archivmaterial zuwenden, das in die Pathologisierung und Kriminalisierung aufgrund von Geschlecht, Begehren, Klasse und *Race* verwickelt ist, um dabei nach der Kompliz:innenschaft visueller Medien mit Gefügen struktureller Gewalt zu fragen. Indem Boudry und Lorenz fotografische und filmische Dispositive als toxisch imaginieren, ermöglichen sie gleichermaßen der gewaltvollen, normierend-normativen Dimension von Sichtbarkeitsregimen sowie den komplexen relationalen und ambivalenten Begehrensgefügen nachzugehen, in denen sich queere Leben der Verwerfung zum Trotz entfalten.

Beide Arbeiten werden hier als verschiedene Modi reparativer Kritik diskutiert, die sich mithilfe gegen\dokumentarischer Verfahren kritisch im Wissen der Betroffenheit von Verwerfung und Enteignung situieren und aus dieser Situiertheit heraus – in Trauer und Toxizität – auf die Reorganisation von Attachments als affektpolitische Intervention setzen, anstatt sich bestehenden Logiken und Normen der Anerkennung (*recognition*) zu unterwerfen. Unser zentraler theoretischer Bezugspunkt ist Lauren Berlants stark von Sedgwick beeinflusste Arbeit. Diese lässt sich als Theorie kritischer Relationalität entlang des zentralen Begriffs des Attachments, der Bindungsweisen, bestimmen, wie they[4] ihn im Kontext der Kritik

---

4   Berlant verwendet etwa seit 2019 in professionellen Kontexten die nichtbinären Pronomen „they/them". Da (uns) nicht bekannt ist, welche Übersetzung ins Deutsche in Berlants Sinne wäre, behalten wir diese Pronomina bei. Für eine Reflexion von Berlants Entscheidung siehe Thorkelson, Eli. 2021. „Lauren Berlant

des Phänomens *cruel optimism* anwendet. Von einem durch „grausamen Optimismus" geprägten Verhältnis spricht Berlant (2011, 1), „when something you desire is actually an obstacle to your flourishing. It might involve food, or a kind of love; it might be a fantasy of the good life, or a political project." Auch Grausamkeit und Gewalt sind in diesem Modus relational zu denken, und es hängt von der Konstellation der Relata ab, sie zu vermeiden oder zu mindern. Weil aber auch oder gerade jene Bildungsweisen, die uns zugrunde richten, unsere Leben strukturieren und organisieren, erscheint es mitunter nicht möglich, diese einen grausamen Optimismus unterhaltenden Bindungen zu lösen – ungeachtet der Schäden, die sie anrichten (Berlant 2011, 227). In *Sex or the Unbearable* formuliert Berlant pointiert eine Gegenposition zu dieser in eine Sackgasse führenden affektiven Verwicklung in zerstörerische Beziehungsweisen:

> I am interested in optimism as a mode of attachment to life. I am committed to the political project of imagining how to detach from lives that don't work and from worlds that negate the subjects that produce them; and I aim ... to expand the field of affective potentialities, latent and explicit fantasies, and infrastructures for how to live beyond survival, toward flourishing not later but in the ongoing now. (Berlant und Edelman 2013, 5)

Hier wird deutlich, dass Optimismus nicht an sich grausam ist, sondern nur eine spezifische Konstellation dieser Bindungsweise,[5] die sich zum Selbstzweck wird und Subjekte in einer sie zugrunde richtenden Gegenwart hält, mit dem Versprechen, „that this time, nearness to this thing will help you or a world to become different in just the right way" (Berlant 2011, 2). Es muss einer reparativen Theorie und Praxis um die (Re-)Konfiguration solcher grausamen Konstellation von Attachments gehen. Falls eine solche Veränderung möglich sein sollte,[6] wird sie nicht schmerzlos sein, denn es geht um jene Strukturen, die uns individuell wie kollektiv ausmachen.

---

and the Nonbinary: *They Made My Life Possible*". https://decasia.org/academic_culture/2021/08/31/lauren-berlant-and-the-nonbinary/index.html#fn8.

5   Stefan Trinkaus (2022, 224; Hervorh. i. O.) hat treffend und in Rückbezug auf Donald Winnicott herausgearbeitet, wie Berlants Begriff des Attachments die Grundlage dafür bietet, jenseits gängiger, in Mangel oder Unterwerfung begründeter, „Urszenen" der Subjektivierung (Anrufung, Spiegelstadium) ein Begehren beschreibbar zu machen, das „nicht an Objekte, sondern an Szenen, Atmosphären, Umwelten geknüpft [ist]. Es geht ... um ein relationales, umweltliches Geschehen, um ein Begehren danach, gebunden, *attached* zu werden".

6   Es ist nicht sicher, dass eine Veränderung möglich ist: Berlant (Berlant und Edelman 2013, 5; 55) markiert die spekulative Dimension dieser Überlegung und bezeichnet sie als „utopian" oder „my gamble".

Berlants Queer Affect Theory hält also an einem durchaus psychoanalytisch inspirierten Begriff von Begehren fest, der aber nicht allein in einem Mangel begründet ist, sondern über die Verknüpfung von Affekt und Attachment Analysen affektiver Gefüge repolitisiert (Trinkaus 2022, 224 f.). Auf eine Theorie radikaler Relationalität zielend, gilt Berlants Einsatz dabei der Emanzipation von konventionellen, mitunter überspannten oder grausamen, jedenfalls fragwürdig gewordenen Idealen sozialer Relationalität. Berlant (2022) interessiert sich für Nähe („proximity") statt Zugehörigkeit („belonging"), Alterität („alterity") und Getrenntsein („separateness") anstelle von Gleichheit („equality"), für die "inconvenience of other people" mehr als für ein Phantasma des guten Lebens für alle. Sogar der Begriff des Politischen selbst wird von Berlant ob seines Potenzials, in grausamem Optimismus begründete Bindungsweisen auszubilden und zu erhalten, problematisiert. Die Hoffnung auf eine (imaginäre) unversehrte Gemeinschaft sowie Zugehörigkeit und Handlungsfähigkeit zeugen von einem intimen und sentimentalen Festhalten am Begriff des Politischen und der damit verknüpften Praxen, die dem Erhalt bestehender Verhältnisse dienen (Berlant 2011, 227). Dem stellt Berlant die Position der „politically depressed" gegenüber, die beispielsweise im Umfeld des Feel Tank Chicago probeweise zum Ausgangspunkt aktivistischer Praxis gemacht wurde und in der sich Sedgwicks komplexer Begriff von Reparativität artikuliert: „The exhausting repetition of the politically depressed position that seeks repair of what may be constitutively broken can eventually split the activity of optimism from expectation and demand" (Berlant 2011, 227).

Dass die Queer Affect Theory überhaupt an der psychoanalytischen Bindungstheorie festhält, liegt dabei gerade in der kritischen Arbeit an der Entpathologisierung und Entindividualisierung von Trauer und Melancholie begründet, die sie als Voraussetzung für eine Repolitisierung von Trauer sowie für den von Sedgwick formulierten epistemischen Anspruch des Begriffs der Reparativität leistet. Letzteren nimmt Berlant auf, verschiebt aber dessen psychoanalytische Grundierung. Sedgwick entwickelt die Reparativität in Rückgriff auf die psychoanalytische Objekttheorie von Melanie Klein (1957). Diese sieht in der depressiven Position den Ursprung der Subjektkonstitution: Mittels der Synthetisierung und Integration von Partialobjekten werden die relative Stabilität eines „gesunden Ichs" und dessen (altruistischen) Beziehungen zum Außen ermöglicht. Sedgwick (2007, 629) nimmt bereits eine queere Lektüre Kleins vor, die diese aus der normativen Subjektivierungstheorie löst. So situiert sie etwa manche queeren Theorien als produktiv-paranoide Reaktion auf das Grauen der

AIDS-Krise, um nach der Möglichkeit einer anderen Epistemologie zu fragen: „Paranoia knows some things well and others poorly" (Sedgwick 2003, 130). Diese Epistemologie solle weder das Grauen vergessen machen oder etwas – im Sinne einer Position normativ „gesunder" Subjektivität – verdrängen noch in der paranoiden Abwehr von Projektion oder Introjektion verharren. Vielmehr gehe es um die Entwicklung einer neuen Position, die den Dualismus von Depression und Paranoia überwinde, so Sedgwick (2007, 641 f.). Diese Lesart trägt zum Konzept von Reparativität im Sinne radikaler Relationalität bei Berlant bei.

Ausgangspunkt dieser Reparativität ist, so unsere Lektüre, *acknowledgment*, was ebenfalls mit Anerkennung übersetzt wird, aber eine Differenz zu jener Kritik der Logik der Anerkennung (*recognition*) einführt, die aus Butlers Hegellektüre resultiert. Statt um die (wechselseitige) Anerkennung als etwas oder jemand und anstelle des Begehrens nach Anerkennung (*recognition*), das an ein Schema intelligiblen Lebens gebunden und als Subjekt figuriert wird, geht es hier um die affektive und potenziell affektpolitisch wirksame Erkenntnis historisch situierter und differenziell medialisierter alltäglicher Negativität. In gewisser Weise leistet dieser Einsatz eine Anerkennung (*acknowledgment*) der Verwerfungen, die das Konzept der *recognition* immer schon unterhält: Er beinhaltet ein affektives Begreifen der immanenten Gewalt der relationalen, differenziellen Gefüge und grundiert nicht nur die schmerzhafte Trennung von Bindungsweisen, die eine Rekonstellation ermöglichen, eine Reparativität in Negativität, sondern ebenso die inhärente Ambivalenz dieser Erkenntnis. Reparativ wird diese Form der Anerkennung (*acknowledgment*) in ihrem Potenzial für Veränderung. Dass dies kein Heilsversprechen, sondern zutiefst ambivalent ist, formuliert Berlant im Rückgriff auf Segdwick:

> [R]eparativity, in Eve's work, marks the and/or in an insuperable negativity that induces nonetheless a wish for relief in repair, which may mean something as minor but major as a shift in attachment styles. … Eve's work is a training in being in the room with that ambivalence, which she also called unbearable, in its revelation that having and losing are indistinguishable; although sometimes, for example, while one is mourning, it does not feel that way. (Berlant und Edelman 2013, 61)

Damit ist nicht gemeint, dass ein zu betrauernder Verlust bedeutungslos sei. Das Trauma wird hier nicht zur Ausnahme, sondern zur Regel, sein Zeugnis bildet gar ein populäres Genre aus – ein Beispiel dafür, dass Subjektivierung und Medialisierung hier nicht getrennt gedacht werden

(Berlant 2001). Sentimentale und melodramatische Genres, etwa im Film, können als partielle Artikulation von Sedgwicks unerträglicher Ambivalenz, von alltäglicher Negativität verstanden werden, als – so die Lektüre Berlants von Anja Michaelsen (2014, 15) – „eine Form nicht vollständig artikulierter Kritik".

Solche Genres sind für Berlant allerdings in ihrer Konventionalität auch Immunisierungen gegen die schmerzhafte Erkenntnis, die eine reparative Epistemologie voraussetzt. Eine andere Form der Dramatisierung betreibt Berlants Ko-Autor Lee Edelman (2007) in seiner in Lacan'scher Psychoanalyse begründeten „antisozialen" Queer Theory. Anstelle des radikalen Schocks der Unverfügbarkeit des Realen und der Erkenntnis der Inkohärenz des Subjekts, wie sie Edelman vertritt, interessiert sich Berlant für die multiplen, nichtreduzierbaren, widersprüchlichen und traumatischen, aber darum nicht unbedingt dramatischen Kontakte, die das Soziale ausmachen (Berlant und Edelman 2013, 61). Mit dieser Geste, die reparative Kritik in der Entdramatisierung situiert, ermöglicht Berlant auch die Anerkennung (*acknowledgment*) der Differentialität von Bindungsweisen und eine Politisierung der Möglichkeiten ihrer (Re-)Konstellation, welche es erlauben, in alltäglicher Negativität die Bindung ans Leben auf eine Weise zu unterhalten, die nicht zugrunde richtet.[7] Die unerträgliche Ambivalenz zur Kenntnis zu nehmen, birgt das Potenzial, in ihrer affektiv-epistemologischen Wirksamkeit auch andere Bindungsweisen an das Politische denkbar zu machen.

In diesem Sinne kann auch jede Theoriebildung zu einer Form von Trauer-arbeit werden, die die Affektivität von Erkenntnisprozessen politisiert. Der Einsatz solcher Queer Affect Theory lässt sich vor diesem Hinter-grund zugespitzt als eine Kritik politischer Ökonomie von Bindungsweisen formulieren, und zwar geleitet von der Frage, welche Leben erhalten und welche gehindert oder gemindert werden – und nicht zuletzt, ob und welche anderen Leben möglich wären. Kritik als Trauerarbeit an solchen Bindungsökonomien ist in diesem Sinne radikal relational.

Auch Çiğdem Inans Arbeit an einem affektpolitischen Begriff von Repa-rativität ist radikal relational und gleichermaßen materialistisch. Doch

---

7   Stephan Trinkaus würde dies mit Winnicott womöglich als eine „haltende Umwelt" bezeichnen, die, wie er bemerkt, „etwas völlig anderes [ist] als Anerkennung". Damit ist hier natürlich Anerkennung im Sinne von *recognition* gemeint. „Sie [die haltende Umwelt] ist gerade abhängig davon, dass es Nicht-Anerkennung, dass es eine Anerkennung des Nicht, der Nichtgegebenheit, der Nichtbestimmbarkeit gibt, und sie findet sich in dem, was in jeder Anerkennung nicht anerkannt wird" (Trinkaus 2022, 65).

verweist er auch auf die Reparation, auf die Unmöglichkeit der Wiedergutmachung von Enteignung und Verworfenheit. Im Vordergrund von Inans Arbeit stehen die affektiven Dimensionen struktureller Rassismuserfahrung am Beispiel bundesdeutscher Geschichte, für deren Analyse sie bestimmte Positionen aus Queer Theory, Critical Race Theory und Black Studies produktiv macht und die Theoriebildung selbst politisch der Trauerarbeit verpflichtet. So analysiert Inan auch die sekundären Viktimisierungen der Betroffenen rassistischer und faschistischer Gewalt, also der institutionellen und gesellschaftlichen Gewaltverhältnisse, die etwa den NSU-Komplex kennzeichnen. Durch eine Umkehr der Täter:in-Opfer-Verhältnisse, eine Form der Enteignung der Trauer der Betroffenen, werden diese, mit Judith Butlers Begriff, einer „Derealisierung" ausgesetzt; in der Verweigerung von Anerkennung (*recognition*) wird die (soziale) Realität dieses Verlusts, der Wert der verlorenen Leben verneint (Inan 2021, 217; Butler 2021, 55). Anstelle einer Perspektive, die in besitzindividualistischer Tradition Kritik als „Aktivität, Autonomie und Stärke" begreift, gilt Inans (2021, 213 ff.) Einsatz dem Wechsel von einer der Selbstermächtigung verpflichteten Perspektive zu einer reparativen, die sie maßgeblich mit Bezug auf *The Undercommons* von Harney und Moten (2016) formuliert. Harney und Moten entwerfen eine Schwarze Kritik politischer Ökonomie, in welcher versklavte Arbeitskraft und die „middle passage" das moderne Paradigma bilden: nämlich die absolute Enteignung, die Überführung menschlichen Lebens in die Warenform, dessen Kehrseite jedoch das lebendige Werden logistischer Objekte ist. Die Radikalität von Harney und Moten, so hebt Inan hervor,

> liegt nicht allein in der Kritik ökonomischer und existenzialer Enteignung … [, sondern] darin, den Objektstatus, in den Schwarze Menschen als Waren gerückt wurden, nicht in Subjektivität zurück zu überführen. [Harney und Moten] wenden sich von der dialektischen Aufhebung von Enteignung in Aneignung, von Objektivierung in Subjektivierung, von Eigentumslosigkeit in gesellschaftliches Eigentum ab. (Inan 2021, 221)

Weil jene moderne Ordnung, die Subjekt und Objekt scharf trennt, also letztlich in der fundamentalen Enteignung Schwarzer Menschen begründet ist, wird die Subjekt-Objekt-Trennung selbst zum Repräsentanten einer gewaltvollen Episteme. Inan gibt darum mit Harney und Moten die Logik des Subjekts, der Aneignung und der Anerkennung (*recognition*) auf, da jeder Prozess der Subjektivierung mit Prozessen der Desubjektivierung, der Enteignung, Objektivierung und Derealisierung einhergeht.

In dieser affektpolitischen Perspektive wird das Empfindungsgefüge jener bewohnten Zonen erforscht, die derealisiert, enteignet, verworfen sind – in denen jedoch weiterhin gelebt wird. Von Interesse ist nun weniger der Versuch, diese sogenannte „ekstatische Sozialität" (Harney und Moten 2016, 116) zu illustrieren und damit das Risiko einzugehen, sie als neues Subjektivierungsangebot wieder in die liberalen Versprechen einzuspeisen. Vielmehr hält Inan an der Einsicht Butlers fest, dass die Verletzbarkeit des Lebens, das Angewiesensein als eine relationale Sozialität den Ausgangspunkt des Politischen bilde (Butler 2016; Inan 2021, 216). So gewinnt Inan an der Lektüre der *Undercommons* die Erkenntnis, dass in Gewalt, in Re-/Traumatisierung, Enteignung und Verleugnung ein migrantisch situiertes Wissen (Perinelli 2017; Karakayali 2017) entsteht, das verweigert, was verweigert wurde, und der Kämpfe um Anerkennung (*recognition*), Sichtbarkeit und Autonomie entsagt. Diese Entsagung ist mit Berlant als zutiefst optimistisch zu verstehen, gilt sie doch dem Erhalten des Lebens über das Überleben hinaus. Es ist ein Optimismus des Anerkennens (*acknowledgment*) konstitutiver Negativität in ihrer Geschichtlichkeit. Die Reparativität dieser Perspektive besteht im potenziellen Imaginierbarwerden anderer Leben durch eine Verschiebung, und das heißt auch: in der Auflösung von Attachments. Es ist eine Trauerarbeit, deren Optimismus Verteidigungen gegen die Negativität – Genres und Narrative, die letztlich dem grausamen Versprechen einer gelingenden, anerkennenden Subjektivierung (im Sinne einer *recognition*) verpflichtet sind – ebenso verweigert wie eine vollständige Ablösung von der Welt oder eine romantisierende (Muñoz 2009, 11) Affirmation der Negativität (Edelman 2007). Reparative Praktiken sind dann Trauerarbeit an der Anerkennung (*acknowledgment*) der Nichtanerkennbarkeit (*non-recognizability*) im Angesicht von Enteignung und Verworfenheit. Unsere methodische Aufgabe – so verstehen wir Inans Intervention – besteht folglich in einer kritischen Epistemologie, wie sie sich im migrantisch situierten Wissen artikuliert. Es gilt, die Anerkennungskämpfe und erinnerungspolitischen Forderungen in ihrer Relationaliät zu einem Wissen zu begreifen, in welchem, so Inan (2021, 223), „Erfahrung, Affekt und Denken in nicht-repräsentationslogischen Weisen verbunden sind".

Talya Feldmans Soundinstallationen setzen genau an diesem Verhältnis an. *The Violence We Have Witnessed …* ist eine dokumentarische Arbeit gedenkpolitischen Widerstands: An 22 Stellen im Ausstellungsraum werden Mobiltelefone installiert; sie sind mit kleinen, mobilen Lautsprechern verbunden und hängen an von Decke zu Boden gespannten Sicherheitsnetzen, wie man sie etwa aus dem Gerüstbau zur Absicherung des öffentlichen

Raums vor herunterfallendem Bauschutt kennt. Jede der Stationen verweist auf Orte des Gedenkens rechten Terrors in der BRD. Von diesen
Mobiltelefonen werden Collagen von Audiodateien abgespielt, die miteinander ein 40-jähriges, lebendiges Archiv des Widerstands gegen rechte
und rassistische Gewalt bilden. Dabei geht die Collage von der praktischen
Form der Zusammenarbeit der antirassistischen und antifaschistischen
Initiativen und Akteur:innen aus: Die Überlebenden und Betroffenen von
rechter Gewalt haben sich bis in die Gegenwart weitgehend ohne gesellschaftliche Sichtbarkeit oder Anerkennung um ihre Belange gekümmert
und miteinander Praktiken der Trauer und des Gedenkens gefunden, die
der zumeist enteignenden Trauer des Staates und der Zivilgesellschaft
widerstehen. Ein wichtiges Beispiel hierfür ist etwa die *Möllner Rede im
Exil*, ein Format, das in kritischer Auseinandersetzung mit dem offiziellen
Gedenken der Stadt Mölln an den Brandanschlag vom 23. November 1992
vom Überlebenden İbrahim Arslan initiiert wurde, weil dieser nicht am
offiziellen Gedenken beteiligt wurde, und das selbst zu einer Institution der
Kritik von strukturellem Rassismus und Faschismus wurde.

Feldmans Soundinstallation nimmt ihr Material aus diesen in populären
Medienkulturen wie Sprachnachrichten, Youtube-Videos und Podcasts
entstehenden Bewegungsgeschichten und Gedenkkulturen, die bei Pro-
zessbeobachtungen und vor Gerichten an Tatorten inoffizielle Formen und
Medien des Gedenkens erproben. Stimmen, die zum lebendigen Archiv
des Projekts beitragen, sind unter anderen die Initiative 12. August aus
Merseburg, die Initiative zum Gedenken an Semra Ertan, das Bündnis Tag
der Solidarität – Kein Schlussstrich aus Dortmund, die Initiative zur Aufklärung des Mordes an Burak Bektaş, die Soligruppe Kiez-Döner aus Halle
sowie die Stimmen einzelner Überlebender wie Talya Feldman. Im Ausstellungsraum erzeugen die Tondokumente einen eigensinnigen Rhythmus
und geben den Differenzen der Erfahrungen von Verwerfung und Enteignung Raum, die neue und alternative Formen einer erinnerungspolitischen
Medienkultur prägen. Es sind Dokumente sozialer Derealisierung, die kleine
mediale Übungen des Überlebens modulieren. Interessant sind dabei
auch die Migrationsgeschichten der Dokumente selbst, ihre unablässige
Wiederholung und die mitunter schiere Redundanz. Ihnen verleiht die
Installation Rhythmus, Spannungen zwischen Stille und Überlagerung und
komponiert sie fast schon als Klagelied. In der Soundinstallation *After Halle*
(2021) werden solche explizit zum Fokus der Arbeit: Die 10-Kanal-Installation
collagiert Niggunim, eine hebräische Tradition einfacher gesummter
Melodien, als Klagelieder der Überlebenden des Terrors in Halle. Beide

Soundinstallationen experimentieren ästhetisch damit, die entstehenden Installationsräume als Medien der Trauer zu entwerfen.

Feldmans Einsatz gilt kritischer medialer Arbeit an faschistischen Empfindungskulturen. Sie geht von den Selbstdokumenten Betroffener aus und setzt den Echokammern des Hasses sowie dem Terror der Erfahrung, dass Schutz, Verantwortung und Verletzlichkeit ungleich verteilt sind und diese Ungleichheit so systemisch wie staatlich abgesichert ist, eine affektpolitische Spekulation auf andere Formen sozialer Sicherheit jenseits von Anerkennung (*recognition*) und Aneignung entgegen.

In dieser Perspektive gewinnen die Arbeiten von Feldman ein affektives kritisches Wissen, das auf der politischen Forderung nach Anerkennung (*recognition*) beharrt, zugleich aber affektpolitisch mit Formen der Trauer experimentiert, die sich vom Attachment an Anerkennung (*recognition*) ablösen und damit einen spezifischen Optimismus reparativer Kritik erproben. Hierfür arbeiten Feldmans Installationen nicht ausschließlich mit auditiven Medien. So zeigen die installierten Smartphones in *The Violence We Have Witnessed …* die stilisierte Visualisierung einer Amplitude, die Verzeichnung einer Schwingung, die sowohl auf die technische Ausgabe der Soundfiles verweist als auch auf die lebendige Stimme eines atmenden Körpers. Die Lautsprecher in *After Halle* sind in Tafeln montiert, die ein Standardformular zur Bestimmung der sogenannten Triage zeigen, womit ein aus der Militärmedizin stammendes Verfahren zur Priorisierung der medizinischen Versorgung von Patient:innen bezeichnet wird. Beide Soundinstallationen nutzen also spezifisch technische Visualisierungen, die Spuren lebendigen und verletzbaren Lebens eintragen und auf die verletzten und getöteten Körper verweisen, die die Arbeiten betrauern und nicht repräsentieren können. Hauptsächlich entwickelt Feldman ihre reparative mediale Trauerpraxis aber im Auditiven: Dabei unterläuft schon die Redundanz und Repetition in *The Violence We Have Witnessed …* den repräsentationalen Anspruch, Stimme zu verleihen, ungehörte Stimmen hörbar zu machen, im Wissen darum, dass Repräsentation keine Sicherheit garantiert, gehört, gesehen, anerkannt zu werden. *After Halle* widmet sich dann ausschließlich dem Klagelied als Selbstsorgetechnik kollektiver affektiver Modulation und einer Praxis des Klangs, die sich von semantischem Gehalt und Ausdruck löst. Beide Arbeiten verleihen damit in ihrer ästhetischen Form der Repetition der im (migrantischen) Wissen und der Erfahrung des NSU-Komplexes situierten politischen Forderung „Kein Schlussstrich" Ausdruck, die auf die enteignete Trauer der Angehörigen und die unterlassene staatliche und gesellschaftliche Verantwortungsübernahme verweist (Karakayali 2017; von der Behrens 2018). So gewinnt migrantisch situiertes Wissen mit Feldmans künstlerischer Arbeit eine Darstellungspraxis, die mit Berlant als eine Form des Acknowledgments verstanden werden kann, als Kenntnisnahme der Gewalt der Verwerfung, die eine Ablösung von der immer wieder verweigerten Anerkennung (*recognition*) erlaubt und im Medium der zum Klang werdenden Forderungen auf die Möglichkeit politischen Handelns in Negativität und Trauer spekuliert, die ebenso wenig in Repräsentation wie in grausamem Optimismus aufgeht.

Politisch ist hier eine Repräsentationskritik impliziert, die das Verhältnis von Repräsentation und Anerkennung (*recognition*) verkompliziert, nimmt man die Geschichtlichkeit spezifischer Medialitäten ernst: Stimmen hörbar zu machen ist nicht gleichzusetzen damit, Unsichtbares sichtbar zu machen.[8] Verschiedene Dimensionen der Wahrnehmung und Medialisierung sind auf heterogene Weise in Repräsentationsordnungen verstrickt. Die ungleichen Voraussetzungen, Folgen und Stratifizierungen von Sichtbarkeiten, Hörbarkeiten, Wahrnehmbarkeiten sind Feldmans, aber auch Boudrys und Lorenz' Arbeiten eingeschrieben. Sie fragen auf verschiedene Weisen nach den (Un-)Möglichkeiten, mit Normen und Ausschlüssen von Wahrnehmungsordnungen umzugehen. Während Feldman ein eigenes Archiv als Reaktion auf Gewalt bildet, beziehen Boudry und Lorenz sich auf ein in sich gewaltvolles Archiv. Beiden ist jedoch gemein, dass sie die Vergeschlechtlichung, Rassifizierung und Normalisierung der medialen Repräsentationsordnungen aufzeigen. Im Anschluss an Feldmans Verkomplizierung der Frage nach Anerkennung suchen Boudry und Lorenz in der medialisierten Verwerfungsgeschichte queeren Lebens nach Möglichkeiten der Reparativität, der Rekonstellation von Bindungsweisen an die spezifische Ordnung von Visualität und Sichtbarmachung sowie innerhalb derselben durch eine queere Medien- und Performancepraxis.

Sind alle Fotografie oder Filmaufnahmen, ja womöglich alle Formen medialer Darstellungen im Feld der Sichtbarkeit (Schaffer 2008) Kontinuitäten einer Logik der Erfassung, Zurichtung und Kategorisierung? Falls dem so ist, haben sie dann nicht eine geradezu toxische Wirkung, die uns mit jeder Abbildung langsam, aber merklich zugrunde richtet? Diese

8   Johanna Schaffer (2008) hat ausführlich zum Fehlschluss, Sichtbarkeit mit politischer *agency* gleichzusetzen, gearbeitet sowie zur Ambivalenz des Eintritts ins Feld der Sichtbarkeit. Während im visuellen Register unter anderem die Gefahr droht, herabsetzende Differenzmarkierungen von Anderen im Prozess des Sichtbarmachens zu wiederholen, stellt sich im Auditiven insbesondere die Frage, wer in welcher Sprache sprechen kann und ob bzw. wie dies dann verstanden wird (Spivak 2008). Gerade in der Problematisierung der Schemata der Anerkennung kann auch Stille, Schweigen, der Kritik repräsentationaler Ordnungen eignen (Dhawan 2012; Berlant 2011, 233 ff.).

womöglich paranoide Frage steht am Beginn von Boudrys und Lorenz'
Filminstallation *Toxic* (2012), die neben dem gleichnamigen 13-minütigen
16-mm-Film/HD aus einer Reihe fotografischer Archivmaterialien besteht.[9]
In ihrer Arbeit formulieren die Künstlerinnen, die seit vielen Jahren miteinander und in langfristigen Kollaborationen mit (queeren) Künstler:innen
heterogener Situierung zusammenarbeiten, gewissermaßen eine zentrale
Einsicht der Gender und Queer Media Studies: das reziproke Verhältnis
von Wirklichkeitskonstitution und Medialisierung. Wenn diese Wirklichkeit
von Verwerfung, Pathologisierung und Kriminalisierung geprägt ist, dann
sind Medien nicht nur deren Instrumente, sondern konstitutiv an dieser
Gewalt beteiligt. Ausgangspunkt für ihre These sind für Boudry und Lorenz
verschiedene Archivmaterialien, Bilder aus den Archiven polizeilicher und
klinischer Erfassung. Es handelt sich um Atelieraufnahmen sogenannter
„pédérastes" aus dem Pariser Polizeiarchiv vom Ende des 19. Jahrhunderts,
Zuschnitte von Abbildungen geschlechtlicher Uneindeutigkeit oder „Abnor-
malität" aus Magnus Hirschfelds Geschlechtskunde und Aufnahmen der
Londoner Polizei sowie der Gestapo in Zusammenhang mit der Überwachung schwuler Subkultur in den 1920er bzw. 1930er Jahren, die in jeweils
verschiedenen Schauanordnungen zur Ausstellung kommen. So heterogen
das Material, so klar ist es, dass diese Fotografien der Kategorisierung und
Erkennbarmachung verpflichtet sind. Während die Atelieraufnahmen der
sogenannten „pédérastes"[10] als „Zwangsfotografien" (Regener 1999) die
Deliquent:innen bei einem erneuten Kontakt mit den Sicherheitsorganen
wiedererkennbar machen und die Observationsfotos den Zugriff von Polizei
und Justiz auf solche Leben jenseits der Heteronormativität überhaupt
herstellen sollen, sind Magnus Hirschfelds Bilder einer epistemologischen
Erkennbarkeit verpflichtet, die der polizeilichen Erfassung gewissermaßen
vorausgeht.[11]

---

9   Die Beschreibungen von *Toxic* beziehen sich auf die Ausstellung *Patriachal Poetry*, die
      2013 im Badischen Kunstverein zu sehen war, auf deren (Foto-)Dokumentation unter
      anderem im Katalog *Aftershow* (Boudry und Lorenz 2014) und den durch die Künst-
      lerinnen freundlicherweise zur Verfügung gestellten Film.

10   Der Begriff „pédérast" bezeichnet Ross (2017) zufolge im Paris des 19. Jahrhunderts
      gleichermaßen weibliche Prostituierte wie Männer, die Sex mit Männern hatten,
      verunklart so seine Lesbarkeit von Geschlechtlichkeit und Begehren und macht
      es unmöglich, darüber ein schwules Subjekt zu konstituieren, was in dieser Weise
      eben nicht existierte. Dorrace (2020) hat darauf bereits in ihrer Analyse von *Toxic*
      verwiesen.

11   Es handelt sich bei den Bildern um Zuschnitte, die nur Teile des Bildes, hauptsächlich
      aber Hirschfelds Unterschriften, mit denen er sie im Bilderteil kategorisierte, zu
      sehen geben. Sie gehen aus Boudrys und Lorenz' ausführlicher Beschäftigung mit
      Hirschfeld im Rahmen von *N. O. Body* (2008) hervor (Danbolt 2011; Hohmann 2021).

Mit einer Formulierung Michel Foucaults (2003, 318) können wir die historischen Aufnahmen als Zeugnisse eines „Zusammenstoß[es] mit einer Macht" verstehen, auch wenn diese die Abgebildeten im 19. und 20. Jahrhundert nicht mehr „einzig hatte vernichten oder zumindest entfernen wollen", sondern in der kriminologisch-klinischen Überwachung und Verfolgung sowie in ihrer Pathologisierung auf eine Weise subjektiviert, die letztlich der Konstruktion der Norm dient. Auch im modernen Paradigma bleiben diese Bilder aber dennoch seltene Spuren von nicht-heteronormativen Leben und Begehren und sind zugleich auch Spuren der Gewalt, weil sie die Abgebildeten in jener Form wiederkehren lässt, „deretwegen man sie aus der Welt gejagt hatte." Foucault (2003, 318) schlussfolgert darum für die in den *Lettres de Cachet*12 beschriebenen unliebsamen, peinlichen oder sozial untragbaren Subjekte: „Es ist nutzlos, ihnen ein anderes Gesicht zu suchen oder in ihnen eine andere Größe zu vermuten; sie sind nur noch das, wodurch man sie hat niederdrücken wollen: nicht mehr und nicht weniger." Wenn dem so wäre, dann würde Boudrys und Lorenz' Arbeit sich in der Reproduktion dieser gewaltvollen Form erschöpfen. Naheliegender ist jedoch, *Toxic* als den Versuch zu lesen, dieser Gewalt Rechnung zu tragen und im Sinne einer reparativen Kritik eben doch mehr als die Erfassung in und mit diesen Archivmaterialien zu sehen zu geben.

Zunächst explizieren die Archivbilder sowie der im Film *Toxic* prominent zitierte *mugshot* die historische Komplizenschaft dokumentarischer Bildmedien mit der Verwerfung sexueller und geschlechtlicher Nonkonformität.[13] Aus dieser Geschichte heraus ergibt sich die Frage, ob es eine Bildwerdung jenseits jener Gewalt[14] geben kann, oder ob sie den Medienregimes inhärent geworden ist – und zwar nicht nur durch eine explizite

12   Foucault (2003, 322) konzentriert sich in seiner Auseinandersetzung mit den *lettres* auf „Bittschriften … an den König", der Begriff meint aber auch (die daraus folgenden) „Anordnungen des Königs, die verschiedenartigen Einsperrungen, die polizeilichen Berichte und Entscheidungen."

13   Boudry und Lorenz bespielen zunächst vor allem Fragen nach Geschlechtlichkeit und Begehren, thematisieren deren Intersektion mit anderen Dimensionen der Differenz und Diskriminierung aber in einem Zine, das zur ersten Ausstellung von *Toxic* publiziert wurde und in dem die Fotografien aus W. E. B. Du Bois' Beitrag zur Pariser Weltausstellung 1900, seiner Publikation *Types of American Negroes* abgedruckt sind. Die Künstlerinnen folgen dabei der These von Smith (2000), dass es sich dabei um eine Kombination von Mugshot und bürgerlichem Porträt handelt, was den Status der Bilder und auch ihren toxischen Charakter verkompliziert.

14   Dies wurde bereits vor einiger Zeit für die Sozialfotografie des späten 19. und frühen 20. Jahrhunderts theoretisiert bzw. kritisiert. Dekoloniale Ansätze der letzten Jahre haben einige dieser Kritiken weiter radikalisiert (Sekula 1986; Solomon-Godeau 2003; Azoulay 2008).

[Abb. 1]: Ginger Brooks Takahashi performt vor projizierten Mugshots (Quelle: Still aus *Toxic*, Filminstallation von Pauline Boudry und Renate Lorenz mit Super-16-mm-Film/HD, 2012, 13 Min. Performance von Ginger Brooks Takahashi und Werner Hirsch. Courtesy of Ellen de Bruijne Projects, Amsterdam, and Marcelle Alix, Paris)

Pathologisierung, sondern auch insofern „jegliches Sichtbarwerden immer auch eine Affirmation gegebener Strukturen der Sichtbarkeit und damit genau der kritisierten minorisierenden Logiken bedeutet." Schaffer (2008, 161) bezieht sich dabei explizit auf Butlers Begriff der Anerkennung (*recognition*) und jene ambivalente Zwischenstellung, in der Anerkennung entweder verweigert oder nur zu den Bedingungen einer Unterwerfung unter Normen zuteil wird, „die mich nur aus einer anderen Richtung zugrunde richten" (Butler 2021, 12). Die Existenz zwischen diesen abstoßenden Optionen (Butler 2021, 11) können wir mit Boudry und Lorenz als toxisch bezeichnen, worin die zuvor beschriebene, Anerkennungs-logiken (*recognition*) konstituierende Verwerfung resoniert, von der aus es kein „Zurück" zum Subjekt geben kann – allerdings in einer anderen (historischen) Situierung als bei Harney und Moten.

Neben dem Ausstellungsraum wird eine Probebühne in der konventionellen Form der Blackbox zum zentralen Schauplatz der medien- und chronopolitischen (Freeman 2010) Arbeit in *Toxic*. Die Blackbox, selbst Medium der modernen Ordnung der Sichtbarkeit im Theaterdispositiv, bietet in Boudrys und Lorenz' Remediatisierung zunächst anderen Medienregimen eine Bühne: Projizierte Fotografien, eine Serie von Mugshots, bilden den ersten Auftritt der Performer:innen Werner Hirsch und Ginger Brooks Takahashi in der Inszenierung des unaufgeräumten schwarzen Raums. Allerdings werden die Gesichter der „Erfassten" von riesigen, bunt gestalteten Masken verdeckt (Abb. 1), welche die Performer:innen dem gewaltvollen Dispositiv der Erfassung teilweise entziehen, ohne je ganz zu verunklaren, um wen es sich handelt. An diese Ergebnisse eines recht absurden, zwischen Polizei-Dispositiv und Mode-Editorial oszillierenden Fotoshootings schließen Werner Hirsch als Dragqueen und Ginger Brooks Takahashi als „Punk" mit kleinen Performances in dem mit (potenziell giftigen) Pflanzen vollgestellten Bühnenraum an. Sichtbare Schnitte trennen die Szenen im Film und unterbrechen immer wieder den Eindruck chronologischer Kontinuität. Ginger Brooks Takahashis Aufzählung toxischer Substanzen (Abb. 1), ihr Versuch, den Bühnenboden von Lametta zu reinigen, oder Werner Hirschs vorsichtige Neuausrichtung der herumstehenden Scheinwerfer haben mit der Maskierung gemeinsam, dass sie nicht ganz zu gelingen scheinen. Sie vermitteln den Eindruck arbiträrer Improvisationen oder eines Probenprozesses. Können die Fotografien noch relativ klar als Antwort auf die toxische Gemengelage visueller Medialisierung durch eine Kombination von (Mode-)Fotoshooting und normativer Erfassungsfotografie gelesen werden, in der sich ein ambivalentes Begehren nach medialisierter Sichtbarkeit ausdrückt, das mit deren (potenzieller) Gewalt koexistiert (Engel und Lorenz 2013), so verkomplizieren die Performances die Lesbarkeit von *Toxic* weiter. In ihrer losen Verbundenheit und Arbitrarität konstituieren Hirsch und Takahashi den Bühnenraum als geradezu heterotopisch (Foucault und Defert 2021), als Ort, an dem andere Gesetze und womöglich eine andere Zeitstruktur gelten: ein durch eine gewisse Ereignislosigkeit geprägter (Probe-)Raum, in dem unspektakuläre Performances auf unbestimmte Dauer wiederholt werden. Die längste Szene des Films, eine Re-Performance des letzten und ikonischen Interviews Jean Genets durch Werner Hirsch, expliziert die Arbeit auf der Probebühne als Teil des Ringens mit toxischen Sichtbarkeitsregimen und stellt – wie die projizierten Masken-Mugshots – eine Erprobung transtemporaler Relation[15] in der und durch die Toxizität visueller Medien dar. Hirsch, weiterhin in Drag, wiederholt Genets 1985 auf französisch an die BBC gerichtete Ansprache im eigenen Sprachduktus und auf Englisch. Er vergleicht das Dispositiv des Interviews mit einer polizeilichen Befragung; die Kamera schwenkt dabei im Raum, rückt Boudry und Lorenz ins Bild, während Hirsch_Genet fortfährt:

> [Y]ou are interrogating me exactly like the thief I was thirty years ago, interrogated by a squad of policemen. So, on the one side there is a

15   Boudry und Lorenz entwickeln das Konzept des *transtemporal drag* informiert durch einschlägige queertheoretische Arbeit zur Zeitlichkeit (Dinshaw 1999; Freeman 2010; Danbolt 2011).

[Abb. 2]: Werner Hirsch verkörpert Jean Genet. (Quelle: Still aus *Toxic*, Filminstallation von Pauline Boudry und Renate Lorenz mit Super-16-mm-Film/HD, 2012, 13 Min. Performance von Ginger Brooks Takahashi und Werner Hirsch. Courtesy of Ellen de Bruijne Projects, Amsterdam, and Marcelle Alix, Paris)

> norm, the side where you are and also outside of this room … and on the other side there is the margin, where I am. … If I am getting annoyed right now, it's because I am in the midst of entering the norm … the museums and the gallery spaces and the art spaces et cetera …. I am not angry at you, who are from the norm, I am angry at myself because I accepted to come here. So this doesn't make me very happy, indeed." (Boudry und Lorenz 2014, o.S.)

Hirsch_Genet führt hier den von Butler theoretisierten Dualismus der Anerkennung (*recognition*) von Verwerfung und normativer Subjektivierung aus, seine Performance zielt jedoch, zumal im Kontext des Konzepts von *Toxic*, über den semantischen Gehalt dieser Aussage hinaus. In der mehrdimensionalen Drag-Verkörperung durch Werner Hirsch (Abb. 2),[16] die eine einfache visuelle Entsprechung Genets unterläuft, im absurden Foto-Shooting und den unentschiedenen, arbiträren Performances im (Probe-)Bühnenraum artikuliert sich verschiedentlich ein Scheitern am Visuellen, das weder den Versuch unternimmt, in den Bereich der Norm einzutreten, noch das pathologisierende, gewaltvolle Außerhalb der Norm darzustellen. Dieses Scheitern unterhält eine Praxis reparativer Kritik, insofern *Toxic* darin die unerträgliche Ambivalenz eines aufs Engste mit

---

16   Hirsch ist eine (Drag-)Person, die sich einen Körper mit der Berliner Choreografin Antonia Baehr teilt, einen Körper also, der in anderen Kontexten weiblich gelesen wird (https://make-up-productions.de/werner-hirsch-2/).

Anerkennungslogiken (*recognition*) verflochtenen Felds der Sichtbarkeit und dessen Medialisierung zur Kenntnis nimmt (*acknowledge*). In der Negativität der affektiven Erkenntnis, dass es keine nicht-toxische Praxis der visuellen Medialisierung queeren Lebens oder Begehrens gibt, reagieren Boudry und Lorenz im Sinne Berlants (Berlant und Edelman 2013, 61) komisch und undramatisch. Der Gewalt der Archive, die Foucault (2003, 318) als unhintergehbar attestiert, setzen sie keinen Versuch einer heilenden Wiedergutmachung entgegen, sondern eine arbiträre Probe, die Teil einer gewaltvollen Relation bleibt, aber deren kritischer und gegen\dokumentarischer Anspruch mindestens darin besteht, diese Gewalt „nicht dermaßen" zu wiederholen (Foucault 1992; Canpalat u.a. 2020). Im Spiel mit dem Topos der Toxizität, die Queers erfahren und die ihnen zugesprochen wurde und wird, suchen Boudry und Lorenz in Anerkennung (*acknowledgment*) der Nichtanerkennbarkeit (*non-recognizability*) im Feld der Visualität nach Möglichkeiten lebbarer Sichtbarkeit in Toxizität.[17] Anstatt einer Emphase von Sichtbarkeit als *agency* oder des Versuchs eines vollständigen Entzugs öffnet sich ein Raum der Ambivalenz, in dem in verschiedenen chrono-politischen Remediatisierungen die Rekonstellation von Attachments an Un-/Sichtbarkeit erprobt wird. *Queer* ist dieser Modus reparativer Kritik nicht nur, weil er das Verhältnis von Geschlecht, Begehren und Macht rekonstelliert, sondern auch aufgrund seiner komplexen Verhandlung von Zeitlichkeit, in der die temporalen Ebenen, die in vergangenen und gegenwärtigen Begehren nach Sichtbarkeit und deren Entzug nicht konstitutiv getrennt werden.

Auch dieser queeren, relationalen Praxis ist das Risiko immanent, spezifische Situierungen und Geschichtlichkeiten zu abstrahieren oder allzu schnell zu universalisieren (Dorrace 2020), und damit diverse Modi rassifizierter, antisemitischer oder auch transfeindlicher medialer Mikropolitiken der Un-/Sichtbarkeit wiederum zu verkennen, zu verdecken oder anzueignen. Kara Keelings Schwarze Kritik an der Dialektik der anerkennungslogischen (*recognition*) Forderung nach Sichtbarmachung verweist auf deren nur relative Sicherheit und mitunter tödliche Gefahr insbesondere für Schwarze Leben, und kehrt so umso deutlicher die Notwendigkeit historischer und medialer Situierung medialer Mikropolitiken im Sinne eines Acknowledgments hervor:

> Insofar as colonial logics can be said to undergird present socioeconomic relations, Black people can become visible only through those logics, so danger, if not death, attends every Black's appearance.

---

17   Vgl. auch Todd Haynes' *Poison* (USA 1991) und Chen (2012).

> Yet, precisely because what is visible is caught in the struggle for
> hegemony, the violence that maintains existing power relations, and
> their attendant processes of valorization, one cannot not want the
> relative security promised by visibility. (Keeling 2019, 100 f.)

Boudrys und Lorenz' Arbeit macht deutlich, dass das Archiv queeren
Lebens und Begehrens eine bestehende Bildpolitik medialisiert, die nicht
einfach angeeignet, aber doch kritisch erprobt und (um-)geübt werden
kann, um mit Vergangenem auf die Möglichkeit einer (queeren) Zukunft
zu spekulieren. Hiervon unterscheidet sich die Praxis medialer Gegen\
Dokumentation in Talya Feldmans Arbeit schon dadurch, dass diese ein
Archiv überhaupt herzustellen sucht: Die Stimmen der Überlebenden des
Terrors sind verleugnet und ihrer Geschichte enteignet. Diese Stimmen
sind Medien des Widerstands gegen diese Gewalt. In dieser Perspektive
erweisen sich die Archive, die beide Arbeiten auf je spezifische Weise
gegen\dokumentieren (Canpalat, Haffke, Horn und Hüttemann 2020),
symptomatisch als Medien einer Mikropolitik, die die stratifizierten Zonen
derealisierten, enteigneten, verworfenen Lebens in deren (medialer)
Relationalität situieren. Differenzen wahrzunehmen und zu situieren
und nach möglichen Modi reparativer Kritik zu fragen, ist vom Anspruch
getragen, die Hierarchien sozialer Derealisierung, die Logiken der bio-
politischen Unterscheidung von Lebenmachen und Sterbenlassen „nicht
(dermaßen)" zu wiederholen. Beide Beispiele können demnach als Fort-
leben in Enteignung und Verworfenheit, als künstlerische Reaktionen auf
die Anerkennung (*acknowledgment*) der Negativität sozialer Derealisierung
gelesen werden, die mit Berlant (2011, 260) politisch und epistemologisch
folgenreich sind, insofern sie nicht nur ein ausgehöhltes „Politisches"
liberaler Anerkennung anrufen, sondern Raum geben für „[an] individual
or a collective attachment … to the process of maintaining attachment"
– dem Anspruch also, die Relationalität und Konfiguration von Bindungsweisen, ihre Fortsetzung oder Auflösung, als eine affektpolitische Frage zu
verstehen. Kritisch und methodologisch konsequenzenreich ist diese Form
der Reparativität, indem sie sich dem epistemologischen Zugriff auf die
affektive Dimension von Wissensproduktion verpflichtet und das Verhältnis
von Kritik und Affekt auf diese Weise repolitisiert.

Literatur

Azoulay, Ariella. 2008. *The Civil Contract of Photography*. New York: Zone/MIT Press.

Barad, Karen. 2020. *Agentieller Realismus: Über die Bedeutung materiell-diskursiver Praktiken*. Berlin: Suhrkamp.

Behrens, Antonia von der. 2018. *Kein Schlusswort: Nazi-Terror, Sicherheitsbehörden, Unterstützernetzwerk. Plädoyers im NSU-Prozess*. Hamburg: VSA.

Berlant, Lauren. 2011. *Cruel Optimism*. Durham: Duke University Press.

———. 2022. *On the Inconvenience of Other People*. Durham: Duke University Press.

———. 2001. „Trauma and ineloquence." *Cultural Values* 5, Nr. 1: 41–58.

Berlant, Lauren und Lee Edelman. 2013. *Sex, or the Unbearable*. Durham: Duke University Press.

Boudry, Pauline und Renate Lorenz, Hrsg. 2014. *Aftershow: Pauline Boudry, Renate Lorenz*. Berlin: Sternberg Press.

Butler, Judith. 2016. *Anmerkungen zu einer performativen Theorie der Versammlung*, übersetzt von Frank Born. Berlin: Suhrkamp.

———. 2021. *Die Macht der Geschlechternormen und die Grenzen des Menschlichen*. Frankfurt am Main: Suhrkamp.

———. 2004. *Precarious Life: The Powers of Mourning and Violence*. London: Verso.

Canpalat, Esra, Maren Haffke, Sarah Horn, Felix Hüttemann und Matthias Preuss. 2020. „Einleitung: Operationen, Foren, Interventionen – Eine Annäherung an den Begriff Gegen\Dokumentation." In *Gegen\Dokumentation: Operationen – Foren – Interventionen*, herausgegeben von Esra Canpalat, Maren Haffke, Sarah Horn, Felix Hüttemann und Matthias Preuss, 7–25. Bielefeld: transcript.

Chen, Mel Y. 2012. *Animacies: Biopolitics, Racial Mattering, and Queer Affect*. Durham: Duke University Press.

Danbolt, Mathias. 2011. „Disruptive Anachronisms – Feeling Historical with N. O. Body." In *Temporal Drag*, herausgegeben von Pauline Boudry und Renate Lorenz, 1982–1989. Ostfildern: Hatje Cantz.

Deuber-Mankowsky, Astrid. 2011. „Diffraktion statt Reflexion: Zu Donna Haraways Konzept des situierten Wissens." *Zeitschrift für Medienwissenschaft* 1, Nr. 4: 83–91.

———. 2019. „Das Szenarium, in dem sich Medienanthropologie und Neue Materialismen treffen." In *Medienanthropologische Szenen: Die conditio humana im Zeitalter der Medien*, herausgegeben von Christiane Voss, Katerina Krtilova und Lorenz Engell, 31–42. Paderborn: Fink.

Dhawan, Nikita. 2012. "Hegemonic Listening and Subversive Silences: Ethical-political Imperatives." In *Destruction in the Performative: Language, Music, Noise*. Critical Studies 36, herausgegeben von Alice Lagaay und Michael Lorber, 47–60, Amsterdam: Rodopi.

Dinshaw, Carolyn. 1999. *Getting Medieval: Sexualities and Communities, Pre- and Postmodern*. Durham: Duke University Press.

Dorrace, Jess. 2020. „Toxic Representation and the Politics of Care for Antiracist Queer and Trans History." *Screen Bodies: The Journal of Embodiment, Media Arts, and Technology* 5, Nr. 1: 66–88.

Edelman, Lee. 2007. *No Future: Queer Theory and the Death Drive*. Durham: Duke University Press.

Engel, Antke und Renate Lorenz. 2013. „Toxic Assemblages, Queer Socialities: A Dialogue of Mutual Poisoning." *e-flux Journal* 44 *((Im)practical (Im)possibilities)*: 1–15.

Fanon, Frantz. 2015. *Schwarze Haut, weiße Masken*. Wien: Turia + Kant.

Foucault, Michel. 2003. „Das Leben der Infamen Menschen." In *Schriften in vier Bänden: Dits et Ecrits*. Bd. 3, herausgegeben von Daniel Defert, François Ewald und Jacques Lagrange, 309–333. Frankfurt am Main: Suhrkamp.

———. 1992. *Was ist Kritik?* Berlin: Merve.

Foucault, Michel und Daniel Defert. 2021. *Die Heterotopien: Der utopische Körper. Zwei Radiovorträge*. Frankfurt am Main: Suhrkamp.

Freeman, Elizabeth. 2010. *Time Binds: Queer Temporalities, Queer Histories*. Durham: Duke University Press.

Haraway, Donna J. 1995. *Die Neuerfindung der Natur: Primaten, Cyborgs und Frauen*. Frankfurt am Main: Campus.

Harney, Stefano und Fred Moten. 2016. *Die Undercommons: Flüchtige Planung und schwarzes Studium*. Wien: transversal texts.

Hartman, Saidiya. 1997. *Scenes of Subjection: Terror, Slavery, and Self-Making in Nineteenth-Century America*. New York: Oxford University Press.

Hohmann, Philipp. 2021. „Ander(e)s bilden: N. O. Body als queere kuratorische Intervention in Magnus Hirschfelds Bilderteil." In *Kuratieren als medienkomparatistische Methode: Medienkomparatistik 2021*, herausgegeben von Marion Biet, Lisa Gotto, Annette Simonis und Nicole Kandioler, 165–181. Bielefeld: Aisthesis.

Inan, Çiğdem. 2019. „Nichtanerkennung: Die andere Seite der Rassismuskritik." *Texte zur Kunst*, Nr. 113: 75–90.

Inan, Çiğdem. 2021. „NSU, rassistische Gewalt und affektives Wissen." *ZRex – Zeitschrift für Rechtsextremismusforschung* 1, Nr. 2: 3–18.

Karakayali, Juliane, Hrsg. 2017. *Den NSU-Komplex analysieren: Aktuelle Perspektiven aus der Wissenschaft*. Bielefeld: transcript.

Keeling, Kara. 2019. *Queer Times, Black Futures*. New York: New York University Press.

Klein, Melanie. 1957. „Neid und Dankbarkeit." *Psyche, Psychosozial-Verlag* 11, Nr. 5: 241–55.

Make Up Productions. O. D. „Werner Hirsch." *Make-up-productions.de*. Zugriff 16. August 2023. https://make-up-productions.de/werner-hirsch-2/.

Michaelsen, Anja. 2014. „Es ist bereits besser geworden: Zum Versprechen von Intimität im It gets better-Projekt." *Feministische Studien: Zeitschrift für interdisziplinäre Frauen- und Geschlechterforschung* 32, Nr. 1: 39–48.

Muñoz, José Esteban. 2009. *Cruising Utopia: The Then and There of Queer Futurity*. New York: New York University Press.

Perinelli, Massimo. 2017. *Situiertes Wissen vs. korrumpiertes Wissen*: Den NSU-Komplex analysieren. Bielefeld: transcript.

Schaffer, Johanna. 2008. *Ambivalenzen der Sichtbarkeit: Über die visuellen Strukturen der Anerkennung*. Bielefeld: transcript.

Sedgwick, Eve Kosofsky. 2007. „Melanie Klein and the Difference Affect Makes." *The South Atlantic Quarterly* 106, Nr. 3: 625–643.

———. 2003. „Paranoid Reading and Reparative Reading, or, You're So Paranoid, You Probably Think This Essay Is about You." In *Touching Feeling: Affect, Pedagogy, Performativity*, herausgegeben von Michèle Aina Barale, Jonathan Goldberg, Michael Moon und Eve Kosofsky Sedgwick, 123–151. Durham: Duke University Press.

Sekula, Allan. 1986. „The Body and the Archive." *October* 39: 3–64.

Sharpe, Christina Elizabeth. 2016. *In the Wake: On Blackness and Being*. Durham: Duke University Press.

Shnayien, Mary. 2022. „Sichere Räume, reparative Kritik. Überlegungen zum Arbeiten mit verletzendem Material." *Zeitschrift für Medienwissenschaft* 14, Nr. 1: 54–65.

Smith, Shawn Michelle. 2000. „'Looking at One's Self through the Eyes of Others': W. E. B. Du Bois's Photographs for the 1900 Paris Exposition." *African American Review* 34, Nr. 4: 581–599.

Solomon-Godeau, Abigail. 2003. „Wer spricht so? Einige Fragen zur Dokumentarfotografie."
In *Diskurse der Fotografie: Fotokritik am Ende des fotografischen Zeitalters*, herausgegeben
von Herta Wolf, 53–74. Frankfurt am Main: Suhrkamp.

Spivak, Gayatri Chakravorty. 2008. *Can the Subaltern Speak? Postkolonialität und subalterne
Artikulation*. Wien: Turia + Kant

Trinkaus, Stephan. 2022. Ökologien *des Prekären: Zu einer Theorie des Haltens*. Wien: transversal texts.

Ambivalenzen der Präsenz: Reparation in/an separatistischen Räumen

Max Walther

Bei der Vorbereitung eines Workshops zur feministischen Kunstkritikerin und Aktivistin Carla Lonzi (1931–1982) führte ich zwei lange Gespräche mit der Kuratorin und Ausstellungsmacherin Ilse Lafer über historische Formen des feministischen Separatismus und darüber, welche Rolle separatistische Praktiken, nicht zuletzt konkret gedacht als Raumproduktion im Sinne von „sicheren" Denk- und (Aus-)Handlungsräumen, heute spielen. Es ging um Separationen in der kuratorischen Arbeit und der Theorieproduktion, die sich einerseits immer entlang von institutionellen Skripten vollzieht und sich zugleich gegen jene vorherrschende Marktförmigkeit zu behaupten hat, die die Re-/Produktion und den Transfer von Wissen bestimmt. Eine Frage stellte sich daraus und schießt gleichsam quer: Wie sind *safe spaces* mit, inmitten und gegen fortlaufende Institutionalisierungen denk- und umsetzbar? Wie sind sie gegen die neoliberale Tendenz des „Green-washings" – somit einzig im Modus des Graswurzelhaften? – zu denken? Es blieben viele Fragen offen.

Jetzt steht am oberen Rand auf einer Seite meines Ausdrucks von Degelings und Hohmanns (2024) Manuskript von *Trauer, Verwerfung und zwei Formen der Anerkennung*: „Separatismus". Und ich beschließe, dem zu folgen – eher tentativ, in Offenheit: Reparation und Separation zusammen zu denken, gegeneinander zu lesen. Neben dem Ausdruck auf Papier öffne ich ein zweites Dokument auf meinem Rechner, an dem ich gestern arbeitete. Es ist der Versuch eines Textes *über* eine Ausstellung von Fotografien der US-amerikanischen Künstlerin Nan Goldin in der Akademie der Künste Berlin, eine Öffnung zu schaffen: eine Öffnung zu einem kritisch-responsiven Schreiben zu finden, das sich seiner Sichtbarkeit bewusst ist und diese an und mit sich in Reibung setzt. Verfängt sich doch so viel daran: an Fragen der Sichtbarkeit – sowohl in Bezug auf reparative Praktiken im öffentlichen Raum als auch in Bezug auf Rückzüge und separatistisch motivierte Raumproduktion.

Ein. Schreiben. Das. Sich. Seiner. Sichtbarkeit. Bewusst. Ist. / *Wird*.

Das Historische des feministischen Separatismus, das mein Gespräch mit Ilse Lafer grundierte, liegt in Lonzis Differenzfeminismus begründet. Dieser motivierte auch die Mechanismen des Ein- und Ausschlusses von *Rivolta Femminile*, einer ab 1970 aktiven feministisch-aktivistischen Gruppe, deren Gründungsmitglied Carla Lonzi war. Ausgeschlossen von den kollektiv strukturierten Praktiken der „Selbstbewusstwerdung" – *autocoscienza femminista* als politische Gruppenpraxis zur Be-Gründung einer „neuen Subjektivität" – waren alle, deren Selbstbezeichnung von „weiblich" und „heterosexuell" abwich; vornehmlich männlich geborene, jedoch ebenso queere und nichtbinäre Personen. Ausschluss und Othering dienen hier als primäre Operation einer für notwendig befundenen Grenzziehung mit dem Ziel der Schaffung von (sicheren) Räumen, und werden so zur Bedingung separatistischer Praxis. Der separatistische Ausschluss regelt die Normen und Formen der An-Sprache, der An-Erkennung, der An-Bindung und differenziert den An-Spruch auf den *safe space*. Zumindest im idealen Szenario und auf theoretischer Ebene. Die Zerwürfnisse, die nicht zuletzt zur Auflösung des Verlags wie der aktivistischen Gruppe der *Rivolta Femminile* führten, mögen als ein (historisches) Beispiel für die problematische Dissonanz zwischen Theorie und Praxis lesbar werden. Darum soll es hier jedoch nicht gehen. Vielmehr soll es darum gehen, inwiefern verschiedene Formen und Formate der Öffnung, Produktion bzw. Besetzung von Räumen, in die Forderungen oder Anliegen der An-Sprache, der Anerkennung und An-Bindung – alles zentrale Begriffe der theoretischen Verhandlung in Degelings und Hohmanns Text – hineingetragen werden, mit Praktiken der Schließung, wie oben skizziert, korrespondieren.

Eine Szene aus dem anderen Schreiben, dem anderen Text: Akademie der Künste, Hanseatenweg, am ersten Februarwochenende, bei gutem Wetter, Sonne am Tiergarten, übervoller Vorplatz, die transmediale findet parallel statt. Eine Ausstellung von Fotografien von Nan Goldin. Rückzug, Einschluss, Ausschluss, viel Cord in Frühlingsfarben. Das kommt mir wieder in den Sinn; ebenso wie der völlig abgedunkelte Raum, ich darin, irgendwie auch in Cordklamotte: Rückschluss, Einzug, Abgang. Abzug. Ich denke: Alles raus da aus dem Dunkel, der Institution, dem Cord und der Frühlingseuphorie. Ich bleibe drin, im Februar wie jetzt, wenn ich über mich vor den Abzügen schreibe. Hier, besonders vor der Abbildung des schwulen Paars am Strand – Bierdosen, Zigarettenschachteln, zwei Bücher, daneben zwei Körper in Badehosen, ineinander verschlungen. Was macht das mit meinem Begehren, meinem Blick, den Blicken derjenigen (vielen), die um mich blicken, mich anblicken, den Abzug anblicken, um sich und auf sich blicken – sichtbar werden im Raum, den wir gemeinsam schaffen und der uns auf spezifische Weise schafft? Im Auf- oder Eintritt, im Vortreten zur Rahmung, darin, darauf diese Körper, diese Gesichter – häufig bei Goldin, auch hier am Hanseatenweg, im Spiegel: vor dem Schminkspiegel, dem Spiegel neben / über / hinter dem Bett. An- und Absprache gleichermaßen im Auf- und Eintritt in die Sichtachse der anderen und des Selbst; Selbst-blickhaftwerden als neologistische Substantivierung eines komplexen Geschehens, das da, in und an mir stattfand und noch immer findet. Hier. In der Lektüre, nicht zuletzt.

So hübsch, der ganze Cord in einem Raum!

„Zurück zum Text": Reparative Praktiken, wie Degeling und Hohmann sie beschreiben, sind auf ultimative Öffnungen des Raums angewiesen. Der Raum wird radikal relational, irgendwie *planetarisch*,[1] viel mehr als separat/separiert/separatistisch. Und ja, es hinkt und scheppert. Und doch bleibt das Anliegen wie die Ansprache an diese Art Raum die zentrale *politische* Forderung. Was stark ist […] und sich doch wieder in museale Räume, in institutionelle Räume zurückzieht, wie es vor allem im zweiten Teil des Aufsatzes deutlich wird. Die Szene der reparativen Ansprache findet sich schlussendlich im Textraum wieder, im Skriptraum[2] der sogenannten demokratischen Verhandlung, für die *das Museum* (auch) steht.

---

1 Das *irgendwie Planetarische* bedarf einer Fußnote: Für mich ist *irgendwie planetarisch* ein Begriff eines umweltlichen, ökologisch-relationalen Denkens, das aber die Begrenzung und Begrenztheit sowohl des *Um* wie der bzw. des *Welten(s)* heraus-fordert. Darin problematisiert es als Kritik der Relationen gleichsam den Schnitt, die Sichtachse, das aktiv-passivische Blickhaftwerden und formuliert sich als etwas (im positiven Sinne) Maßloses, das nicht die Schachtel oder den Container sucht, sondern nicht-eingehegte – aber situiert eingestandene – Verlorenheit. Das heuristische Eintreten für derlei Maßlosigkeit soll dabei die Bedeutsamkeit von Schutz-Räumen (*safe spaces*, *filter bubbles* etc.) nicht per se negieren, sondern dem etwas beiseitestellen – und sei es im Modus des *Entgegen*.

2 Es mag irritieren, dass ich den Museumsraum im Kontext meiner Argumentation primär als Schrift- oder Textraum ausfalte. Das hat weniger mit einem „erweiterten"/maßlosen Schriftbegriff zu tun als vielmehr damit, dass ich auf die vielfältigen Vor-, Ein- und Aufschriften aufmerksam machen möchte, die diese Anordnungen, das Museum als Institution, immer-schon informieren. Der Annahme, diese räumlichen Anordnungen wären primär Orte der Sichtbarkeit und Wahrnehmung, in denen Körper sein und erkennbar werden können, stelle ich ein Umschalten in der Fokussierung entgegen: Jedwedes Erleben und Sichtbarwerden bleibt gebunden an das Befolgen eines regulierenden, organisierenden Skripts, dessen Lesbarkeit nur bedingt gegeben ist bzw. Ein- und Ausschlüsse produziert und performiert. Dieser Aspekt hebt die Relevanz des Textes/Skriptes in den Verläufen der Raum-Re-Produktion hervor; da die These (keine irgendwie „neue" oder originäre) jedoch lautet, dass Raumproduktion und Subjektivierungsweisen ineinandergefaltet zu ver-stehen sind, gilt es, noch einen weiteren Aspekt hervorzuheben: das gewaltförmige Lesen und Gelesenwerden von Körpern, verstanden als eine der involvierten – wie

Darin genügt es sich aber nicht, und bringt mich auf den Begriff des *Planetarischen* (zurück), als eine Form des Fortdenkens von radikal relationaler Kritik. Der Anspruch reparativer Praxis überschreitet den (musealen, geskripteten) Raum, den geografisch abschreitbaren Ort und trägt sich[3] auf die Straße und darüber hinaus.

Vielleicht etwas wie 1. Mai mit *Atari Teenage Riot*.

In der Frage nach der Ansprache wie An- und Aufforderung des reparativen Dispositivs drängt sich ein utopisches Moment ein, auf das jenes des separatistischen (theoretisch) eine gründende Antwort bereithält: Das Skript des positiven Bezugs auf Rückzug, Desintegration und Differenzierung. Dies als Angebot und Möglichkeit des Umgangs, im Modus des Abspaltens von Raum und der Produktion „neuer", eigen-williger Räume. Als Produktion von Positivität, die zwangsläufig brüchig bleibt und nur dann zu funktionieren scheint, wenn der Bruch als konstitutives Moment mit reflektiert bleibt. Siehe oben: *Rivolta Femminile*; aber auch näher: *Monis Rache,*[4] Lina E.[5]

Degeling und Hohmann nehmen Berlants und Edelmans Lektüre von Eve Sedgwick auf und zitieren: „Eve's work is a training in being in the room with that ambivalence" (zitiert nach Degeling & Hohmann in diesem Band, 86), der Ambivalenz eines Begehrens nach Auflösung in der gewaltvollen Anerkennung der Verwerfung, die die potenzielle Positivität der Negativität, und-oder umgekehrt, denkbar macht. Eine Spannung, die es im Modus reparativer Transformativität auszuhalten gilt. In der Dis- oder Re-Positionierung im planetarischen Raum. In Dis- oder Re-Positionierung, die es erlaubt, die „unerträgliche Ambivalenz zur Kenntnis zu nehmen" (Degeling & Hohmann 2024, 87), um darüber ein politisches Potenzial freizusetzen. Dieses Aushalten und Annehmen der Ansprache bleibt oder wird raumlos und findet – nicht zuletzt im Vergleich zur Positivität der Separation – in der Negativität ein Format der Integration. Darüber, und das wäre eine mögliche These dieser Überlegung, löst die paradigmatische Dis-Positionierung der Reparation, als relationales Ansprache-Geschehen, die Re-Positionierung (und hier steht beides ganz und gar nicht nebeneinander, sondern das *Dis* opponiert das *Re*) der Separation ab/auf. Gedacht

---

auch involvierenden – Praktiken im Verlauf der Raum-Re-Produktion sowie der Subjektivierung der jeweilig umliegenden Körperschaften oder Agenturen.

3   Eine Konstruktion, die auf meine Verlegenheit in Bezug auf die beteiligten Agenturen antwortet.

4   https://monisrache.wtf/

5   https://www.soli-antifa-ost.org/

als Überscheiten einer räumlichen Grenze, im Planetarischwerden einer Aufforderung.

Das Überall-hier, das in der radikalen Relationalität aufgerufen steht, wird dabei zum (ambivalent positiv-negativen) Raum politischen Handelns – zumindest der Aufforderung nach – und bricht so mit der Logik des separatistischen *Nicht-hier-aber dort* als Ausgang. Und ja: Ein wie-auch-immer relationales Denken erfordert ein Umdenken „unserer" Begriffe von politischer Handlung(-sfähigkeit) – als Herausforderung und Aufforderung, die sich nicht zurückziehen kann und will und darf.

Literatur

Degeling, Jasmin und Philipp Hohmann. 2024. „Trauer, Verwerfung und zwei Formen der Anerkennung: Reparative Praktiken und relationale Kritik mit Lauren Berlant, Talya Feldman und Boudry/Lorenz." In *Szenen kritischer Relationalität*, herausgegeben von Charlotte Bolwin, Jasmin Degeling, Gabriel Geffert, Martin Kallmeyer, Gereon Rahnfeld, Nathalie Schäfer und Katia Schwerzmann, 79–102. Lüneburg: meson press.

JACQUES RANCIÈRE

POLITIK

NICHT-MENSCHEN

ÄSTHETIK

ABFALL

Eine ästhetische Politik nicht-menschlicher Entitäten: Mit Jacques Rancière und über ihn hinaus

Lorenzo Gineprini

Die ästhetische Dimension der Politik steht im Zentrum des Denkens des französischen Philosophen Jacques Rancière. Ein politisches Moment besteht nach Rancière darin, etablierte herrschaftsförmige Modi der Wahrnehmung zu stören und damit die gemeinsame Landschaft des Sichtbaren, des Sagbaren und des Möglichen zu erweitern, um alternative egalitäre Wirklichkeitsauffassungen zu konstruieren. Kann diese Theorie angewandt werden, um eine politische Wirkungs- oder Handlungsmacht des Nicht-Menschlichen zu denken? Dieser Beitrag geht dieser Frage nach, indem er sowohl Thesen diskutiert, die aus einer latourianischen und neomaterialistischen Perspektive dafür plädieren, als auch Einwände, die dagegensprechen.

*„Politik ist zuerst eine Intervention in das
Sichtbare und Sagbare." — Jacques Rancière*

Können nicht-menschliche Entitäten so etwas wie politische Kritik praktizieren? Wie lässt sich eine Politik denken, die sich vom Primat des menschlichen Subjekts sowie dessen wahrnehmenden und handelnden Körpers entkoppelt? Mit der Frage nach einer Politik nicht-menschlicher Entitäten wird nicht einfach darauf hingewiesen, wie ökologische Probleme innerhalb der Verwaltung der Macht und des Staates berücksichtigt werden können. Das Ziel eines solchen Ansatzes besteht vielmehr darin, die essenzialistische Trennung zwischen dem Menschen als einzigem von Natur aus politischem Wesen und dem Nicht-Menschlichen als passiven Objekten politischen Handelns zu durchkreuzen. Dadurch werden auch nicht-menschliche Wesen als Akteure einer Neukonfiguration des Gemeinwesens anerkannt, die mit uns Menschen in vielfältigen Relationen verwoben sind.

Um diese Fragestellung zu bearbeiten, wendet sich dieser Artikel der Theorie des französischen Philosophen Jacques Rancière zu und gliedert sich dabei in fünf Teile. Zuerst werden die Hauptaspekte von Rancières Philosophie mit einem Fokus auf sein ästhetisches Verständnis der Politik skizziert. Der zweite Teil zeigt, dass Rancières Theorie aufgrund dieser Anerkennung der ästhetischen Dimension der Politik eine solide Grundlage bietet, um die politischen Wirkungsweisen nicht-menschlicher Entitäten zu analysieren. Diese These vertreten sowohl die politische Philosophin Iwona Janicka, die in ihrer Arbeit an Bruno Latour anknüpft, als auch die neomaterialistische Philosophin Jane Bennett. Im Anschluss an Bennetts Konzept der „thing power" wird im dritten Teil die politische Wirkmacht von Abfall als Fallbeispiel diskutiert. Der vierte Teil kehrt zurück zu Rancière, um dessen Kritik an den Positionen von Janicka und Bennett zu diskutieren. Nach Rancière sei die politische Handlungsmacht nur als prädestinierte Eigenschaft menschlicher Subjekte zu denken. Der letzte Abschnitt bietet einige Denkanstöße an, um Rancières Einwände zu überwinden und den Weg hin zu einer dissensuellen Politik nicht-menschlicher Entitäten zu eröffnen.

I. Jacques Rancière und das ästhetische Prinzip der Politik

„My basic concern, throughout my ‚historical' and ‚political' research was to point out the aesthetic dimension of the political experience" (Rancière 2005, 16), erklärt Rancière in Nachzeichnung der Entwicklung seines Denkens. Die Verbindung zwischen Ästhetik und Politik ist an sich keine innovative Geste, man denke an die „Politisierung der Ästhetik" durch die künstlerische Avantgarde im 20. Jahrhundert – Verfechterin einer engagierten, gesellschaftskritischen Kunst – oder an die „Ästhetisierung der Politik", die Spektakularisierung der Ausdrucksformen der politischen Macht, von der Walter Benjamin spricht.[1] Allerdings erstellt Rancière (2002, 69) eine viel basalere, konstitutive Verknüpfung zwischen den zwei Sphären, indem er die Politik auf die Ästhetik zurückführt: „Es hat im Zeitalter der Moderne keine ‚Ästhetisierung' der Politik gegeben, denn diese ist ihrem Prinzip nach ästhetisch."

Das Prinzip der Politik ist ästhetisch, weil jede gesellschaftspolitische Ordnung auf einer „primären Ästhetik" oder „Aufteilung des Sinnlichen" (*partage du sensible*) beruht. Ästhetik ist hier nicht als Lehre der Kunst oder des Schönen, sondern ausgehend von dem griechischen Konzept der *aisthesis* zu verstehen. Rancière (2006, 26; Hervorh. i. O.) stellt seine Konzeption von primärer Ästhetik in Analogie zu Kants transzendentaler Ästhetik „als System der Formen *a priori* ..., insofern sie bestimmen, was der sinnlichen Erfahrung überhaupt gegeben ist." Mit einer Vorgehensweise, welche jener Foucaults ähnelt, zielt Rancière darauf ab, Kants transzendentale Ästhetik zu historisieren (Foucault 2020). Er legt dar, dass die apriorischen Formen der Sinnlichkeit nicht aus transzendentalen, allgemeingültigen Anschauungsformen bestehen, sondern aus historisch und gesellschaftlich determinierten Schemata, die die möglichen Weisen des Wahrnehmens festlegen. Während jedoch Foucaults „historisches Apriori" aus der Gesamtheit der diskursiven Praktiken besteht, die die Formation des Wissens in einer Gesellschaft prägen, könnte man mit Rancière von einem „ästhetischen Apriori" sprechen, welches die Art und Weise bestimmt, wie „die sinnliche Welt konstituiert, aufgeteilt, verteilt und angefochten wird" (Vogt 2020, 9). Die Wahrnehmungsakte sind für Rancière nicht einfach die Feststellung einer rein sensorischen, objektiven

---

1 Rancière (2007, 33; siehe auch 2006, 26) präzisiert an mehreren Stellen, dass seine Konzeption einer ästhetischen Dimension der Politik „nichts mit den Inszenierungen der Macht und der Mobilisierung der Massen zu tun hat, die von Benjamin als ‚Ästhetisierung der Politik' bezeichnet wurde."

Information, sondern sie beinhalten schon eine Konstruktion und eine Ein-
teilung der Realität. Aus diesem Grund bezeichnet er die primäre Ästhetik
als *Aufteilung des Sinnlichen*, „das allgemein inbegriffene Gesetz, das die
Formen der Teilhabe bestimmt, indem es zuerst die Wahrnehmungsweisen
festlegt, in die sie sich einschreiben" (Rancière 2008, 31).

Mit einem weiteren Verweis auf Foucault nennt Rancière die Sphäre der
Aktivitäten, die eine etablierte Konfiguration des Sichtbaren, des Sagbaren und des Möglichen stabilisieren, „Polizei".[2] Diese Polizei operiert
nicht durch spektakuläre Repressions- oder Disziplinierungsstrategien,
sondern durch die Regulierung der Erscheinungsmöglichkeit von Körpern,
indem sie Horizonte und Modalitäten des Sicht- und Sagbaren festlegt.
Die Polizei kristallisiert etablierte Wahrnehmungsweisen und verhindert
widersprüchliche Arten, die Realität sinnlich zu erfahren – und damit zu
interpretieren. Indem sie Hierarchien und Ungleichheiten als selbstver-
ständliche, objektive Wahrnehmungstatsachen erscheinen lässt, erhält die
Polizei das sinnliche Fundament für die soziopolitische Ordnung aufrecht
und erfüllt damit eine entscheidende normative Funktion.

Im Gegensatz dazu besteht Politik nach Rancière daraus, die etablierte Aufteilung des Sinnlichen zu rekonfigurieren. Politisch ist daher jene Tätigkeit,
„die einen Körper von dem Ort entfernt, der ihm zugeordnet war oder die
die Bestimmung eines Ortes ändert; sie lässt sehen, was keinen Ort hatte
gesehen zu werden, lässt eine Rede hören, die nur als Lärm gehört wurde"
(Rancière 2002, 42). Das kritische Potenzial der Politik erklärt Rancière in
ästhetischer Hinsicht als Verschiebung der Trennlinien, die das normierte
Feld des sinnlich Gegebenen gestalten. Während also die Polizei eine konsensuelle Ordnung des Sinnlichen organisiert, entsteht die Politik im Dissens, weil sie eine etablierte Verbindung zwischen dem Sinnlichen und dem
Sinn (auf Französisch beides: *sens*) unterbricht.

Die ästhetische Natur von Politik veranschaulicht Rancière anhand verschiedener Szenen. Hier betrachten wir ein Beispiel aus dem Buch *Das
Unvernehmen*, auf das auch in der späteren Diskussion bezüglich der

---

2   Rancière entfernt sich vom üblichen Verständnis von Polizei als einer staatlichen
Institution, die durch Ordnungskräfte für die öffentliche Sicherheit sorgt. Vielmehr
meint er damit eine sinnliche und symbolische Konstruktion des Sozialen, die das
Gemeinsame regelt und die Emergenz der Politik als einer egalitären Bewegung
verhindert. Damit präzisiert Rancière auch den Unterschied zu Foucaults Denken.
Während für Foucault (2005) die Polizei eher ein repressiver institutioneller Macht-
apparat ist, welcher das biologische Leben kontrolliere, meint Rancière (2012, 97)
„keine Machtinstitution, sondern ein Prinzip der Aufteilung des Sinnlichen, innerhalb
dessen Strategien und Techniken der Macht bestimmt werden können".

politischen Fähigkeiten von nicht-menschlichen Wesen zurückgegriffen wird. Rancière bezieht sich auf Aristoteles' bekannte Definition des Menschen als *zoon politikon* (politisches Tier oder politisches Lebewesen) und stellt heraus, dass bereits dieser antiken Bestimmung eine Aufteilung des Sinnlichen zugrunde liegt. Was gemäß Aristoteles den Menschen zum politischen Wesen macht, ist der *logos*: die Fähigkeit, vernünftig zu sprechen. Den *logos* besäßen jedoch nur einige Menschen (oder besser gesagt einige wenige Männer), die aus diesem Grund am politischen Leben teilnehmen durften. Im Gegensatz dazu wurden Sklav:innen und Frauen aus der politischen Gemeinschaft ausgegrenzt, und zwar weil sie nicht über *logos*, sondern über *phoné* verfügten – ein Wort, das ebenfalls für Tiergeräusche verwendet wurde. Die Laute, die aus ihren Mündern herauskamen, wurden von denen, die in der Polis Macht und Status innehatten, nicht als Sprache, sondern als Lärm wahrgenommen. Wie Tiere seien sie demnach nur in der Lage, „ihre Gefühle des Schmerzes und der Annehmlichkeit anzuzeigen" (Rancière 2002, 22), ohne aber diese Eindrücke in einem logisch aufgebauten Diskurs zu artikulieren.

Um zu Rancières eigenem Ansatz zurückzukommen: Ein politisches Moment besteht darin, eine solche (proto-)polizeiliche Logik zu durchbrechen, um „als Rede verständlich zu machen, was nur als Lärm gelten dürfe" (Muhle 2011, 315). Als im 5. Jahrhundert vor Christus die Plebejer die Stadt Rom verließen und auf den Hügel Aventin marschierten, um von dort mit den Patriziern zu verhandeln, wollten am Anfang die Patrizier mit ihnen gar nicht diskutieren, weil sie die Rede der Plebejer nicht als berechtigten Diskurs anerkannten, sondern ihre Äußerungen nur als lautes Brüllen – als *phoné* – begriffen. Am Ende zwangen jedoch die Plebejer die Adligen, mit ihnen zu verhandeln. Mit dieser emanzipatorischen Geste konstituierten sie sich als sprechende Wesen und errichteten „eine andere Ordnung, eine andere Aufteilung des Sinnlichen" (Rancière 2002, 36). Anstatt die vorherrschende Anordnung der Körper in der Gemeinschaft und die davon abhängige Verteilung von Plätzen und Funktionen als notwendig zu akzeptieren, übten sie ihre ästhetische und zugleich politische Fähigkeit aus, eine alternative Topografie des Möglichen zu zeichnen und damit egalitäre Wahrnehmungsweisen und Existenzmöglichkeiten voranzutreiben.

II. Rancières politische Theorie jenseits des menschlichen Subjekts: Zwei Vorschläge

Wie Rancières demokratiegeschichtliche Lektüre zeigt, verändert Politik bestehende Topoi der Wahrnehmung und lässt den „Lärm" von Frauen und Sklav:innen, sowie von anderen Anteillosen ohne Stimme, als Rede erkennbar werden. Aber was geschieht mit der *phoné* nicht-menschlicher Entitäten? Verschiedene Denker:innen[3] haben eingewandt, dass Rancière seine Theorie nicht bis zu ihren letzten logischen Folgen bringe, weil er eine klare Grenze zwischen menschlichen und nicht-menschlichen Wesen beibehält und den Bereich des Politischen folglich als einen exklusiven Bereich *menschlicher* Handlungsmacht bestimmt:

> By excluding nonhumans from politics, Rancière seemingly rehearses the limiting exclusionary gesture that he himself identifies, and critiques, in Aristotle. He resituates, but does not subvert, the Aristotelian demarcation between beings of *logos* and beings of no *logos*, ending up in the borderlands of the anthropomorphic. (Janicka 2020, 3)

Die politische Philosophin Iwona Janicka möchte zeigen, wie die Politik – in ihrem Potenzial, die Wahrnehmung der Welt zu transformieren – die Neuaufteilung des Sinnlichen einen Schritt weiterbringen sollte, um auch die Stimme von Nicht-Menschen als *logos* statt als *phoné* auszudeuten. Um dieser Möglichkeit nachzugehen, ergänzt sie Rancières ästhetisches Verständnis von Politik durch Konzepte Bruno Latours. Janicka entwickelt also ihre eigene theoretische Position, indem sie die Berührungspunkte zwischen Rancière und Latour herausstellt und die beiden Ansätze integriert. Sie beabsichtigt, ein Modell für eine transformative politische Praxis zu erarbeiten, um marginalisierte und aus dem Bereich der Wahrnehmung ausgegrenzte nicht-menschliche Existenzweisen sichtbar und damit auch intelligibel zu machen.

Im Mittelpunkt von Latours Denken steht nach Janicka (2017, 25) der Anspruch, „die essentialistische Unterscheidung zwischen Mensch und Nicht-Mensch, zwischen … aktiven und passiven Entitäten, Menschen, die Willen und Absicht besitzen, und roher Materie, die keines von beidem hat, zu überwinden." Interessanterweise verwendet Latour selbst, ebenso wie

---

3   Neben Iwona Janicka und Jane Bennett, deren Positionen in dem Artikel vertieft werden, siehe auch: Sandilands 2014; Iveson 2014; Demos 2020.

Rancière, den Ausdruck „Polizei", um eine rigide Aufteilung des Sinnlichen zu kritisieren. Mit dem Ausdruck „epistemologische Polizei" bezeichnet Latour (2001, 26 ff.) die Unterteilung zwischen mit Sprache begabten Menschen, die die Sphäre des Sozialen und des Politischen bilden, und jenen vermeintlich stummen Dingen, die für passive Objekte der Wissenschaft gehalten und dementsprechend aus der soziopolitischen Welt ausgeschlossen werden. Im Gegensatz dazu betrachtet Latour Menschen sowie Nicht-Menschen als Aktanten, das heißt als Entitäten, die unabhängig von ihrem ontologischen Status den Verlauf von Ereignissen beeinflussen und Weltzustände transformieren. Menschen, technische Artefakte sowie nicht-menschliche Lebewesen sind zusammen in Kollektiven angesiedelt und alle Aktanten tragen zum Vollzug der durch dieses Netzwerk von Relationen ermöglichten Handlungen und Handlungsketten bei. Da sie ebenfalls an der Zusammensetzung der gemeinsamen Welt aktiv mitwirken, sollte auch Nicht-Menschen eine Art politisches Mitspracherecht zukommen.

Wie können aber Nicht-Menschen ein solches Mitspracherecht ausüben und ihre neu erlangte „Stimme" verständlich machen? Können sie damit an der Debatte über die Verfasstheit der Gemeinschaft partizipieren? Latour (2001, 100) – wie auch Janicka im Anschluss an ihn – behauptet nicht, dass Nicht-Menschen für sich selbst sprechen und ihre Forderungen direkt formulieren können. Latour zufolge kann man nicht einmal behaupten, dass die Menschen allein für sich selbst sprächen, weil sie „immer auch für anderes" sprechen und ihr soziopolitisches Leben in repräsentativen Systemen organisieren. Die Frage „Wer spricht?", welche von einer logozentrischen Tradition für das zentrale Motiv der politischen Philosophie gehalten wird, kann eigentlich nie mit Gewissheit beantwortet werden (Latour 2001, 299).

Menschen und Nicht-Menschen sind demnach „in zahlreiche Sprachverlegenheiten [*embaras de paroles*] verwickelt" (Latour 2001, 93), das heißt in die Schwierigkeiten, eine gemeinsame Welt zu artikulieren. Daher müssen Formen der „Alphabetisierung stummer Entitäten" und Stimmapparate erfunden werden, „durch die sich die nicht-menschlichen Wesen an den Diskussionen der Menschen beteiligen können" (Latour 2001, 98). Nicht-Menschen sprechen also in dem Maße, wie sie Fragen und Probleme aufwerfen: "They [die Nicht-Menschen] first appear as matters of concern, as new entities that provoke perplexity and thus speech in those who gather around them, discuss them, and argue over them" (Latour 2004, 66). Zentral für Latour ist es, dass die Anliegen, die Nicht-Menschen in die Öffentlichkeit einbringen, nicht nur für die wissenschaftliche Forschung relevant sind, sondern auch für das soziale und politische Leben.

Der politische Dialog erfordert also eine konstante Arbeit der *Überset-zung*. Dieses Konzept wird von Latour weder in linguistischer noch in semantischer Hinsicht verstanden. Vielmehr besteht Übersetzen in der Herstellung einer Relation, durch die man versucht, sich eine andere Auf-fassung als die eigene anzueignen, um das Andere zu repräsentieren und damit für dieses zu sprechen. Latour ist bewusst, dass die Übersetzung – und deshalb auch die politische Repräsentation – niemals vollkommen getreu und transparent sein kann. Trotzdem betont er, dass man durch die Übersetzung der Stimme eines (menschlichen oder nicht-menschlichen) Anderen gezwungen ist, sich mit ihm in Relation zu setzen und damit auch seine eigene Position in der Welt zu verändern. Wenn die Menschen die Stimme einer nicht-menschlichen Entität übersetzen, sprechen sie deshalb nicht einfach *über*, sondern *mit* ihnen.

Die Zuschreibung der Sprechfähigkeit an nicht-menschliche Wesen ist für Latour kein rein metaphorischer Akt, sondern deutet ein Neudenken der Politik an. Das Mitspracherecht als exklusives Privileg menschlicher Sub-jekte zu verteidigen, stellt gemäß Latour eine Gefahr für die Demokratie dar. Die Beschränkung der Inhalte der politischen Diskussion nur auf menschliche Interessen und Subjektivität wird in einigen Jahren genauso befremdlich erscheinen wie die Exklusion von Frauen oder Versklavten aus dem Leben der Gemeinschaft heute (Latour 2001, 101). Gleichzeitig weist Janicka (2020, 10) darauf hin, dass die politische Praxis immer noch einen anthropischen Charakter konserviert, da die ständige Arbeit der Überset-zung zwischen unterschiedlichen Entitäten und verschiedenen Existenz-weisen unvermeidbar aus einer menschlichen Position stattfindet: „[T]here is no possibility for us, as humans, to move beyond our semiotic per-spective" – und, wie wir später sehen werden, findet Rancière genau diesen Punkt problematisch.

Auch die neomaterialistische Philosophin Jane Bennett (2010, 106) bezieht sich auf Rancière, um „a more (vital) materialist theory of democracy" (Bennett 2010, 106) zu entwickeln. Ihr zufolge wurde das Konzept des Politischen zu stark mit Vorstellungen von menschlicher Subjektivität und Individualität verbunden, um zu erkennen, dass auch Nicht-Menschen über agentielle Fähigkeiten verfügen. Bennett beabsichtigt also, das ontologische Fundament von Politik zu erneuern und zu zeigen, dass auch Dinge über eine Eigenmacht („thing power") verfügen, welche weder aus menschlichem Handeln abzuleiten noch vollständig als soziale Konstruktion erklärbar ist, sondern aus der Eigenaktivität der Materie und ihren Werdens- und Transformationsprozessen entsteht. Diese „thing-power" soll nach Bennett (2010, 8) die Fähigkeit nicht-menschlicher Entitäten erklären,

„not only to impede or block the will and designs of humans but also to act as quasi agents or forces with trajectories, propensities, or tendencies of their own". Die Dinge sollen daher nicht als passive Kristallisationen des Denkens und des Wollens von Menschen verstanden und erforscht werden, sondern ausgehend von der Erkenntnis, dass sie autonome Bedeutungen sowie selbständige, unabsehbare materielle, ästhetische und semiotische Effekte produzieren.

Inwiefern lässt sich nun Bennetts „thing power" als politische Wirkmacht ausdeuten? Oder anders ausgedrückt: Können Dinge aufgrund ihrer Eigenmacht auch als politische Akteure anerkannt werden? Bei der Beantwortung dieser Fragen wendet sich Bennett Rancières ästhetischem Verständnis von Politik zu. Wie oben dargelegt, besteht Politik laut Rancière aus einer Unterbrechung der etablierten Ordnung sinnlicher Evidenzen, um ihre scheinbare Kohärenz zu stören und die Relationen des Sinnlichen neu zu konfigurieren. Warum, fragt Bennett polemisch, sollte diese disruptive Kraft nur auf menschliche Wesen beschränkt werden? Geht man davon aus, dass auch Nicht-Menschen eine Eigenwirksamkeit besitzen, dann haben sie ebenfalls die transformative politische Kraft, etablierte Strukturen der Wahrnehmung und damit einhergehende polizeiliche Platz- und Fähigkeitszuweisungen umzugestalten. In Bennetts Worten:

> Rancière chooses to define what counts as political by what effect is generated: a political act not only disrupts, it disrupts in such a way as to change radically what people can ‚see': it repartitions the sensible; it overthrows the regime of the perceptible. Here again the political gate is opened enough for nonhumans (dead rats, bottle caps, gadgets, tire, electricity, berries, metal) to slip through, for they also have the power to startle and provoke a gestalt shift in perception: what was trash becomes things, what was an instrument becomes a participant, what was foodstuff becomes agent. (Bennett 2010, 106–107)

III. Die politische Wirkmacht des Abfalls: Ein Fallbeispiel

Um die bisher erläuterten Positionen auszuführen, verweilen wir bei einem der Beispiele in Bennetts vorherigem Zitat: Der vermeintlich wertlose Abfall wird zum aktiven Ding. Dies ist ein zentrales Motiv in vielen Texten der Autorin (2004, 2010, 2016). Das Buch *Vibrant Matter* beginnt mit Bennetts Erzählung von einer unerwarteten Begegnung mit vom Wind verwehtem Müll während eines Spaziergangs im Park. Durch den Wind entweicht der

Abfall aus dem Mülleimer, in den er entsorgt wurde, entzieht sich damit seinem zugewiesenen Platz in der gesellschaftlichen Ordnung und zieht schließlich die Aufmerksamkeit der Autorin auf sich. Während ein Gegenstand normalerweise nach seiner Entsorgung in Vergessenheit gerät oder geraten muss, weil er der Sichtbarkeit im öffentlichen Raum strategisch entzogen wird, wird die Autorin durch diese für sie unerwartete Konfrontation dazu veranlasst, ihre eigene Relationiertheit mit dem Abfall zu hinterfragen.

Auch in *The Enchantment of Modern Life* schildert Bennett verschiedene Erlebnisse mit Nicht-Menschen, welche Details wahrnehmen lassen, die bisher von ihr ignoriert wurden. Hierdurch lernte sie, vertraute sinnliche Landschaften zu schärfen und zu intensivieren. Solche alltäglichen Begegnungen, auf die man nicht vorbereitet ist, erfassen Bennett (2016, 5; Hervorh. i. O.) affektiv und bewirken dadurch ein *„unheimlich* [sic] (uncanny) feeling of being disrupted or torn out of one's default sensory-physic-intellectual disposition". Diese Momente können daher ästhetisch und demnach auch politisch dissensuell wirken, weil sie eine Abweichung von der Ordnung des Alltags zulassen und geläufige Wahrnehmungs- und Deutungsstrukturen herausfordern. Während das Motto der Polizei „Weiterfahren! Es gibt nichts zu sehen" (Rancière 2008, 33) lautet, können solche Erlebnisse eine kritische Aufmerksamkeit auf die ästhetisch-politische Ordnung der Realität anregen.[4]

Bennett interpretiert hier die Effektivität von Abfall als ästhetisch-politische Macht, eine etablierte Ordnung des Sinnlichen zu subvertieren. Dennoch riskiert ihr Ansatz, die Lebendigkeit der Dinge zu fetischisieren[5] und damit „the inequalities, asymmetries and hierarchies enacted in vital materializations" (Lemke 2018, 33) auszublenden. Im Fall von Abfall, zum Beispiel, berücksichtigt sie kaum die „wasting relationships" (Armiero 2021, 2 ff.), die etwas als Abfall konstituieren. Mit diesem Ausdruck unterstreicht der Umwelthistoriker Marco Armiero, dass das, was als Abfall gilt, immer relational zu denken sei, als prozessuales Ergebnis sozio-ökologischer Dynamiken. Wichtig ist es deshalb, die „thing power" im Mittelpunkt von Bennetts Reflexionen nicht zu essenzialisieren und damit als Kraft der

---

4   Während der Beitrag anhand einer posthumanen Lesart von Rancières Philosophie die dissensuellen Effekte der *thing power* betont, neigt Bennett oft zu einer Romantisierung der vitalen Kräfte von Nicht-Menschen und zu einer einseitigen Darstellung der poetisierenden und „bezaubernden" (*enchanting*) Wirkung solcher Begegnungen (dazu siehe auch: Lemke 2018).

5   Für eine kritische Behandlung von Bennetts „Essentialisierung der Lebenskraft" siehe: Hoppe und Lemke 2021, 51–54.

(weggeworfenen) „Dinge an sich", als attributive und stabile Eigenschaft, zu begreifen. Die Wirkmächtigkeit des Abfalls entsteht also vielmehr in einem Feld von materiellen Verschränkungen und diskursiven Gefügen. Von Bennett möchte ich in diesem Beitrag die Idee übernehmen, dass Abfall nicht nur als ein passives Konstrukt verstanden werden kann, sondern kraft seiner eigenen Neigungen (diese aktiven Triebe, die Bennett oft mit Spinozas Begriff des *conatus* beschreibt) an der Rekonfiguration dieses Felds aktiv mitwirken.

In Bezug auf eine sinnliche Ordnung des Mülls macht die Kulturwissenschaftlerin Laura Moisi (2020) darauf aufmerksam, dass die Politik des Verschwendens in den westlichen Konsumgesellschaften – die konstante Auswechslung von Gegenständen und die daraus entstehende massive Produktion von Abfall – auf einer „Ästhetik des Verschwindens" gründet. Damit ist eine Organisierung des privaten und öffentlichen Raums gemeint, die die Illusion befördert, dass ein Objekt, sobald es weggeworfen wird, in eine andere Dimension verschwindet. Die Gestaltung eines sauberen Haushalts durch Geräte wie Müllboxen, Müllschlucker oder Abfallzerkleinerer (Strasser 2000; Moisi 2016; 2020), die Rationalisierung der Müllabfuhrinfrastruktur (Windmüller 2002), die strategische Anlage von Mülldeponien in vom Zentrum abgelegenen Gebieten (Hauser 2001) sowie der Export von Abfall nach Afrika oder Südostasien (Bauman 2005, Clapp 2010) – all diese Operationen und Dispositive beabsichtigen, den Abfall vom Zentrum der Gesellschaft in die Peripherie zu verschieben und ihm somit in der physischen und symbolischen Topografie des westlichen Konsumsystems[6] einen Ort zuzuweisen, der „sofort dem Vergessen anheimgestellt [wird]" (Faßler 1991, 198). Was als materialistischer Konsumismus bezeichnet wird, so Bennett, ist in Wahrheit eine Form von Antimaterialismus, welcher darauf abzielt, die stoffliche Wirksamkeit des Weggeworfenen und dessen ökologische Effekte zu negieren.

Trotz jeglicher physischer sowie psychischer Verdrängungsbestrebungen verschwindet der Abfall jedoch nicht, sondern bleibt hartnäckig übrig: „[V]ital materiality can never really be thrown ‚away', for it continues its activities even as discarded or unwanted commodity" (Bennett 2010, 6). Deshalb beinhaltet das renitente Übrigbleiben des Abfalls auch nach

---

6   Es ist wichtig zu betonen, dass jede Anordnung des Sinnlichen soziohistorisch situiert ist und auch diese „Ästhetik des Verschwindens" nur für bestimmte Orte der westlichen Gesellschaft charakteristisch ist. Vielmehr zeigt dieser Fall die Interdependenz zwischen verschiedenen politischen Ästhetiken, da die Verdrängung von Müll im kapitalistischen Westen auch durch den Export von Abfall in den globalen Süden mit ermöglicht wird.

seiner Herauslösung aus menschlichen Plänen und Projekten eine Form von Widerstand, von Des-Identifizierung mit der ihm zugeschriebenen passiven und verborgenen Rolle (Lewe, Othold und Oxen 2016). Dinge, die als erschöpft gekennzeichnet und aus der Lebenswelt entsorgt wurden, aber nicht aufhören, materielle sowie ästhetische Effekte zu zeitigen und Bedeutungen zu generieren, agieren nicht nach den ihnen zugewiesenen Codes, sondern eigensinnig. Die zu beseitigenden Stoffe und Substanzen interagieren miteinander und bilden Assemblagen „von heterogenen, in sich verflochtenen und schwer zu kontrollierenden agentiellen Kräften" (Assmann 2020, 6). Selbst in den Ozean verbannt – einen Ort, der den ultimativen Versuch einer Ausgrenzung des Abfalls außerhalb des menschlichen Lebens- und Erfahrungsfelds darstellt – bleibt der (Plastik-)Abfall nicht statisch. Auch hier folgt er einer Eigendynamik, die aus seiner stofflichen Beschaffenheit entsteht, und durch ihre Intra-Aktion mit weiteren menschlichen sowie nicht-menschlichen Wesen die Gestaltung der gemeinsamen Welt prägt (Alaimo 2014; Liboiron 2016).

Folgt man Bennetts neo-materialistischer Interpretation von Rancières Theorie, dann kann man die Schlussfolgerung ziehen, dass die Manifestation der Eigenmacht des verdrängten und als erschöpft bezeichneten Abfalls die etablierte Aufteilung des Sinnlichen stört und daher politischen Dissens bewirkt. Wie Rancière (2011, 7) erklärt: „the abstract and arbitrary forms of symbolization of hierarchy are embodied as perceptive givens, … a social destination is anticipated by the evidence of a perceptive universe, of a way of being, saying and seeing". Während jedoch Rancière seine Aufteilung des Sinnlichen ausschließlich im Zusammenhang mit der Erscheinungsmöglichkeit von menschlichen Körpern denkt, erfolgt die sinnliche Konfiguration einer gemeinsamen Welt auch durch die Regulierung der Wahrnehmungsformen von nicht-menschlichen Entitäten. Die verschiedenen technischen, medialen sowie sprachlichen Operationen der Verdrängung von Abfall installieren ein apriorisches Regime der Wahrnehmung. Sie identifizieren den Abfall mit etwas Nutzlosem, Passivem, zur rapiden Vernichtung Bestimmtem und präsentieren diese Kennzeichnung nicht mehr als symbolische Zuschreibung und Ergebnis von bestimmten „wasting relationships", sondern als sinnliche Gegebenheit.

Deshalb erweist sich der Widerstand des Abfalls gegen den Imperativ des Verschwindens als eine Form von „Widerspenstigkeit"; ein Begriff, auf den sowohl Latour (2001) als auch Bennett (2004) hinweisen, um zu zeigen, wie Nicht-Menschen zu (politischen) Akteuren werden, indem sie sich „als Hindernisse, Skandale, als das, was die Unterdrückung stört, die Herrschaft aufhebt" (Latour 2001, 115) konstituieren. Die Erscheinung von Abfall an einem Ort, an dem er im Sinne der etablierten Normen und kollektiven Ordnungsvorstellungen einer spätkapitalistischen Konsumkultur „fehl am Platz" ist, kann daher Formen der Irritation dieser Ordnungen bewirken: „Waste – as matter out of place – still takes place" (van Loon 2002, 107). Die Widerspenstigkeit soll daher nicht nur als negative Kraft verstanden werden, die das menschliche Handeln hemmt, sondern auch als produktive störende Abweichung, die in die Realität eingreift und Transformations-prozesse auslöst.[7] Durch seine Entfernung aus dem ihm als „natürlich" zugesprochenen Platz verkörpert der Abfall eine Abweichung von einer Ordnung, die vorgibt, welche Positionen und Seinsweisen legitim sind; sie verunsichert herkömmliche Modi und konzeptionelle Koordinaten der Wahrnehmung und gestaltet die damit einhergehende Verteilung von Räumen und Funktionen neu. Wenn das, was als politisch gilt, durch die erzeugten Effekte definiert wird, dann besitzen auch Nicht-Menschen die Wirkungsmacht, die Kontingenz der als selbstverständlich erachteten normativen Polizeikonfiguration aufzeigen und somit neue Sinnkon-stellationen entstehen zu lassen.

IV. Das Problem der *autodéclaration* und der politischen *agency* von Nicht-Menschen

Als Rancière (2016) in Interviews gefragt wurde, ob das von ihm ange-botene konzeptionelle Instrumentarium angewandt werden könnte, um den Begriff der Politik auf Nicht-Menschen auszuweiten, lehnte er diese Möglichkeit dezidiert ab. Das grundlegende Problem liegt für ihn darin, dass Nicht-Menschen nicht zur *autodéclaration* fähig sind. Sie sind also nicht in der Lage, sich selbst zu erklären und ihre Forderungen zu artikulieren. *Déclarer* heißt auf Französisch sowohl „etwas auf deutliche Weise bekannt machen" als auch „etwas der Öffentlichkeit zur Kenntnis bringen und direkt präsentieren". Rancière weist darauf hin, dass, selbst wenn nicht-mensch-liche Entitäten die etablierte sinnliche Konfiguration der Gesellschaft irritieren, sie diese Störung nicht in einen öffentlichen Streit oder eine

---

7   Abweichung ist ein Konzept, das Bennett selbst nie in kohärenter Weise einführt, aber für die Interpretation ihrer ontologischen und politischen Theorie grundlegend erscheint. In der Tat bezieht sich Bennett (2004, 358–360; 2010, 15–20) oft auf Lukrez' Atomismus und sein Konzept von *clinamen*. Mit diesem Wort, das wörtlich übersetzt Neigung bedeutet, bezieht sich Lukrez auf die zufällige Abweichung der Atome von ihrer senkrechten Falllinie. Es ist diese geringfügige Bewegungsabweichung, die die Atomverbindungen und damit die Gestaltung aller Phänomene ermöglicht. Auch in Bennetts Vorstellung scheint sich die *thing power* immer in Momenten zu mani-festieren, in denen die Dinge, ihren Neigungen folgend, die Gesetzmäßigkeiten der Welt unterbrechen und zu Vektoren einer poietischen Transformation werden.

Debatte über die Organisation der Gemeinschaft umwandeln können, weil sie ihre Stimme immer von jemand anderem, von Menschen, vertreten lassen müssen.

Rancières Argumentation unterstreicht die Schwierigkeit von Nicht-Menschen ihre Interessen und Positionen vorzubringen und an bzw. in die Öffentlichkeit zu treten. Aber warum stellt diese Frage für ihn ein unüber-windbares Problem dar? Letztendlich betonen auch Latour und Janicka, dass Nicht-Menschen nicht für sich selbst sprechen können, weswegen die politische Praxis die Übersetzung ihrer Stimmen benötigt; trotzdem betrachten sie dies nicht als ein Kriterium für ihren Ausschluss aus der politischen Gemeinschaft. Hingegen ist für Rancière dieser Aspekt ent-scheidend, weil er das politische Handeln als emanzipatorische Subjekti-vierung (*désassujetissement*) auffasst. Deren Ziel ist, dass ein Mensch sich als Subjekt konstituiert, indem er sich seiner Position in der dominierenden Aufteilung des Sinnlichen bewusst wird und sich ihr entgegenstellt. Die Subjektivierung kann daher nicht durch die Vertretung der eigenen Position durch andere erfolgen, sondern nur durch das polemisch-performative Aufbegehren gegen etablierte Identitätszuweisungen. Es geht also nicht um eine Subjektkonstitution im psychoanalytischen Sinne, sondern eine Neuanordnung des gesellschaftlichen Erfahrungsfelds, um bisher Unsicht-bare und Stimmlose als politische Subjekte zu etablieren. Da nicht-mensch-liche Wesen zwangsläufig ihre Stimmen vertreten und ihre Forderungen delegieren lassen müssen, sind sie nicht zu einer intentionalen und eman-zipatorischen „Ent-Identifizierung" (Rancière 2002, 48) mit den Kategorien der etablierten Machtordnung fähig.

> I don't think we humans can define subjectification for non-humans, or otherwise we are necessarily going to give people the capacity to represent things. When Latour says ,we represent humans, and we represent things every bit as much', the difference is nonetheless that humans can challenge those who represent them, like the Indignant of Madrid who said ,you don't represent us'. Things, wolves or sheep, can never divest humans of the representativeness they've given themselves. (Rancière 2016, 164)

Wenn Nicht-Menschen als genuine politische Akteure betrachtet werden, läuft Politik, nach Rancière, Gefahr, ihre Sprengkraft zu verlieren und zu einer technokratischen Verwaltung ökologischer Probleme zu werden, anstatt sich als emanzipatorische Praxis zu behaupten. Latours „Parlament der Dinge" nimmt, so Rancière, vielmehr die Form eines Parlaments von Expert:innen aus der Wissenschaft an, die mit der Rechtfertigung, für

Nicht-Menschen zu sprechen, ihre eigenen Interessen verfolgen. Das illustriert Rancière als eine gängige Tendenz der westlichen repräsentativen Demokratie. Die „konsensuelle Demokratie" (Rancière 2002, 111) verhindere Formen der öffentlichen und konfliktuellen Debatte sowie Möglichkeiten der Neuformulierung von Machtverhältnissen, indem sie die politische Diskussion auf das im gegebenen Rahmen Machbare beschränkt: „Konsens versucht, jeden politischen Konflikt auf ein Problem zu reduzieren, das einem Expertenwissen oder Regierungstechnik unterliegt" (Rancière 2006, 96). Auf diese Weise ist keine dissensuelle Politik möglich, welche die Grenzen einer Landschaft des Sichtbaren, des Hörbaren und des Möglichen erweitert, sondern nur eine Politik, welche ein System der Wahrnehmung reproduziert, „das nur das sieht, ‚was es gibt'" (Rancière 2000b, 109).

Mit seinen Einwänden gegen Latours Theorie beharrt Rancière auf den Schwierigkeiten der Repräsentation von Nicht-Menschen,[8] aber er berücksichtigt nicht die Möglichkeit einer nicht-menschlichen politischen *agency* und ihre Bindung an Fragen einer kollektiven Aisthetik. Trotzdem ist in seiner Argumentation eine implizite Skepsis festzustellen, aufgrund einer agentiellen Eigenmacht Tiere, Pflanzen und Dinge als politische Akteure zu behandeln. Ihm zufolge sind die politisch-ästhetischen Störeffekte, wie beispielsweise durch den ins Blickfeld wirbelnden Abfall, nicht als dissensuelle Praktiken zu interpretieren, da sie keine neuen Subjekte oder gesellschaftlichen Positionen zur Erscheinung bringen, die zuvor in der Erfahrung nicht identifizierbar waren. Als Jane Bennett (2010, 106) den französischen Philosophen auf einer Konferenz am Goldsmiths College dazu befragte, erklärte er: „[T]he [political] disruption effect must be accompanied by the desire to engage in reasoned discourse."

V. Dissens, Dissonanz und alternative Szenen des Möglichen: Politik jenseits des Primats des menschlichen Subjekts

Politics for me has always played out around these questions: are these humans true humans, do they belong to humanity, or are they half-human or falsely human? Are these people, who are making a noise with their mouths, speaking or not speaking? Politics has always been defined within a political relationship in which the dividing up of human beings is called into question. (Rancière 2016, 162)

8   Für eine Kritik an Latours Begriff der politischen Repräsentation aus neomaterialistischer Perspektive siehe: Barad 2007, 50–59.

Dennoch, wenn die Politik eine Ausbruchbewegung zur Infragestellung von Hierarchisierung und Ungleichheit ist, um gerechte und weniger herrschaftsförmige Existenzweisen aufzubauen, warum sollte man sich dann mit Rancières Fragen zufriedengeben? Um Szenen kritischer Relationalität, in die Menschen immer auch verstrickt sind, in einem größeren Zusammenhang zu erkennen, sollte man die Demarkationslinie zwischen Menschen und Nicht-Menschen nicht als notwendig und natürlich akzeptieren und mit dieser Begründung die Öffnungsbewegung der Politik an dieser Grenze stoppen, da ansonsten wiederum eine polizeiliche Geste der Verteidigung etablierter Hierarchien reproduziert werden würde.

Um Rancières noch immer stark subjektzentrierte politische Philosophie umzugestalten, liefert der nächste Abschnitt einige tentative Denkanstöße, in der Überzeugung formuliert, dass die Zentralität des Sinnlichen, welche Rancières Denken vorantreibt, wichtige Ressourcen für dieses Vorhaben darstellen. Ein vielversprechender Schritt zu einer nicht auf menschliche Subjekte zentrierten Auffassung von Politik ist eine Verlegung des Fokus von den Fähigkeiten und Eigenschaften, die jemand oder etwas besitzen muss, um politisch zu handeln, auf die Auswirkungen und relationalen Neukonfigurationen, die als politisch gelten. Wie Bennett (2010, 106) zeigt, wird eine neomaterialistische Lesart von Rancière dadurch ermöglicht, dass dieser nicht essenzialisiert, was als politisch gelten kann, sondern „chooses to define what counts as political by what effect is generated". In der oben erwähnten Debatte mit Bennett insistiert Rancière trotzdem darauf, dass die Störeffekte einer Umgestaltung des Sinnlichen mit der Selbsterklärung der eigenen Position durch einen vernünftigen Diskurs einhergehen müssen. Wenn man jedoch eine logozentrische Denkweise aufgibt, kann man auch in der Wirkmächtigkeit von Nicht-Menschen eine Form des Aufbegehrens und des Antwortens erkennen. Dadurch können diejenigen, die kein Recht dazu hatten, als sprechende Akteure gezählt zu werden, ihre Position in die Gemeinschaft einschreiben. Politischer Dissens ist nicht auf die Ebene des *logos* beschränkt, gerade weil er nicht nur aus einer rational begründeten Verteidigung der eigenen Interessen besteht. Vielmehr manifestiert sich der Dissens auch auf der Ebene des Sinnlichen und des Fühlens, indem er Risse im sinnlichen Gewebe des Realen und in der Dynamik der Affekte erzeugt. Diese Risse eröffnen den Raum, um gesellschaftlich vermittelte Wahrnehmungsformen außer Kraft zu setzen und sich damit zu fragen: Wer oder was ist in der sinnlichen Erfahrung gegeben? Wie werden die Einzelnen im Gemeinsamen gesehen, gehört und gefühlt? Inwieweit hängt diese Aufteilung des Sinnlichen mit einer normativen Verteilung von Funktionen und Bewegungen zusammen, mit einer Trennung zwischen aktiven politischen Subjekten und passiven, stummen und unsichtbaren Körpern? Diese Fragen haben eine polemische Ansteckungskraft, weil sie die Selbstverständlichkeit des Gegebenen hinterfragen und nicht nur menschliche Subjekte betreffen, sondern auch ihre Verflechtungen mit Nicht-Menschen, welche die gemeinsame Welt ausmachen. Das ästhetische Potenzial von Politik liegt nach Rancière in der Offenbarung, dass die Weise, wie die Realität wahrgenommen und erklärt wird, nicht notwendig und von Natur aus gegeben ist, sondern aus historischen Herrschaftsverhältnissen resultiert und daher auch kontingent und damit veränderbar ist.

Gerade weil Rancière Politik als „Streit über die historisch apriorischen Möglichkeiten des Erscheinens von Etwas als etwas Wahrnehmbares" (Muhle 2011, 315) fasst, beinhaltet auch die Wirkmächtigkeit von Nicht-Menschen einen politisch dissensuellen Charakter. Kehren wir zum zentralen Beispiel von Rancières ästhetischer Politiktheorie in *Das Unvernehmen* zurück: Die Stimme von Frauen und Versklavten, die zunächst nur als *phoné* beurteilt wird, wird auch als *logos* anerkannt. Setzen wir Rancières Szene fort, dann könnte eine Neuaufteilung des Sinnlichen dazu führen, auch die nicht-menschliche *phoné* als eine Form des Antwortens und des Sich-in-Relation-Setzens zu perzipieren, ohne sie jedoch auf das Intelligibilitätsangebot des *logos* zurückzuführen. Auch die nicht-menschliche *phoné*, die sich weder in „Einklang" noch zum Schweigen bringen lässt, beansprucht für sich das Recht, als etwas Wahrnehmbares zu erscheinen und zu erklingen. Somit erweist sie sich als eine Intervention in das Sichtbare und das Sagbare, die zu einer Neuschreibung der soziohistorisch konstituierten Verfassung des öffentlichen Erfahrungsraums führt.

Anstatt sich um eine Übersetzung der nicht-menschlichen *phoné* in *logos* zu bemühen – wie es zum Beispiel bei Janicka der Fall ist –, plädiert Bennett (2010, 108) deshalb dafür, nach „regimes of perception that enable us to consult nonhumans more closely, or to listen and respond more carefully to their outbreaks, objections, testimonies, and propositions" zu suchen. Damit diese Suche keine Aneignung und Rückführung des Nicht-Menschlichen auf die Ausdrucks- und Deutungsmöglichkeiten des *logos* darstellt, bleibt der Begriff des Dissenses entscheidend. Er verhindert, sich den Illusionen einer „harmonisch gewebte[n] Gemeinschaft" (Rancière 2009, 54) oder – um die Metapher fortzusetzen und ein Bild Anna Tsings (2018, 41–44) aufzugreifen – einer wohlklingenden musikalischen Polyphonie von ineinander verwobenen menschlichen und nicht-menschlichen Gesangslinien hinzugeben. Das Bild der Polyphonie schlägt eine Neukonfiguration des Gemeinschaftslebens vor, die nicht-menschliche Stimmen,

Lebensrhythmen und Existenzweisen harmonisch integriert, aber damit riskiert, zu friedfertig und beschwichtigend zu wirken. Im Gegenteil vernachlässigt die Idee des Dissenses oder eben der Dissonanz den Sinn und das Sinnliche gleichermaßen zerrüttenden Charakter einer nicht-menschlichen *phóne* nicht.

Schließlich ist es wichtig zu betonen, dass Politik mit Rancière (2002, 85) gedacht eine „ästhetische Angelegenheit, [eine] Sache des Erscheinens" ist, und zwar nicht nur weil sie festgesetzte und scheinbar natürliche Relationen zwischen dem Sinnlichen und dem Sinn, zwischen einer wahrnehmbaren Welt und ihrer Interpretationsordnung, unterbricht, sondern auch weil sie dadurch eine andere mögliche Welt ans Licht bringt. Die Suspendierung eines etablierten Regimes des Wahrnehmbaren ermöglicht, „new ways of making sense of the sensible, new configurations between the visible and the invisible, and between the audible and the inaudible" (Rancière 2010, 139) zu erkunden. Neben einem destruktiven Charakter birgt ein solcher politischer Moment auch ein kreatives Potenzial, das sich nicht darin erschöpft, bestehende Staats- und Regierungspraktiken anders zu organisieren, sondern auf eine alternative Konfiguration des Sichtbaren, des Sagbaren und des Hörbaren abzielt. Daher entspricht eine ästhetische Politik nicht-menschlicher Entitäten nicht nur dem Anspruch, den Anliegen von Pflanzen, Tieren oder Dingen innerhalb einer bereits begrenzten sozialen und symbolischen Ordnung mehr Visibilität zu verleihen. Die Herausforderung besteht darin, über Rancière hinauszugehen, um die ästhetische Fähigkeit, alternative Aufteilungen des Sinnlichen und Szenen des Möglichen zu zeichnen, auch jenseits des Primats des menschlichen Subjekts zu denken.

Literatur

Alaimo, Stacy. 2014. „Oceanic Origins, Plastic Activism, and New Oceanic Origins, Plastic Activism, and New Materialism at Sea." In *Material Ecocriticism*, herausgegeben von Serenella Iovino und Serpil Oppermann, 186–204. Bloomington: Indiana University Press.

Armiero, Marco. 2021. *Wasteocene: Stories from the Global Dump*. Cambridge: Cambridge University Press.

Assmann, David-Christopher, Hrsg. 2020. *Narrative der Deponie*. Wiesbaden: Springer.

Barad, Karen. 2007. *Meeting the Universe Halfway: Quantum Physics and the Entanglement of Matter and Meaning*. Durham: Duke University Press.

Bauman, Zygmunt. 2005. *Verworfenes Leben: Die Ausgegrenzten der Moderne*. Hamburg: Hamburger Edition.

Bennett, Jane. 2016. *The Enchantment of Modern Life: Attachments, Crossings, and Ethics*. Princeton: Princeton University Press.

———. 2004. „The Force of Things: Steps toward an Ecology of Matter." *Political Theory* 32, Nr. 3: 347–372.

———. 2010. *Vibrant Matter: A Political Ecology of Things*. Durham: Duke University Press.

Clapp, Jennifer. 2010. *Toxic Exports: The Transfer of Hazardous Wastes and Technologies from Rich to Poor Countries*. Ithaca: Cornell University Press.

Demos, T. J. 2020. *Beyond the World's End: Arts of Living at the Crossing*. Durham: Duke University Press.

Faßler, Manfred. 1991. *Abfall, Moderne, Gegenwart: Beiträge zum evolutionären Eigenrecht der Gegenwart*. Gießen: Focus.

Foucault, Michel. 2005. „Omnes et singulatim: Zu einer Kritik der politischen Vernunft." In *Schriften in vier Bänden: Dits et Ecrits*. Bd. 4, 165–198. Frankfurt am Main: Suhrkamp.

———. 2020. *Die Ordnung der Dinge: Eine Archäologie der Humanwissenschaften*. Frankfurt am Main: Suhrkamp.

Hauser, Susanne. 2001. *Metamorphosen des Abfalls: Konzepte für alte Industrieareale*. Frankfurt am Main: Campus.

Hoppe, Katharina und Thomas Lemke. 2021. *Neue Materialismen zur Einführung*. Hamburg: Junius.

Iveson, Richard. 2014. *Zoogenesis: Thinking Encounter with Animals*. London: Pavement Books.

Janicka, Iwona. 2017. „Nichtmenschen und Politik: Was bedeutet das? Wie funktioniert es?" *fiph: Kulturökologie*, 21–26.

———. 2020. „Who Can Speak? Rancière, Latour and the Question of Articulation." *Humanities* 9, Nr. 4.

Latour, Bruno. 2001. *Das Parlament der Dinge: Naturpolitik*. Frankfurt am Main: Suhrkamp.

———. 2004. *Politics of Nature: How to Bring the Sciences into Democracy*. Cambridge, MA: Harvard University Press.

Lemke, Thomas. 2018. „An Alternative Model of Politics? Prospects and Problems of Jane Bennett's Vital Materialism." *Theory, Culture & Society* 35, Nr. 6: 31–54.

Lewe, Christiane, Tim Othold und Nicolas Oxen, Hrsg. 2016. *Müll: Interdisziplinare Perspektiven auf das Übrig-Gebliebene*. Bielefeld: transcript.

Liboiron, Max. 2016. „Redefining Pollution and Action: The Matter of Plastics." *Journal of Material Culture* 21, Nr. 1: 87–110.

Marchart, Oliver. 2016. *Die politische Differenz: Zum Denken des Politischen bei Nancy, Lefort, Badiou, Laclau und Agamben*. Berlin: Suhrkamp.

Moisi, Laura. 2016. „Scenes of Trash: Aesthetic Order and Political Effects of Garbage in the Home." *On_Culture: The Open Journal for the Study of Culture* 2.

———. 2020. *Die Politisierung des Abfalls: Ordinary Waste. A Cultural Theory of Trash in the Modern Home*. Berlin: De Gruyter.

Muhle, Maria. 2011. „Jacques Rancière: Für eine Politik des Erscheinens." In *Kultur: Theorien der Gegenwart*, herausgegeben von Stephan Moebius und Dirk Quadflieg, 311–320. Wiesbaden: SV.

Rancière, Jacques. 2006. *Die Aufteilung des Sinnlichen: Die Politik der Kunst und ihre Paradoxien*. Berlin: b-books.

———. 2012. „Biopolitik oder Politik? Interview mit Éric Alliez." In *Die Wörter des Dissenses: Interviews 2000–2002*, herausgegeben von Peter Engelmann, Jacques Rancière und Richard Steurer, 93–99. Wien: Passagen.

———. 2000a. „Dissenting Words: Interview with Davide Panagia." *Diacritics* 30, Nr. 2: 113–126.

———. 2009. *Der emanzipierte Zuschauer*. Wien: Passagen.

———. 2005. „From Politics to Aesthetics?" *Paragraph* 28, Nr. 1: 3–25.

———. 2000b. „Konsens, Dissens, Gewalt." In *Gewalt: Strukturen, Formen, Repräsentationen*, herausgegeben von Antje Kapusta, Mihran Dabag und Bernhard Waldenfels, 97–112. München: Fink.

———. 2016. *The Method of Equality: Interviews with Laurent Jeanpierre and Dork Zabunyan*. Cambridge: Polity.

――――. 2011. „The Thinking of Dissensus: Politics and Aesthetics." In *Reading Rancière*, herausgegeben von Paul Bowman und Richard Stamp, 1–18. London: Continuum.

――――. 2002. *Das Unvernehmen: Politik und Philosophie*. Frankfurt am Main: Suhrkamp.

――――. 2007. *Das Unbehagen in der Ästhetik*. Wien: Passagen.

――――. 2008. *Zehn Thesen zur Politik*. Berlin: Diaphanes.

Sandilands, Catriona. 2014. „Pro/Polis: Three Forays into the Political Lives of Bees." In *Material Ecocriticism*, herausgegeben von Serenella Iovino und Serpil Oppermann, 157–171. Bloomington: Indiana University Press.

Strasser, Susan. 2000. *Waste and Want: A Social History of Trash*. New York: Holt.

Tsing, Anna Lowenhaupt. 2018. *Der Pilz am Ende der Welt: Über das Leben in den Ruinen des Kapitalismus*. Berlin: Matthes & Seitz.

van Loon, Joost. 2002. *Risk and technological culture: Towards a Sociology of Virulence*. London: Routledge.

Vogt, Erik Michael. 2020. *Rancière und die Literatur*. Wien: Turia + Kant.

Windmüller, Sonja. 2002. *Die Kehrseite der Dinge: Müll, Abfall, Wegwerfen als kulturwissenschaftliches Problem*. Marburg: LIT.

Vom Winde verweht

Gereon Rahnfeld

In meiner Respondenz zu Lorenzo Gineprinis Beitrag widme ich mich dem von ihm eingeführten Beispiel des vom Wind verwehten Mülls. Anschließend an dieses Beispiel führe ich drei Beobachtungen ein, mit deren Hilfe ich die Frage der Situierung bzw. die der Figuration in Bezug auf das politische Potenzial nicht-menschlicher Entitäten problematisieren möchte.

Gineprini geht in seinem Beitrag der Frage nach, ob auch nicht-menschliche Entitäten so etwas wie politische Kritik praktizieren können. Um diese Frage zu beantworten, bezieht er sich auf Jacques Rancières politische Philosophie und besonders auf dessen Überlegungen zum ästhetischen Apriori des Politischen. Da Rancière selbst das politische Potenzial von nicht-menschlichen Entitäten ausschließt, ist es Gineprinis (2024, 126) Anliegen „über Rancière hinauszugehen, um die ästhetische Fähigkeit, alternative Aufteilungen des Sinnlichen und Szenen des Möglichen zu zeichnen, auch jenseits des Primats des menschlichen Subjekts zu denken." Er tut dies, indem er zwei Positionen einführt, die Rancières Exklusion nicht-menschlicher Entitäten aus dem Politischen kritisch gegenüberstehen. Zum einen ist dies Iwona Janicka, die mit Verweis auf Bruno Latours Symmetrisierung des Handlungsmodells auch nicht-menschlichen Entitäten einen Akteurstatus zuschreibt. Zum anderen bezieht sich Gineprini auf Jane Bennett, die auf Basis des Konzeptes der *thing power* von einer Eigenmacht der Dinge ausgeht und damit Rancières anthropozentrische Haltung zu überwinden versucht.

Von Letzterer übernimmt Gineprini auch an zentraler Stelle das Beispiel des Mülls, welches Bennett dazu benutzt, um ihr Konzept der *thing power* zu veranschaulichen. Laut Gineprini erzählt sie in ihrem Buch *Vibrant Matter* von einer unerwarteten Begegnung mit Müll, der vom Wind verweht ist und sich so nicht mehr an dem ihm zugewiesenen Platz der gesellschaftlichen Ordnung befindet. Der Müll zieht damit die Aufmerksamkeit von Bennett auf sich, was dazu führt, dass sie ihre eigene Relationiertheit mit dem Abfall hinterfragt. Vor diesem Hintergrund stellt Gineprini (2024, 118) (wohl mit Bezug auf Bennett) fest, dass „diese Momente ... daher ästhetisch und demnach auch politisch dissensuell wirken [können], weil sie eine Abweichung von der Ordnung des Alltags zulassen und geläufige Wahrnehmungs- und Deutungsstrukturen herausfordern." Der Effekt auf die ästhetisch-politische Ordnung der Realität, der hier als vom Müll ausgehend beschrieben wird, wird von Gineprini als Indiz dafür gewertet, dass dem Müll ein politisches Potenzial zukommen kann.[1]

Hieran anschließend ist meine erste Beobachtung, dass mich das Beispiel des vom Wind verwehten Mülls zu dem Versuch provoziert hat, Gineprinis These in meinem Alltag nachzuvollziehen. Fühle ich mich bei einem Berliner Parkspaziergang ähnlich wie Bennett dazu veranlasst, über meine Relationiertheit mit dem Müll nachzudenken, wenn ich ein paar herumliegenden Stücken begegne? Nein. Warum also Bennett? Vielleicht liegt in den Parks, in denen ich mich bewege, mehr Müll auf den Wegen, sodass er bereits zur sinnlichen Ordnung gehört? Vielleicht besitzt Bennett (2010, 108) aber auch bereits jene „regimes of perception that enable us to consult nonhumans more closely"?

Diese Fragen haben mich zu einer zweiten Beobachtung geführt. Der Unterschied zwischen Bennett und meinem Fall in Bezug auf die durch den Müll veranlasste Herausforderung der Wahrnehmungsstrukturen basiert auf dem Vorliegen unterschiedlicher Situationen, die zumindest durch unterschiedliche Personen (Bennett und ich), Orte (London und Berlin) und Kontexte (Parkerhaltungsnormen) charakterisiert sind. Die Situiertheit spielt somit eine wesentliche Rolle für das politische Potenzial des Mülls. Zwar erwähnt Gineprini in Bezug auf Bennetts Beispiel, dass die Wirkmächtigkeit von Abfall aus einem Feld von materiellen Verschränkungen und diskursiven Gefügen entsteht. Allerdings scheint der Schwerpunkt bei Gineprinis Rezeption von Bennett auf der *thing power*[2] anstatt auf einer Situierung zu liegen. Auf das Problem der Situierung zu fokussieren würde demgegenüber implizieren, dass die Relationierung des Mülls und nicht dessen abstrakte *thing power* ins Zentrum rückt.

Dies leitet über zu einer dritten Beobachtung. Während sich Gineprini ursprünglich auf die unterschiedlichen Autor:innen gleichermaßen bezieht, räumt er Bennett in seinem abschließenden Kapitel einen höheren Stellenwert ein. Es ist mit Verweis auf ihre Thesen, dass er seine zwei abschließenden Argumente aufführt, die die Anwendung von Rancières Ansatz auch auf nicht-menschliche Entitäten plausibilisieren sollen. Im Zuge dessen macht Gineprini auch deutlich, dass Janicka und Latour nicht weit genug gehen, wenn sie an der Notwendigkeit der Übersetzung einer nicht-menschlichen *phoné* in einen menschlichen *logos* festhalten. Vor

---

1 Wie Gineprini an anderer Stelle und mit Bezug auf Bennetts Lesart von Rancière beschreibt, ist das Ausüben eines bestimmten Effekts hinreichend für letzteren, um etwas als einen politischen Akt zu verstehen.

2 Diese wird in Gineprinis Text als eigene Neigung des Dings beschrieben, an der Rekonfiguration des Feldes aktiv mitzuwirken.

dem Hintergrund der oben angesprochenen Bedeutung der Situiertheit des Mülls scheint mir diese Schwerpunktsetzung allerdings fraglich. Ähnlich zu Bennett gehen auch Janicka und Latour (2007, 123) durch die Überführung eines intentionalen in ein konsequenzialistisches Handlungsmodell von der Hinlänglichkeit von Effekten für die Feststellung der Aktivität von Dingen aus. Wie Gertenbach und Laux beschreiben, ist es für Latour darüber hinaus aber auch wichtig, eine Unterscheidung zwischen Aktanten und Akteuren einzuführen. Während Aktanten lediglich in Bezug auf diffuse Kraftübertragungen beschrieben werden und damit noch recht amorph bleiben, werden aus ihnen erst Akteure (Entitäten mit Gestalt und Identität, denen Verantwortlichkeit zugeschrieben werden kann) durch einen Figurations- bzw. Attributionsprozess (Gertenbach und Laux 2019, 128). Dieser passiert nach Latour wiederum durch Beteiligte und Beobachter:innen. Aus meiner Perspektive kann es erst dieser Prozess sein, der das Praktizieren einer politischen Kritik durch den Müll plausibilisieren könnte. Ähnlich der Situierung bedarf es der Figuration in einem Netzwerk (neben dem Müll außerdem Bennett, Park, wehender Wind etc.), um zu erklären, warum der Müll in Bennets Fall einen anderen Effekt ausübt als in meinem. Hieran anschließend bliebe dann nur die Frage, welche Entität die Figuration auf welche Weise vornimmt und was dies für die potenzielle Inklusion des Mülls in das Politische bedeutet?[3]

Literatur

Bennett, Jane. 2010. *Vibrant Matter: A Political Ecology of Things.* Durham: Duke University Press.

Gertenbach, Lars und Henning Laux. 2019. *Zur Aktualität von Bruno Latour: Einführung in sein Werk.* Wiesbaden: Springer VS.

Gineprini, Lorenzo. 2024. „Eine ästhetische Politik nicht-menschlicher Entitäten: Mit Jacques Rancière und über ihn hinaus." In *Szenen kritischer Relation*, herausgegeben von Charlotte Bolwin, Jasmin Degeling, Gabriel Geffert, Martin Kallmeyer, Gereon Rahnfeld, Nathalie Schäfer und Katia Schwerzmann, 109–128. Lüneburg: meson press.

Latour, Bruno. 2007. *Eine neue Soziologie für eine neue Gesellschaft: Einführung in die Akteur-Netzwerk-Theorie.* Frankfurt am Main: Suhrkamp.

Lindemann, Gesa. 2011. „On Latour's Social Theory and Theory of Society, and His Contribution to Saving the World." *Human Studies* 34, Nr. 1: 93–110.

---

3   Die Frage, wie Kollektive bei Latour gebildet werden, wird beispielsweise von Lindemann (2011) problematisiert.

PLASTISPHÄRE

RELATIONALITÄT

KÜNSTLERISCHE FORSCHUNG

KÜNSTLICHE INTELLIGENZ

Welten der Plastisphäre: Fabulieren, Kompostieren, Komputieren

Martin Kallmeyer

Der Beitrag analysiert drei Phänomene im Kontext planetarer Plastikverschmutzung: die Ausstellung *An Ecosystem of Excess* der Künstlerin Pınar Yoldaş, die Entdeckung des „plastikfressenden" Bakteriums Ideonella sakaiensis und die digitale Optimierung des plastikzersetzenden Enzyms PETase durch ein neuronales Netzwerk. Der Fokus liegt auf verschiedenen Aspekten des *waste-world-making* dieser Szenen, wobei Plastikabfall als Initiator und Mediator relationaler Phänomene betrachtet wird, der je unterschiedliche Weltentwürfe in der künstlerischen Forschung, der Mikrobenwelt und der KI-gestützten Biotechnologie hervorbringt. Abschließend werden Potenziale zur Entwicklung kritischer Relationierungspraktiken skizziert, welche an die Operationen relationaler Weltgestaltung anknüpfen.

In diesem Artikel werde ich drei Szenen kritischer Relationalität im Kontext des Phänomenbereichs der „Plastisphäre"[1] untersuchen. Der Begriff stammt aus der Meeresmikrobiologie und wurde dort geprägt, um Ökosysteme zu beschreiben, die sich auf dem ozeanischen Mikroplastik des „Great Pacific garbage patch" zu bilden begannen (Amaral-Zettler, Zettler und Mincer 2020). Das Plastisphären-Konzept wird in den Wissenschaften seitdem zunehmend verallgemeinert, um im Entstehen begriffene Ökosysteme zu beschreiben, die mit anthropogenen Plastikabfällen zusammenhängen (Behera und Das 2023). Es reiht sich in weitere Sphärenbegriffe aus den Geowissenschaften ein, die den Planeten in verschiedene interagierende Schichten aufteilen. Dazu gehören Litho-, Atmo-, Bio- und in jüngster Zeit auch die Technosphäre, die die Bereiche von Gestein, Gasen, Leben und menschlicher Aktivität umfassen.[2] Diese Konzeption impliziert damit auch eine bestimmte Onto-Epistemologie. Sie ist Teil eines größeren wissenschaftlichen Komplexes, der die Welt einerseits in bestimmte Bereiche unterscheidet und gleichzeitig die materiellen und diskursiven Phänomene kartiert, die an deren Schnittflächen entstehen, wie eben die Körper und Ökologien anthropogener Plastikwelten.

Als analytischer Zugang zu diesem Komplex dient mir in diesem Artikel der Begriff des *waste-world-making* der kanadischen Soziologin Myra Hird. Hird (2016) versteht Müll als ein Phänomen relationalen (Um-)Weltens, welches die Verhältnisse von Geosphäre, Biosphäre und Technosphäre rekonfiguriert, indem eine Reihe organischer und anorganischer Stoffe durch

---

1   Das Konzept der Plastisphäre kann auch als ein Schauplatz des Anthropozäns begriffen werden, ebenjenem vorgeschlagenen geologischen Erdzeitalter, in dem menschliche Technologie zu einem geologischen Faktor geworden ist. Plastikablagerungen waren lange als bestimmender empirischer Marker des vorgeschlagenen Epochenbruchs vom Holozän zum Anthropozän im Gespräch. Dabei summiert der Begriff Anthropozän alle Bereiche menschlichen Handelns, menschlicher Geschichte und Kultur sowie globale und gesellschaftliche Ungleichheitsverhältnisse unter der Vorsilbe des Anthropo- und intensiviert damit die eigentlich zu problematisierende Kategorie „Mensch". Aus Platzgründen wird diese Debatte in diesem Artikel jedoch nicht weiterverfolgt. Für eine kritisch-relationale Perspektivierung des Anthropozänbegriffs siehe Julia Schades Beitrag in diesem Band.

2   Die Plastisphäre wäre demnach Teil der Technosphäre. Neben dem Anthropozän ist auch dieses Konzept hochgradig diskussionswürdig. Das Konzept meint „eine Welt technischer und damit auch menschlicher Einflussnahme" und wird ebenso wie der Anthropozänbegriff zur „Instanz der Differenzauflösung und Übermacht, weil es nicht mehr erlaubt zu fragen, wie sich Technikkonzepte zu denen von Kultur, Natur und vor allem Ökonomie und Gesellschaft verhalten" (Karafyllis 2019, 106). In diesem Artikel versuche ich, dem entgegenzuwirken, indem ich spezifische situierte Phänomene der Plastisphäre untersuche und ein undifferenziertes „Techno-" nicht als übergeordnetes historisches Agens gelten lasse.

menschliche Aktivität zunächst abgebaut und schließlich in anderer Form wieder in das System eingespeist wird. Müll ist demnach kein Passivum, keine Masse, die von Menschen lediglich hin und her geschoben wird, sondern eine Art Relationierungsaktivator: „[W]aste flows and mobilizes relations" (Hird 2016, §2). Müll setzt demnach Verhältnisse in Bewegung, birgt eigenartige Potenziale und führt zu unerwarteten Ereignissen. Eine Perspektivierung des *waste-world-making* untersucht folglich die unterschiedlichen Relationierungsweisen und damit zusammenhängenden Weltentwürfe, die durch anthropogenen Abfall in Bewegung gesetzt werden.

In diesem Aufsatz möchte ich mich mit verschiedenen Relationsmodi auseinandersetzen, die durch unterschiedliche Müll-Phänomene initiiert werden. Hierzu werde ich drei Szenen des plastisphärischen *waste-world-making* untersuchen. Zunächst wird eine künstlerisch-forschende Zugangsweise betrachtet. In Pınar Yoldaş' Ausstellung *An Ecosystem of Excess* entwirft diese die Fabulation einer Welt, in der der Mensch ausgestorben ist und eine Art totale Plastisphäre ganz eigene Lebensformen hervorgebracht hat. Im zweiten Abschnitt wird eine Inkarnation der gegenwärtigen Plastisphäre vorgestellt. Das Bakterium Ideonella sakaiensis hat mit seiner Enzymschere PETase gelernt, PET zu zersetzen und es so zu „kompostieren". In der dritten Szene wird schließlich eine technowissenschaftliche Relationierungsweise nachgezeichnet. In einem Labor zum *protein engineering* wird das PETase-Enzym durch ein neuronales Netzwerk komputational analysiert, optimiert und schließlich eine Verbesserung entwickelt und synthetisiert. Abschließend werde ich aufzeigen, dass eine Perspektivierung relationaler Phänomene unerlässlich für eine kritische Auseinandersetzung mit der technologischen Gegenwart ist, da diese dabei helfen kann, Ansatzpunkte politischer *agency* in diesen weltmachenden Relationsgeflechten zu bestimmen.

I. Fabulieren: *An Ecosystem of Excess*

Der Ausgangspunkt von Pınar Yoldaş' Ausstellung *An Ecosystem of Excess* – der ersten Szene des *waste-world-making* – ist eine nicht weiter bestimmte Zukunft. Die Menschheit ist ausgestorben. Was von ihr bleibt, sind Ozeane voller Plastik. Yoldaş ist eine international tätige Künstlerin mit einem Hintergrund in den Natur- und Kulturwissenschaften. Ihre Ausstellung, die 2014 im Projektraum der Schering Stiftung in Berlin gezeigt wurde, ist von der Entdeckung des Great Pacific Garbage Patch inspiriert. Der riesige Wirbel aus zerfallendem Plastikmüll in der Mitte des Pazifiks bildet, so

Yoldaş, „a horrifyingly sublime kinetic sculpture built by the nations that surround the Pacific Ocean" (Yoldas 2015, 359). Diese riesige, bewegliche Skulptur aus Plastikabfall bleibt für das bloße menschliche Auge verborgen und ist nur durch wissenschaftliche Sensorik erfassbar (Gabrys 2016, 137). Sie hat aber weitreichende Auswirkungen auf die Meeresökologie. Die Meeresmikrobiolog:innen Amaral-Zettler, Zettler und Mincer (2020, 4) haben bei der Untersuchung des *patches* entdeckt, dass durch die Plastikpartikel neue Oberflächen im Ozean entstehen, die es vorher so nicht gab. Auf diesen Partikeln siedeln sich mikrobielle Gemeinschaften an, die an das Leben auf den winzigen Plastikschollen angepasst sind. Diese Mikroben sind genuine Bewohnerinnen der Plastisphäre. Die kinetische Plastikskulptur, die aus dem Müll der Pazifik-Anrainerstaaten besteht, verschmutzt zwar einerseits bestehende Ökosysteme, lässt auf mikrobieller Ebene aber auch neue Nischen entstehen.[3]

Im Anschluss an diese Entdeckung fragt Yoldaş (2015, 359) in ihrer künstlerischen Forschung, wie eine Biologie aussehen könnte, in der Plastik zum entscheidenden ökologischen wie evolutionären Faktor geworden ist. Die Künstlerin erklärt das plastikverschmutzte Meer kurzerhand zur Ursuppe einer Art post-anthropozänen Phase der Evolution, die nach dem Aussterben des Menschen und dem von ihm verursachten Massenaussterben ansetzt. In *An Ecosystem of Excess* entwickelt die Künstlerin hiervon ausgehend eine „spekulative Biologie", die die mikrobiologische Anpassung im Makrokosmos weiterspinnt und eine entsprechende Zoologie skizziert. Diese wird in einer Art „Naturgeschichtemuseum der Zukunft" (Pangburn 2014) ausgestellt, das von gegenwärtigen Menschen besucht werden kann. In diesem Abschnitt werde ich Yoldaş' Arbeit ausschnittartig vorstellen, ihre Methodik skizzieren und mit Überlegungen zu ihrem *waste-world-making* enden.

Naturkunde der Zukunft

Yoldaş fasst das Programm ihrer Ausstellung selbst wie folgt zusammen:

> *An Ecosystem of Excess* envisions life forms of greater complexity, life forms that can thrive in extreme, man-made environments, life forms that can turn the toxic surplus of our capitalistic desire into eggs, vibrations, and joy. Starting from excessive anthropocentrism, *An*

---

3   Dabei bestehen große Unterschiede in der politischen Ökonomie des Mülls, bei die die Länder des globalen Nordens, in diesem Falle u.a. Kanada, die USA, Japan und Australien, ihren Müll auch in ärmere Länder exportieren.

Ecosystem of Excess reaches anthropo-de-centrism by offering life without humankind. (Yoldas 2015, 359)

Ein exzessiver Anthropozentrismus hat die Meere durch die Maßlosigkeit kapitalistischen Plastikkonsums in toxische Suppen verwandelt.
Das irdische Ökosystem wurde dadurch grundlegend transformiert und
die Spezies Mensch ist in der Folge ausgestorben. Yoldaş' Intervention
des „anthropo-de-centrism" präsentiert eine Zukunft, die das Ende
des Menschen nicht mit dem Ende der Welt gleichsetzt (vgl. Weinstein
und Colebrook 2017). Vielmehr sind sein Erbe, die toxischen *man-made-
environments,* Ausgangspunkt einer überaus belebten Welt, die auf
materiellen Spuren kapitalistischen Überschusses entsteht, und Ort, an
dem ein neuartiges Leben zu gedeihen scheint.

Die Ausstellung ist wie ein gegenwärtiges Naturkundemuseum aufgebaut,
das die Formen des Lebens ausstellt, die sich nach „uns" in unseren Über-
resten entwickelt haben. Yoldaş entwirft hierzu eine Art Bestiarium plastisphärischen Lebens wie auch eine Organologie der Plastivoren, ebenjener
Organismen, die gelernt haben, in und von Plastik zu leben. Diese haben
bestimmte Sinne und Organe entwickelt, um Plastik in der Umwelt wahrzunehmen und dieses zu verdauen. Teilweise werden Kunststoffe, in dieser
Welt im Übermaß vorhanden, direkt in die Körper mancher Lebewesen
integriert.

Die Zoologie, die Yoldaş in ihrer Arbeit entwirft, ist breit gefächert. Sie
imaginiert Fische, Reptilien, Insekten und Vögel, die sich in einem von
Plastikabfällen gesättigten Ozean und seiner Umgebung entwickelt
haben. Die pazifische Ballonschildkröte Chelonia Globus Aerostaticus
ernährt sich beispielsweise von Ballons, die „einst als Ausdruck unserer
Hoffnungen, Träume und Ambitionen in die Lüfte stiegen". Das Tier hat
es in einer „Lamarck'schen Wendung" geschafft, synthetischen Gummi
und pneumatische Fähigkeiten in eine Art Ballonpanzer zu integrieren.
Dieser erlaubt es erschöpften Exemplaren, sich im Meer treiben zu lassen,
und bringt auch, wie es in Yoldaş' fiktivem Ausstellungstext weiter heißt,
Vorteile bei der sexuellen Selektion (Yoldas und Mertens 2014, 93). Auch
andere synthetische Stoffe werden evolutionär integriert. Bei vielen Tier-
arten gibt es eine Korrelation zwischen ihrer Pigmentierung und der Farbe
der aufgenommenen Nahrung. In Yoldaş' zukünftiger Biologie spielt das
kommerzielle Pantone-Farbsystem aufgrund seiner Ubiquität bei der
Färbung von Plastikstoffen eine wichtige Rolle. Die Künstlerin zeigt dies
anhand der Färbung von Federn verschiedener spekulativer Meeresvögel,

die in Coca-Cola-Rot oder Evian-Pink erstrahlen (Yoldas und Mertens 2014, 82 ff.).

In der Form einer Nasssammlung präsentiert Yoldaş eine Reihe von Organen plastikfressender Tiere. Diese werden als Präparate in durchsichtigen Gefäßen präsentiert. So zeigt sie beispielsweise den Stomaximus, den vergrößerten Magen eines Plastivoren, der die Verdauung von Plastikstoffen ermöglicht. Das längliche, eher darmförmige Organ verfügt über viele kleine Hohlräume, die von Bakterienarten bewohnt werden, die auf die Zersetzung bestimmter Kunststoffe wie Polyethylen, Nylon oder PVC spezialisiert sind. Weitere Präparate der Nasssammlung sind Plastozeptoren. „Plastozeption ist [nach Yoldaş] die Sinnesfunktion, die es einem Organismus ermöglicht, Plastik in der Umgebung wahrzunehmen" (Yoldas und Mertens 2014, 36 f.). Auch diese Sinnesorgane sind an bestimmte Kunststoffe angepasst. E-Plastozeptoren nehmen umweltliches Polyethlylen wahr, während P-Plastozeptoren eine Art spektrografische Wahrnehmung von Polypropylenen ermöglichen und, so Yoldaş, „ein hervorragendes Beispiel für praktische Quantenbiologie" (Yoldas und Mertens 2014, 26 f.) darstellen.

Spekulative Biologie

Yoldaş' Arbeit setzt sich mit der plastisphärischen Situation auseinander, indem sie diese auf die Spitze treibt. Die Welt ist nicht untergegangen, die Menschheit aber schon. In ihrem *waste-world-making* taucht der Mensch nur noch als Spur seines eigenen Niedergangs auf. Und statt auf den Menschen konzentriert sie sich auf die nicht-menschliche Biologie. Die Künstlerin situiert ihre Methodik im Kontext einer „spekulativen Biologie" (SB), einer Form künstlerischer Forschung, die, wie Yoldaş in ihrer Dissertation feststellt, ihre Praktiken an der experimentellen Architektur der zweiten Hälfte des 20. Jahrhunderts anlehnt (Yoldas 2016, 10–20). In dieser Bewegung wurden traditionelle Architekturkonzepte, Formen sowie Materialauswahl hinterfragt und spekulative Gebäudetypen und neuartige Strukturen in großem Detailreichtum entworfen. Ganz so, als sollten diese tatsächlich errichtet werden. Dieses Vorgehen schlug sich, so Yoldaş weiter, besonders im Stil des architektonischen Dekonstruktivismus seit den 1980er Jahren nieder:

> Where deconstructivism rips apart facades, walls and windows to deconstruct the semiotic elements of the built environment, SB dissects faces, genitals and digestive systems to reconfigure biological elements of cultural meaning making. (Yoldas 2016, 10)

Entwurfs- und Arbeitsweisen, die in experimentellen Kunst- und Gestaltungsdisziplinen entwickelt wurden, werden von der SB nun auf das Feld der Lebenswissenschaften übertragen. Durch dekonstruktivistische Praktiken werden biologische Körper gleichzeitig auseinandergenommen und neuartige Formen von Körperlichkeit entwickelt. Diese Methodik folgt dabei einem Fingerzeig Donna Haraways (1995, 96), wonach „Körper als Wissensobjekte materiell-semiotische Erzeugungsknoten" sind. Genau diese onto-epistemologische Knotenhaftigkeit ist Ansatzpunkt der spekulativen Biologie. Die objektivierenden Verflechtungen werden ein Stück weit gelöst und in ein künstlerisches Spiel mit den dadurch zutage tretenden Fäden überführt, um andere Formen biologischer Objektivierung auszuloten. Die SB bleibt dabei im Gravitationsfeld biologischer Forschung. Sie begegnet ihren Objekten mit den gleichen Methoden wie die Lebenswissenschaften, invertiert jedoch die Referenzketten, sodass sie sich von der Repräsentation ausgehend darstellen. Statt Lebewesen, Organe oder Zellen über verschiedene Darstellungsweisen zu wissenschaftlichen Objekten zu machen, soll über das Experimentieren mit Darstellungsformen zu neuartigen, spekulativen Organen oder Lebensformen gelangt werden.

Donna Haraway nennt das Spiel mit Relationierungen – mit *relatings* – „speculative fabulation". Für sie ist dieses Fabulieren Teil eines Praxisbündels, das sie mit dem Kürzel „SF" überschreibt. Es umfasst Science-Fiction, Science-Fact, String-Figuren *(string figures*[4]*)* und einen spekulativen Feminismus (2016, 2). Haraway entwirft ein relationales Denken, das gleichermaßen Welterschließung sowie Welterschaffung umfasst und Wissenschaft, Fiktion und Utopismus verweben soll. Künstlerische Formen spekulativer Biologie, wie die Yoldaş'sche, können als eine Art angewandte SF, als fabulatorische Praxis oder ein rekombinatorisches Fadenspiel, verstanden werden. Fabulieren erschöpft sich nicht im Geschichtenerzählen. Es ist ein Spiel mit kritischen Relationen, das ganz genau weiß, dass die Art und Weise, wie bestimmte Dinge miteinander verbunden oder verknotet sind, zu bestimmten Objekten oder Materialisierungen führt und dass sich diese Nodi immer auch anders verwickeln lassen und dieses Spiel daher Ansatzpunkte für Interventionen liefern kann.

---

4   Haraway meint hiermit Fadenspiele, die mit den Fingern gespielt werden. Hierbei geht es um Geschick, aber auch darum immer neue Muster, immer neue Verbindungen entstehen zu lassen. Bei Haraway (2016, 10) sind diese *string figures* Leitbild für relationales Denken und die Praxis der Fabulation.

Yoldaş' künstlerisches *waste-world-making*

An Ecosystem of Excess präsentiert eine fabulatorische Plastikbiologie
in einer quasi-wissenschaftlichen Objektwelt. Der Ausgangspunkt von
Yoldaş' experimentell-künstlerischer Anordnung sind die mikrobiellen
Gemeinschaften, die auf Mikroplastikschollen im Pazifik treiben, und die
Beobachtung, dass sich trotz der umfassenden petrokapitalistischen
Verschmutzung der Ozeane neuartige Ökologien und Lebensformen
der Plastisphäre herausbilden (Amaral-Zettler, Zettler und Mincer 2020).
Yoldaş nimmt diese Fäden auf, spinnt sie im Makrokosmos fort und verdichtet sie in ihrer Ausstellung. Das Spiel mit Relationierungen einer
bereits erforschten und historisierten Zukunft schlägt sich in biologischen
Wissensobjekten nieder, die als Exponate eines fiktiven Naturkunde-
museums inszeniert werden. Kernpunkte von Yoldaş' *waste-world-making*
sind einerseits ihr, wie sie es nennt, radikaler *de-anthropo-centrism*
und andererseits dessen Darstellungsweise. Dies lässt sich von der
präsentierten spekulativen Biologie, aber auch von dessen paradoxer
Inszenierungsweise her deuten.

Der Mensch wird in *An Ecosystems of Excess* vordergründig aus dem Mittelpunkt herausgerückt. Yoldaş zeigt damit, dass die ökologischen Krisen der
Gegenwart nicht das Ende der Welt oder das Ende des Lebens andeuten,
sondern lediglich das Ende der Menschheit. Klimawandel, das Vergiften der
Ozeane und das Aussterben vieler Arten fallen letztlich auf diesen – also
auf „uns" – zurück. Der Mensch wird aussterben und einen großen Teil
der Biodiversität des Planeten mit sich nehmen. In den (Plastik-)Resten
seines Niedergangs, ebenjenen geologischen Markern und geochemischen
Signaturen des Anthropozäns, entsteht ein an die totalisierte Plastisphäre
angepasstes Leben. Der Mensch kommt in Yoldaş' Biologie folglich in einer
Art anwesender Abwesenheit vor, in seinen Spuren, seinen Ruinen. Er hat
keinen Auftritt auf der Hauptbühne der Inszenierung, jedoch hat er das
Bühnenbild gestaltet. Yoldaş imaginiert eine Welt, in der Chemie- und
Technikprodukte zum grundlegenden evolutionären Faktor geworden sind.
Das Setting Yoldaş' spekulativer Biologie ist also ein totales Anthrom, ein
anthropogenes Biom auf Plastikbasis, das sich über den ganzen Planeten
ausgedehnt und dabei seinen Verursacher, die Spezies Mensch, kassiert
hat. Die vom Menschen auf diese Weise kreierte (Um-)Welt braucht ihn
nicht. Eine Art letzte Kränkung der Menschheit.[5]

5   Yoldaş' „Deanthropozentrismus" lässt sich auch als eine Art kapitalistischer
     Hyperanthropozentrismus interpretieren, in dem die kapitalistische (Plastik-)
     Produktionsweise den Prozess der Evolution selbst geschluckt und den Menschen als

Yoldaş' paradoxe Ausstellung lässt sich auch als eine hauntologische Szene deuten. Derrida (1996, 27) definiert Hauntologie als eine „Inszenierung für ein Ende der Geschichte", in der Versatzstücke des Vergangenen und (Noch-)Nichtgewesenen die Gegenwart heimsuchen. Die Künstlerin arrangiert eine museale Situation, in der Menschen eine plastisphärische Welt begehen können, die auf den Resten ihrer petrochemischen Ausschweifungen entstanden ist. Es sind nun die Besucher:innen selber, die als Gespenster durch die Ausstellung spuken. Was sie zu sehen bekommen, ist eine Biologie, die es ohne den Menschen niemals gegeben hätte, diesen aber auch nicht mehr braucht. Yoldaş entwirft also eine Art deanthropozentrische Hauntologie, in der die Menschen sich mit ihrem eigenen (möglichen) Gespenstwerden auseinandersetzen müssen und ebendem Erbe, das sie in die Geschichte des planetaren Lebens einbringen. In Yoldaş' kritischem Relationismus, ihrer SF, ist auf diese Weise das ethische Anliegen eingetragen, sich mit den Verschränkungen von Petrokapitalismus, Plastisphäre, Artensterben sowie der Möglichkeit des menschlichen Aussterbens und dem Erbe der Kollektivmenschheit selbst auseinanderzusetzen, indem eine mögliche Zukunft als kritisch-relationale Szene dargestellt wird.

II. Kompostieren: *Ideonella sakaiensis*

Szenenwechsel: Ein Team aus Forscher:innen der Universitäten Tokio und Keio sammelt Erdproben nahe einer Recyclinganlage außerhalb der japanischen Hafenstadt Sakai. Sie suchen nach Kleinstlebewesen, die Polyethylenterephthalat (PET) zersetzen können. Die Forscher:innen nehmen hierzu Proben aus den oberen Erdschichten sowie aus Oberflächen- und Sickerwasser. In einer der Proben finden sie eine symbiotische Gemeinschaft, die das PET zu zersetzen scheint. Ein bisher unbekannter bakterieller Mitbewohner dieses mikrobiellen Konsortiums, Ideonella sakaiensis getauft, scheint hierzu spezielle Enzyme entwickelt zu haben (Yoshida et al. 2016). Ideonella sakaiensis und seine Konsortien sind damit die ersten bekannten Kinder der Plastisphäre zu Land: Organismen, die sich von Plastik ernähren.

In diesem Abschnitt werde ich in einem ersten Schritt die Entdeckung von Ideonella sakaiensis im Kontext einer PET-Welt beschreiben. Das Bakterium wurde in einer Experimentalanordnung zum Objekt wissenschaftlicher Forschung, verschwand als Forschungsgegenstand sogleich wieder, da sich

Widerspruchsproduzenten schließlich ausgespien hat. Danke an Katia Schwerzmann für den Hinweis.

die Forscher:innen für seine Enzyme, seine molekularen Plastikscheren, zu interessieren begannen. In einem zweiten Schritt werde ich das bakterielle *waste-world-making*, nämlich PET zu zersetzen, es gar zu kompostieren, aus einer post-anthropozentrischen Perspektive betrachten. Dabei geht es weniger um die wissenschaftliche Objektivierung, sondern um die *agency* des Bakteriums selbst.

PET

PET ist die am weitesten verbreitete Art von Plastik. Es wird wie andere Polyester aus Erdöl hergestellt und hauptsächlich bei der Produktion von Plastikflaschen, Nahrungsmittelverpackungen, Kleidung und anderen Alltagsgegenständen verwendet. PET wurde während des Zweiten Weltkriegs von dem Amerikaner John Rex Whinfield und dem Engländer J. T. Dickson für die Firma Calico Printers in Manchester entwickelt. Da es als kriegswichtiges Material eingestuft wurde, wurde die Erfindung zunächst geheim gehalten (Norton 2021, 148). Nach dem Krieg breitete sich die PET-Produktion rasant über den Globus aus. 1973 wurde die PET-Flasche erfunden. Für 2021 hatte man im Jahr 2017 hochgerechnet, dass bis dahin bereits 583 Milliarden PET-Flaschen produziert worden sein müssten. Hinzu kommen unzählige Tonnen weitere Produkte wie Verpackungen und Kleidung (Statista 2017).

Wie andere Plastikarten hat auch PET große ökologische Auswirkungen. Es landet unweigerlich in der Nahrungskette und wird mittlerweile auch in menschlichen Blutströmen nachgewiesen (Leslie et al. 2022). PET braucht mitunter Jahrhunderte, um sich zu zersetzen. Bei diesen Prozessen können weitere schädliche Chemikalien in Böden und Gewässer eingebracht werden, mit möglichen negativen Konsequenzen für Mikroben, Tiere und Pflanzen. PET ist Hauptbestandteil der Müllwirbel in den Weltmeeren, wo es langsam zu Mikroplastik zerfällt und mit der Zeit auf den Ozeanboden absinkt. Aber auch in terrestrischen Bodenproben findet sich immer mehr PET, so dass auch in der Bodenkunde zunehmend von der Plastisphäre gesprochen wird (Wang et al. 2022).

Da PET sich sehr lange in Ökosystemen hält, gilt Recycling als wichtigste Strategie, um mit PET umzugehen. Jedoch wird im weltweiten Maßstab nur ein geringer Teil wiederverwertet. Herkömmliches PET-Recycling erfordert energieaufwändige Verfahren. Abhilfe dabei könnten biologische Prozesse schaffen. PET galt wegen seiner hohen Kristallinität und Hydrophobizität lange als biologisch nicht ohne Weiteres abbaubar. Manche Mikroorganismen können es durch bestimmte Enzyme aus der Gruppe der

Cutinasen oder mithilfe homologer Lipasen durchaus zersetzen (Yoshida et al. 2021, 188–198). Cutinasen sind Enzyme, die in manchen Pilzen und Bakterien vorkommen und darauf spezialisiert sind, die Cuticula, den schützenden wachsartigen Überzug der Epidermis mancher Pflanzen aufzulösen. Es sind also Kompostenzyme.

Consortium Nr. 46 und *Ideonella sakaiensis*

In den Proben, die im Umfeld einer PET-Recyclinganlage in Sakai genommen wurden, entdeckten Forscher:innen 2016 nun ein erklärungsbedürftiges Phänomen. Sie untersuchten 250 Proben aus Sediment, Böden, Abwasser und Belebtschlamm, die sie zusammen mit einem schwach-kristallinen PET-Film kultivierten. Bei einer der so behandelten Sedimentproben entdeckten sie, dass sich nach einiger Zeit ein mikrobielles Konsortium auf dem PET-Film bildete, das diesen sichtbar veränderte. Konsortien sind in der Mikrobiologie kooperierende Gemeinschaften verschiedener Organismen, die sich in Gewässern, Böden, aber auch in tierischen Därmen finden. Die symbiotischen Konsortien bilden eine metabolische Einheit und sind für bestimmte Prozesse aufeinander angewiesen. Das beobachtete Konsortium bestand aus Bakterien, hefeartigen Zellen und Protozoen (Yoshida et al. 2016, 1197). Diese Multispeziesgemeinschaft, Konsortium Nr. 46 getauft, schien in der Lage zu sein, sich nicht nur auf PET-Filmen anzusiedeln, sondern diese auch als Nahrungsquelle zu nutzen und einen PET-Film bei Raumtemperatur komplett in CO_2 und Wasser zu zersetzen.

Mit der im Labor gewonnen Kultur des Konsortiums Nr. 46 wurde weiter experimentiert. Die Forscher:innen versuchten zu ermitteln, wie die beobachtete Hydrolyse von PET abläuft, welche Spezies des Konsortiums hierfür verantwortlich sind und welche Enzyme die Zersetzung bewirken. Dabei wurde eine bisher unbekannte Bakterienart entdeckt, die nach ihrem Fundort Ideonella sakaiensis benannt wurde. Es wurden Tests mit verschiedenen Subkulturen des Konsortiums durchgeführt und bei einer Kultur, bei der Ideonella sakaiensis fehlte, wurde keine PET-Zersetzung festgestellt. Es wurde so als maßgeblicher Akteur bei der Hydrolyse von PET ausgemacht. Die Forscher:innen folgerten, dass sich hier ein neuartiges Enzym entwickelt hat, das auf die Zersetzung des Kunststoffs PET spezialisiert ist.

Enzymatische Scheren

Die Spezies Ideonella sakaiensis ist ein Produkt mikrobieller Anpassung an umweltliches PET. Ähnlich Yoldaş' fabulatorischer Biologie einer Plastikwelt nach dem Menschen, ist PET die Bedingung für das Aufkommen solcher „plastikfressenden Mikroben". Das Metabolisieren von Plastik wird dabei über verschiedene Enzyme geregelt, für die sich die Forscher:innen nun besonders interessierten. Sie hofften biotechnische Werkzeuge für neue Recyclingmethoden zu finden. Enzyme sind biochemische Moleküle, die verschiedene Prozesse in biologischen Körpern katalysieren. Sie sind an vielen wichtigen Vorgängen wie Zellteilung, Energiegewinnung und Verdauung beteiligt. Sie sind an bestimmte Prozesse angepasst und sehr spezifisch in ihrer Wirkung. Die Beschreibung und Erforschung von Enzymen ist ein wichtiger Teil biotechnischer und biomedizinischer Forschung.

Bei der Sequenzierung des Genoms von Ideonella sakaiensis fanden die Forscher:innen einen Genabschnitt, der eine 51-prozentige Übereinstimmung mit einer Cuticula-zersetzenden Lipase des Bakteriums Thermobifida fusca aufwies, die bereits seit 2005 dafür bekannt ist, auch PET zu zersetzen. Das neu entdeckte Enzym war dabei sehr viel effizienter als die bis dato bekannten PET-zersetzenden Enzyme (PHEs). Das Enzym erreichte schon bei 40 Grad Celsius ein Effizienzmaximum, das damit niedriger ist als dasjenige anderer bekannter PHEs. Die Forscher:innen schlossen hieraus, dass das Enzym darauf spezialisiert ist, PET zu zersetzen und tauften es PET-Hydrolase bzw. PETase (Yoshida et al 2021, 189 f.).

Die Forscher:innen stellten ihre Entdeckung bereits in der Erstveröffentlichung in den Kontext von PET-Recycling und skizzierten einen Prozess hierfür. Die Entdeckung von PETase wurde also sofort instrumentalisiert und in die Debatten um die Beseitigung umweltlichen Plastiks eingebracht. Ich möchte im nächsten Abschnitt von dieser technowissenschaftlichen Debatte abrücken und das Enzym aus einer anderen Perspektive betrachten. PETase ist eine *agency* des *waste-world-making*, die von Mikroben entwickelt wurde, um Plastik als Energiequelle zu nutzen. Die neuartigen Enzyme scheinen dabei Stoffen zu ähneln, die Mikroorganismen dabei helfen, Pflanzenrückstände zu kompostieren. Die Lösung, die Mikroben für ein Leben in der Plastisphäre einfällt, scheint die Kompostierung menschlichen Abfalls zu sein.

Kompostieren als bakterielles *waste-world-making*

Myra Hird versteht Mülldeponien als großflächige Experimentalanordnungen, in denen nicht nur der Mensch die Rolle des Experimentators einnimmt. Ihre Argumentation knüpft an ein Zitat Karen Barads (2015, 154) an: „[N]ature experiments with itself". Hird bezieht diese Stelle speziell auf Müllkippen als experimentale Umwelten. Belebtschlamm und Sickerwasser in diesen Umgebungen gleichen einer toxischen Suppe, voller eigentümlicher chemischer Prozesse. Diese können, so Hird, überaus produktiv sein. Experimentatorinnen in diesen Anordnungen sind viele nichtmenschliche Wesen, allen voran Mikroben. Diese experimentieren nach Hird unentwegt mit verschiedenen Chemikalien, die als Beschleuniger für die Hervorbringung neuartiger biologischer Formen fungieren. Mikroben werden hier zu einfallsreichen Bastlerinnen, die neue *agencies* erfinden, um mit den Bedingungen einer real existierenden (petro-)chemischen Ursuppe zurecht zu kommen (Hird 2016, §18).

In der Plastisphäre, einer Müllkippe planetarischen Ausmaßes, sind es die verschiedenen Formen von Plastik und anderen fossilen Chemikalien, an die sich zuerst Mikroorganismen herantasten. Der französische Molekularbiologe François Jacob (1977) beschrieb die Evolution einmal als einen Prozess des *tinkering*, eines bastelnd-vorantastenden Anpassens von Organismen an ihre Umweltbedingungen. Der Begriff des *tinkering* ist auch zentral in Karin Knorr-Cetinas (1979) Beobachtungen zu menschlicher Experimentalpraxis. Das mikrobielle Leben experimentiert und bastelt mit der menschlichen *waste-world*. In solchen Experimenten haben Mikroorganismen mit PETase einen Weg gefunden, mit PET-Abfall produktiv umzugehen.

Konsortium Nr. 46 und Ideonella sakaiensis sind damit, wie Donna Haraway es vielleicht nennen würde, Kinder des Komposts. Lebewesen, die in fossilen Abfallbergen entstanden sind. Hier entsteht keine posthumanistische, sondern eine kompostistische Lebensform:

> Critters – human and not – become-with each other, compose and decompose each other, in every scale and register of time and stuff in sympoietic tangling, in ecological evolutionary developmental earthly worlding and unworlding. (Haraway 2016, 97)

Dieses spezielle Mitwerden, das bakterielle *waste-world-making,* besteht aus Zersetzen, Verdauen und Transformieren organischer und mancher anorganischer Stoffe, die die Menschen aus der Tiefe geholt haben.

Doch dieses bakterielle Treiben bleibt vor den Menschen nicht verborgen. Sie soll angezapft werden, denn herkömmliche Prozesse zum Recycling von PET sind kostenintensiv. PET-Kompostierungsenzyme könnten Abhilfe schaffen. Hier beginnt eine weitere Kette materiell-semiotischer Verknotungen, ein weiteres relationales Fadenspiel, in diesem Fall eines der Science-Facts, das zur nächsten Szene führt und dabei neue Wissensobjekte materialisiert. Nachdem Ideonella sakaiensis im Labor aus seiner symbiotischen Lebensgemeinschaft gelöst wurde, wurden seine Enzymscheren identifiziert und sequenziert. Die entschlüsselten Gensequenzen wurden in eine international zugängliche Datenbank eingestellt und eine Methode entwickelt, um PETase in Escherichia Coli herzustellen. PETase wurde zu einem biotechnischen Objekt, das zwischen Computern und Petrischalen existiert. Durch Röntgendiffraktion konnten Forscher:innen anderer Labors schließlich die dreidimensionale Protein-struktur von PETase darstellen. In der nächsten Szene des *waste-world-making* soll betrachtet werden, wie in einem Labor in Texas diese Struktur algorithmisch optimiert und PETase zu FAST-PETase mutiert wird.

III. Komputieren: Biodigitale Optimierung

„What evolves here changes the world", lautet das unbescheidene Motto auf der Website des Ellington Labs an der University of Texas in Austin (The Ellington Lab 2023). Die Arbeitsgruppe um den Biochemiker Andy Ellington ist interdisziplinär ausgerichtet. Informatische Modelle werden hier mit Methoden der Proteinentwicklung kombiniert. Im Forschungsgebiet des *protein engineering* der Synthetischen Biologie wird daran geforscht, natürliche Proteine strukturell zu optimieren und ihre katalytische Aktivität zu verbessern. Hier wird Biologie als eine moderne Ingenieurswissenschaft betrieben (Keller 2009, 338). Eines der Proteine, an denen die Gruppe arbeitet, ist PETase. Plastikzersetzende Mikroben und ihre Enzyme sind von großem Interesse für die Forschung. Wenn sich diese Fähigkeiten technisch adaptieren ließen, könnte das große Auswirkungen auf das anthropogene Plastikproblem haben – so das Kalkül. Die Optimierung wird zunehmend durch datenintensive *Machine-learning*-Netzwerke unter-stützt, die durch algorithmische Analysen und Vorhersagen von Protein-strukturen die experimentelle Arbeit ein Stück weit *in silicio,* also in den Computer, verlegen. Am Ellington Lab wird hierzu das *convolutional neural network* MutCompute entwickelt, das evolutionäre Veränderungen der Proteinstruktur vorhersagen soll und so dabei helfen könnte, Proteine nach menschlichen Vorgaben zu „verbessern". Ziel dieser Forschung ist es, eine PETase-Variante zu entwickeln, die bei niedrigeren Temperaturen effizient arbeitet und günstig in großen Mengen herzustellen ist (Kortsha 2022).

In der letzten Szene plastisphärischen Weltens soll die algorithmische Optimierung von PETase als eine technowissenschaftliche Form des *waste-world-making* untersucht werden. Hier wird eine Strategie entwickelt, in der die Menschen lernen, durch digitale Techniken in die Tiefe der biologischen Evolution einzugreifen, um ihre plastikintensive Lebensweise zu stabilisieren. In dieser Szene interessiere ich mich insbesondere für die Techniken der algorithmischen Optimierung, also die Art und Weise, wie das Enzym, das Ideonella sakaiensis erfand und das zum Abschluss der letzten Szene in einer Internetdatenbank landete, editiert und schließlich in „verbesserter" Form wieder ins Biologische eingetragen wird.

MutCompute

Zur Optimierung von PETase wird die Software MutCompute eingesetzt (Lu et al. 2022a). MutCompute ist ein künstliches neuronales Netzwerk (KNN) zur Erkennung von Mustern in digitalen Bildern. MutCompute soll Proteinstrukturen erkennen und lernen, die Aminosäure-Komposition bestimmter Enzyme zu optimieren. Hierzu wurde dem Netzwerk, so Ellington (2021) in einem Vortrag, „Biochemie beigebracht", indem es mithilfe von 19.436 Datensätzen der Protein Data Bank (PDB) trainiert wurde. Das Netzwerk erlernt die strukturelle Zusammensetzung Tausender Proteine und damit auch, so die Annahme, Strukturlösungen, die sich evolutionär bewährt hätten. Das versetzt das Netzwerk, so die These der Forscher:innen, in die Lage, Strukturen auch eigenständig zu optimieren, das „evolutionäre *tinkering*" in den Computer zu verlegen und damit menschlichen Praktiken zugänglich zu machen. Ein erklärtes Ziel dieser *computational biology* ist es, Experimente zu befördern, die „amino acids never tried by nature" (Lu et al. 2022b, 8) im Trockenlabor digital erstellen, editieren und testen, noch bevor sie im Nasslabor synthetisiert werden. MutCompute soll also, wie der Name schon sagt, biotechnische Mutationen in den Computer verlegen.

Um die PETase-Enzyme zu optimieren, wird die 3-D-Proteinstruktur in sehr kleinteilige sogenannte *microenvironments* aufgeteilt. Dort wird eine bestimmte Aminosäure zentral gesetzt und anschließend aus dem 3-D-Modell herausgefiltert, sodass nur die molekulare Umgebung dieser Komponente übrig bleibt. Der Input des Netzwerks ist also eine 3-D-Struktur, in der ein Baustein fehlt. Aufgabe des Algorithmus ist es, für dieses Puzzle die Aminosäuren vorherzusagen, die für diese Stelle am besten passen. Dabei bezieht es sich auf seine Trainingsdaten evolutionärer Lösungen ähnlicher Probleme. Output des Netzwerks ist eine Aufstellung mit den Wahrscheinlichkeiten der 20 infrage kommenden Aminosäuren. Auf diese Weise konnten die Forscher:innen mehrere „Schwachpunkte" der Struktur von PETase ausmachen, für die das Netzwerk Verbesserungen vorgeschlagen hat. In einem nächsten Schritt werden diese Verbesserungen abgewogen, um einige davon zu synthetisieren und unter Laborbedingungen zu testen.

Enzymtestparcours

Aus den möglichen Proteinen haben die Forscher:innen drei Varianten ausgewählt und diese mit dem Wildtyp der PETase, deren bereits bekannten Mutationen ThermoPETase, DuraPETase sowie anderen bekannten PET-zersetzenden Enzymen verglichen. Die Nukleotidsequenzen der Enzyme wurden hierzu bei auf Gensynthese spezialisierten Zulieferlabors bestellt und im Ellington Lab mit Standardmethoden der Synthetischen Biologie in bestimmte Bakterienvarianten transfiziert, um die Enzyme schließlich in ausreichender Menge für die Tests mit PET zu produzieren (Lu et al. 2022b).

Für die Labortests wurde ein spezieller Parcours zusammengestellt, in dem die PHEs verschiedenen PET-Filmen ausgesetzt und die Ergebnisse anschließend verglichen werden. Die verwendeten PET-Filme reichten dabei von einem kommerziell erhältlichen PET-Film für Labortests über einen *post-consumer* PET-Film (einer Kuchenverpackung, in die Löcher gestanzt wurden) bis hin zum PET-Alltagsprodukt schlechthin: der Plastikflasche. Flaschen sind aufgrund ihrer hohen Kristallinität und ihrer variablen Dicke ein schwieriger Testgegenstand. Hierzu wurden mehrere Versuchsanordnungen konzipiert. In einem Aufbau wurde eine PET-Flasche in einzelne Stücke unterschiedlicher Dicke und Kristallinität zerschnitten – Hals, Schultern, Körper sowie zwei Proben vom Boden der Flasche. In einem anderen Versuchslauf wurden die Flaschen durch Schmelzen vorbehandelt, um die Kristallinität des resultierenden PET-Films zu reduzieren. Bei all diesen Test schnitt eine der neuen PETase-Varianten, die Mutationen an vier Stellen aufwies, besonders gut ab. Diese konnte PET nicht nur schneller zersetzen, sondern erreichte auch bei niedrigeren Temperaturen eine höhere Wirksamkeit als die herkömmlichen PETasen sowie die anderen vorher bekannten PHEs (Lu et al. 2022a, 664).

Die Forscher:innen tauften das neuartige Enzym FAST-PETase. Das FAST steht dabei für *functional*, *active*, *stable* und *tolerant* (Lu et al. 2022a, 664). In einem letzten Schritt wurde die FAST-PETase dann an unbehandeltem PET-Abfall getestet (Lu et al. 2022a, 665; Lu et al. 2022b, 17 f.). Dieser konnte trotz hoher und variierender Kristallinität, Dicke und verschiedenen Zusatzstoffen innerhalb von acht Tagen von FAST-PETase zersetzt werden. Das algorithmisch-verbesserte Enzym erwies sich also als überaus wirksam.

Durchbrüche bei der Forschung zu plastikfressende Bakterien und optimierten Enzymen finden häufig mediale Beachtung. In wissenschafts-journalistischen Artikeln wird dabei das Narrativ der Lösung anthropozäner Probleme durch mehr und bessere Technologien bedient (vgl. Marshall 2022; Sankaran 2022). Entgegen dem Motto des Ellington Labs wird die Welt hierdurch jedoch nicht verändert. Vielmehr soll eine Produktions-weise stabilisiert werden. Das hierin verwickelte *waste-world-making* zielt auf die jetzige Welt und das bestehende fossile Wirtschaftssystem, denn die *agency* der Bakterien soll in erster Linie für Recyclingprozesse ope-rationalisiert werden, um eine weitreichende Plastikkonsumption weiterhin zu ermöglichen.

Auf den Rechnern und in den Laboren wird dazu eine eigene spekulative Biologie entwickelt, die instrumentell darauf ausgerichtet ist, plastikver-schmutzte Umwelten nach menschlichen Maßstäben zu restaurieren. Dem Problem anthropogenen Plastikmülls ist nach dieser Logik techno-logisch beizukommen, indem die Evolution plastikfressender Organismen algorithmisch beschleunigt und in gewünschte Bahnen gelenkt wird. Bei diesem *technological fix* werden biosphärische *agencies* technologisiert. Die bakterielle „Schattenökonomie" des Anthropozäns, von der Hird und Yusoff (2016, 330) schreiben, wird längst von den Technowissenschaften eingehegt und es werden buchstäblich Cyborg-Enzyme zum Kompostieren menschlichen Abfalls entwickelt. Dem biogeochemischen Relationsbündel zwischen Mensch, Technologie und Umwelt wird durch die neuronalen Netzwerke des *protein engineerings* ein unabsehbarer anthropogener Kom-plexitätsgrad hinzugefügt.[6]

IV. Kritisches Relationieren

In diesem Artikel habe ich drei Szenen kritischer Relationalität in der Plastisphäre vorgestellt, die ich als Formen des *waste-world-making* beschrieben habe. Hierunter verstehe ich Prozesse und Praktiken des rela-tionalen Erschaffens bestimmter Welten oder Weltentwürfe im Kontext der planetaren Plastikverschmutzung. Die drei Szenen zeigen unterschiedliche Aspekte dieses Phänomenbereichs auf. Die erste Szene stellt einen künst-lerischen Umgang mit den Müllwelten vor. Pınar Yoldaş entwirft eine fabulatorische Biologie einer post-petrokapitalistischen Welt, in der Plastik

---

6   Die Frage nach den environmentalen und anthropomedialen Implikationen des Netzwerks MutCompute ist ein Forschungsgegenstand meiner Dissertation. Dort wird der biomediale Feedback-Loop vom Auffinden Ideonella sakaiensis', der Digitalisierung und Rekonfiguration von PETase als biodigitalem Objekt und dessen Wiedereintragung ins Materielle sehr viel genauer unter die Lupe genommen.

zum bestimmenden Umweltfaktor geworden ist. Sie inszeniert dies als eine Art invertierte Hauntologie, in der eine zukünftige Welt ohne Menschen in einem musealen Setting zur Aufführung gebracht wird und menschliche Besucher:innen Lebensformen besichtigen können, die auf dem toxischen Erbe der Menschheit entstanden sind. Die zweite Szene handelt von den realen Organismen der Plastisphäre. Bakterien und andere Mikroben lernen PET als Nahrungsquelle zu verwerten. Der Abfall menschlicher Plastikproduktion wird von ihnen zersetzt oder kompostiert. Die biogeochemische Macht der Mikroben kommt auch mit diesem Problem klar. Die dritte Szene schließt direkt hieran an und zeigt eine technologische Strategie, die darauf abzielt, das Biologische zu verändern, um auf die Plastisphäre einwirken zu können. In einer digital-prädiktiven Biologie werden bakterielle Enzyme optimiert, um PET effizienteren Recyclingprozessen zuzuführen und so „die Umwelt" für eine petrochemische Produktionsweise zu sichern.

Die drei Szenen des *waste-world-making* haben die Fähigkeiten von Kleinstlebewesen, mit Plastikabfall umzugehen, als Ausgangspunkt. Pınar Yoldaş' Arbeit wurde durch Entdeckungen mikrobiellen Lebens auf Mikroplastikschollen im Great Pacific Garbage Patch inspiriert. Die Künstlerin zeigt im Anschluss daran, wie sich eine neue Biologie jenseits des Menschen in den Abfällen seines Wirkens entwickeln könnte. Die Entdeckung von Ideonella sakaiensis zeigt ganz konkret, wie Mikroben anfangen, Plastikstoffe zu metabolisieren und zu kompostieren. Die Szene am Ellington Lab veranschaulicht wiederum, wie Menschen sich diese biologischen Anpassungsvorgänge technologisch zunutze machen. Alle drei relationalen Szenen setzen sich also mit der weltmachenden *agency* von Mikroben auseinander, denn „bacteria have been geologizing a great deal longer" (Hird und Yusoff 2016, 324) als wir Menschen. Aus dieser Perspektive sind die Welt, in der wir Menschen leben, der Boden, den wir beackern, der Sauerstoff, den wir atmen, und die Fossilien, die wir verfeuern, Produkte von Prozessen, die erst durch ein Tandem aus geologischen Kräften und bakteriellen Stoffwechselprozessen entstanden sind (Hird und Yusoff 2016, 320). Die für Menschen bewohnbare Erde ist demnach immer schon „one big wasteworld" (Volk 2004, 31), in der des einen Müll, des anderen Lebensgrundlage ist. Ohne die geologisierende Kraft der enzymatischen *agencies* von Bakterien gäbe es demzufolge vermutlich gar keine komplexen Organismen auf der Erde. Mit der unkontrollierten Verschmutzung von Meer und Boden sowie schließlich der biotechnologischen Operationalisierung von Enzymen setzt sich der Mensch auf verschiedene, unberechenbare Weisen mit dieser Agentur ins Verhältnis. Der relationale

Unterwuchs, von dem Hird und Yusoff sprechen (2016, 331), gerät bereits ins Visier der Technolog:innen.

Die drei Szenen zeigen auch, dass eine Perspektivierung unterschiedlicher Relationierungsweisen und die Frage, wie mit Letzteren verschiedene Welten entworfen und konkret gemacht werden, unerlässlich für eine kritische Auseinandersetzung mit der Gegenwart sind. Epochenbegriffe wie „Anthropozän" oder „Technosphäre" drohen die lokalen Phänomene zu überdecken. Die Aufgabe kritisch-relationaler Ansätze besteht darin, die weltmachenden Relationen zu kartieren, ihren materiellen und (tiefen-)historischen Dimensionen nachzuspüren und die Un-/Möglichkeiten, die hierin imaginiert, diskursiviert und auch objektiviert werden, zu befragen. Methodisch ist dabei zu beachten, dass *relatings* nichts Feststehendes sind und auch keine präfigurierten Objekte oder Körper nachträglich verbinden. Aus der Relation heraus zu forschen bedeutet, einen Sinn dafür zu entwickeln, wie konkrete relationale Operationen ihre Relata immer ein Stück weit mitkonstruieren und onto-epistemologisch wirkmächtige Differenzierungen und Imaginationsweisen situativ hervorbringen.[7]

Untersucht man auf diese Weise die dritte Szene, das technowissenschaftliche *waste-world-making*, so verwebt dieses unterschiedliche historische wie ontologische Relationen. Sie zeigt Ausläufer bis in die tiefe Geschichte der Evolution von Enzymen sowie deren rezente Aktualisierung im PETase-Enzym von Ideonella sakaiensis, einem Organismus, der sich bereits an Plastik angepasst hat. Diese Fäden werden wiederum technologisch zu einem digital rekonfigurierten Enzym neu verwoben und schließlich neu verkörpert. Gleichzeitig wird in dieser Szene auch implizit eine zukünftige Welt mit-imaginiert; eine Welt, in der das planetarische Plastikproblem lösbar erscheint. Bei dieser Zukunft handelt es sich bei genauerer Betrachtung jedoch um eine Intensivierung der Gegenwart. Die petrochemische Produktionsweise, die zur Erhaltung des Kapitalismus mit seinen gewalttätigen Ausbeutungs- und Extraktionsformen notwendig ist, soll durch effizientere Recyclingprozesse stabilisiert und das Plastikproblem auf diese Weise technologisch „gelöst" werden.

Kritisch-relationale Ansätze wie die von Haraway, Hird und Yusoff insistieren darauf, dass Relationierungen kontingent sind und so auch immer zum Ansatzpunkt anderer Weltentwürfe werden können. Dies demonstriert Pınar Yoldaş eindrucksvoll mit ihrer künstlerischen Forschung. Yoldaş nimmt die gleichen Fäden wie die Biotechnologie auf.

---

7   Für eine Auseinandersetzung mit dieser ästhetischen Dimension relationaler Forschung vgl. Bocquillon in diesem Band.

Auch sie befasst sich mit der evolutionär-ökologischen Anpassung irdischer Lebewesen an die Plastisphäre. Sie setzt dem algorithmischen Spekulieren mit Biologie in ihrer Arbeit ein künstlerisches entgegen. Darin zeigt sie eine Zukunft, die sowohl radikal von der Gegenwart abweicht, diese aber gleichzeitig konsequent zu Ende denkt. Die Spezies Mensch ist hier ausgestorben. Ihre materiellen Spuren sind indes zur Lebensgrundlage neuer, re-relationierter Lebensformen geworden. Yoldaş' Intervention weist darauf hin, dass eine Stabilisierung des Plastikregimes nicht unbedingt die beste Lösung sein muss, um eine belebbare Welt für Menschen und Nicht-Menschen zu sichern.

Kritisch-relationale Interventionen begreifen das (um-)weltliche Relationieren folglich als politisch. Das *waste-world-making* betrifft eine gemeinsame Welt, nicht nur die des plastikkonsumierenden Menschen. Für wirkmächtige kritisch-relationale Interventionen wird es schließlich notwendig sein, Techniken gemeinsamen Weltens zu entwickeln, die nicht nur nach ihren Subjekten und Kollektiven suchen, sondern grundlegend die Frage nach anderen menschlichen Existenzentwürfen und -vollzügen aufwerfen. Dabei gilt es, menschliche Existenzweisen zu (er-)finden, die nicht auf (inneren wie äußeren) ontologischen Abkapselungen und technologischer Extraktion gründen, sondern gleichsam die konstituierenden, umweltlichen wie medialen Verstrickungen des Menschen bedenken. Im Phänomenbereich des *waste-world-making* wird die Frage nach Kritik zu einer Frage öko-anthropo-medialer Kritik und damit zur Frage einer grundlegenden Neuverflechtung des Menschlichen und dessen verschiedener Umwelten.

Literatur

Amaral-Zettler, Linda A., Erik R. Zettler und Tracy J. Mincer. 2020. „Ecology of the Plastisphere." *Nature Reviews: Microbiology* 18, Nr. 3: 139–151.

Barad, Karen. 2015. „On Touching – The Inhuman That Therefore I Am." In *Power of Material/ Politics of Materiality*, herausgegeben von Susanne Witzgall und Kerstin Stakemeier, 153–164. Chicago: Diaphanes.

Behera, Shivananda und Surajit Das. 2023. „Environmental Impacts of Microplastic and Role of Plastisphere Microbes in the Biodegradation and Upcycling of Microplastic." *Chemosphere* 334: 138928.

Derrida, Jacques. 1996. *Marx' Gespenster: Der Staat der Schuld, die Trauerarbeit und die neue Internationale*. Frankfurt am Main: Fischer Taschenbuch.

Ellington, Andy. 2021. „ML+X Seminar: Prof. Ellington – ApBio: Teaching Machines Biochemistry." *IFML. Youtube.com*. Zugriff 7. August 2023. https://www.youtube.com/watch?v=n8mbEw3bECY.

The Ellington Lab. 2023. Webseite. Zugriff 21. August 2023. https://ellingtonlab.org.

Gabrys, Jennifer. 2016. *Program Earth: Environmental Sensing Technology and the Making of a Computational Planet.* Minneapolis: University of Minnesota Press.

Haraway, Donna. 1995. „Situiertes Wissen: Die Wissenschaftsfrage im Feminismus und das Privileg einer partialen Perspektive." In *Die Neuerfindung der Natur: Primaten, Cyborgs und Frauen,* herausgegeben von Carmen Hammer und Immanuel Stieß, 73–97. Frankfurt: Campus.

———. 2016. *Staying with the Trouble: Making Kin in the Chthulucene. Experimental Futures, Technological Lives, Scientific Arts, Anthropological Voices.* Durham: Duke University Press.

Hird, Myra J. 2016. „The Phenomenon of Waste-World-Making." *Rhizomes: Cultural Studies in Emerging Knowledge*, Nr. 30. Zugriff 7. August 2023. http://www.rhizomes.net/issue30/hird.html.

Hird, Myra J. und Kathryn Yusoff. 2016. „Subtending Relations: Bacteria, Geology, and the Possible in the Anthropocene." In *Genealogies of Speculation: Materialism and Subjectivity since Structuralism,* herausgegeben von Suhail Malik und Armen Avanessian, 319–342. London: Bloomsbury.

Jacob, François. 1977. „Evolution and Tinkering." *Science* 196, Nr. 4295: 1161–1166.

Karafyllis, Nicole C. 2019. „Interaktionen in der Technosphäre und Biofakte." In *Mensch-Maschine-Interaktion: Handbuch zu Geschichte – Kultur – Ethik,* herausgegeben von Kevin Liggieri und Oliver Müller, 106–113. Stuttgart: J. B. Metzler.

Keller, Evelyn Fox. 2009. „Knowing as Making, Making as Knowing: The Many Lives of Synthetic Biology." *Biological Theory* 4, Nr. 4: 333–339.

Knorr, Karin D. 1979. „Tinkering toward Success." *Theory and Society* 8, Nr. 3: 347–376.

Kortsha, Monica. 2022. „Plastic-Eating Enzyme Could Eliminate Billions of Tons of Landfill Waste." *UT News,* 27. April 2022. Zugriff 7. August 2023. https://news.utexas.edu/2022/04/27/plastic-eating-enzyme-could-eliminate-billions-of-tons-of-landfill-waste/.

Leslie, Heather A. et al. 2022. „Discovery and Quantification of Plastic Particle Pollution in Human Blood." *Environment International* 163.

Lu, Hongyuan et al. 2022a. „Machine Learning-aided Engineering of Hydrolases for PET Depolymerization." *Nature* 604, Nr. 7907: 662–667.

———. 2022b. „Supplement to: Machine Learning-aided Engineering of Hydrolases for PET Depolymerization." *Nature* 604, Nr. 7907: 662–667.

Marshall, Michael. 2022. „How ‚Super-Enzymes' That Eat Plastics Could Curb Our Waste Problem." *The Observer,* 5. Februar 2022. Zugriff 21. August 2023. https://www.theguardian.com/environment/2022/feb/05/how-super-enzymes-that-eat-plastics-could-curb-our-waste-problem.

Pangburn, D. J. 2014. „Pinar Yoldas Imagines Future Life Inside the Pacific Trash Vortex." *Vice,* 21. Januar 2014. Zugriff 7. August 2023. https://www.vice.com/en/article/ez5dgn/pinar-yoldas-imagines-future-life-inside-the-pacific-trash-vortex.

Sankaran, Vishwam. 2022. „Scientists Create Enzyme That Breaks down Plastic in Hours Instead of Decades." *Yahoo News,* 2. Mai 2022. Zugriff 7. August 2023. https://news.yahoo.com/scientists-create-enzyme-breaks-down-080536542.html.

Statista. 2017. „PET Global Bottle Production 2021." Statista. Zugriff 7. August 2023. https://www.statista.com/statistics/723191/production-of-polyethylene-terephthalate-bottles-worldwide/.

Volk, Tyler. 2004. „Gaia Is Life in a Wasteworld of By-products." In *Scientists Debate Gaia: The Next Century,* herausgegeben von Stephen Schneider, James R. Miller, Eileen Crist und Penelope J. Boston, 26–36. Cambridge, MA: MIT Press.

Wang, Chengqian, Liuwei Wang, Yong Sik Ok, Daniel C. W. Tsang und Deyi Hou. 2022. „Soil Plastisphere: Exploration Methods, Influencing Factors, and Ecological Insights." *Journal of Hazardous Materials* 430: 128503.

Weinstein, Jami und Claire Colebrook. 2017. „Introduction: Critical Life Studies and the Problems of Inhuman Rites and Posthumous Life." In *Posthumous Life: Theorizing beyond the Posthuman*, herausgegeben von Jami Weinstein und Claire Colebrook, 56–77. New York: Columbia University Press.

Yoldas, Pinar. 2015. „Ecosystems of Excess." In *Art in the Anthropocene: Encounters among Aesthetics, Politics, Environments and Epistemologies. Critical Climate Change*, herausgegeben von Heather Davis und Etienne Turpin, 359–370. London: Open Humanities Press.

——. 2016. „Speculative Biologies: New Directions in Art in the Age of the Anthropocene." Dissertation. Duke University. Zugriff 21. August 2023. https://hdl.handle.net/10161/13435.

Yoldas, Pinar und Heike Catherina Mertens. 2014. „Pinar Yoldas: An Ecosystem of Excess." [Anlässlich der Ausstellung Pinar Yoldas. An Ecosystem of Excess im Projektraum der Schering Stiftung vom 24. Januar bis 4. Mai 2014]. *Schriftenreihe der Schering Stiftung* 5. Berlin: argobooks.

Yoshida, Shosuke et al. 2016. „A Bacterium That Degrades and Assimilates Poly(Ethylene Terephthalate)." *Science* 351, Nr. 6278: 1196–1199.

Yoshida, Shosuke, Kazumi Hiraga, Ikuo Taniguchi und Kohei Oda. 2021. „Ideonella sakaiensis, PETase, and MHETase: From Identification of Microbial PET Degradation to Enzyme Characterization." *Methods in Enzymology*, 648: 187–205.

KOMPUTATION

REKONFIGURATION

RELATION

BERECHENBARKEIT

UNBERECHENBARKEIT

NICHTBERECHENBARKEIT

Wieder die Berechenbarkeit? Rekonfigurationen einer Kritik der Komputation

Irina Raskin

Sei es in Praktiken und Prozessen der Produktion, Gestaltung, Distribution oder Nutzung – Komputation stellt eine entscheidende Komponente in den Materialisierungen von Relationen dar. Zahlreiche medienwissenschaftliche und -philosophische Kritiken begegnen dieser forcierten (Trans-)Formation, indem sie die Fragen nach den Grenzen zwischen dem Berechenbaren, Unberechenbaren und Nichtberechenbaren zum Kern ihrer Argumentation machen, wobei darin eine implizite oder explizite Auseinandersetzung mit dem Verhältnis zwischen Komputation und Relationalität enthalten ist. Auch der hiesige Beitrag entspringt diesem Nexus und vollzieht zugleich eine Verschiebung hin zum relationalen Ansatz der Rekonfiguration. Mit Karen Barad und Helen

Verran wird Komputation als ein Beziehungsgefüge adressiert und damit als etwas gedacht, das rekonfiguriert wird und rekonfigurierend ist: Relationen konfigurieren sich so, dass sich „Komputation" realisieren kann, wobei „Komputation" die Bezugswelten, der an ihrer Realisation beteiligten oder davon berührten Lebensweisen rekonfiguriert – und so ist letztlich auch Komputation als Phänomen, Praxis und Denkweise rekonfigurierbar.

Durch die umstrittene Entwicklung und weitreichenden Implementierungen „smarter" und „sensitiver" Medientechnologien werden Medienkulturen des Berechnens nicht nur verändert, sondern sie erhalten auch eine neue Form der Dominanz. Sei es in Praktiken und Prozessen der Produktion, Gestaltung, Distribution oder Nutzung – „Komputation"[1] stellt eine entscheidende Komponente in den Materialisierungen von Relationen dar. Zahlreiche medienwissenschaftliche und -philosophische Kritiken begegnen dieser forcierten (Trans-)Formation, indem sie die Fragen nach den Grenzen zwischen dem Berechenbaren, Unberechenbaren und Nichtberechenbaren zum Kern ihrer Argumentation machen, wobei darin eine implizite oder explizite Auseinandersetzung mit dem Verhältnis zwischen Komputation und Relationalität enthalten ist (Fazi 2018; Hörl 2016; Hui 2021; Mersch 2019; Parisi 2018).[2] Auch der hiesige Beitrag entspringt diesem Nexus und vollzieht zugleich eine Verschiebung, wenn ich vorschlage, Komputation als ein Beziehungsgefüge zu adressieren und damit als etwas zu denken, das rekonfiguriert wird und rekonfigurierend ist: Relationen konfigurieren sich so, dass sich „Komputation" realisieren

1   Unter Komputation fasse ich hier unterschiedliche Facetten und Ausprägungen der Medienkultur des Computers zusammen, die somit das weite Feld der Algorithmik, Digitalität, Künstlichen Intelligenz, Medientechnologien etc. betreffen. Da es sich bei den verschiedenen Ausrichtungen keineswegs um abweichende Begriffe für das Gleiche handelt, sondern differenzierte, wenn auch teils überschneidende Diskurse, Geschichten, Praktiken und damit Phänomene, ist eine solche Subsumierung unter den Begriff der Komputation nicht immer sinnvoll. Auch soll damit keine Vervollständigung oder Übersicht suggeriert werden. Vielmehr resultiert diese Generalisierung aus der hiesigen am Berechnen orientierten Fragestellung.

2   Die Autor:innen kommen dabei zu teils sehr unterschiedlichen, teils in wichtigen Nuancen abweichenden Thesen und Erwägungen. Aufgrund der Rahmung und Länge dieses Beitrags werde ich auf diese Unstimmigkeiten nicht genauer eingehen.

kann, wobei „Komputation" die Bezugswelten der an ihrer Realisation beteiligten oder davon berührten Lebensweisen rekonfiguriert – wodurch letztlich auch Komputation selbst als Phänomen, Praxis und Denkweise rekonfigurierbar ist. Denn Komputation ist weder selbstverständlich noch selbsterhaltend noch hat sie einen Selbstzweck. Eine Vielzahl von divergenten Infrastrukturen stellt überhaupt erst sicher, dass Komputation zur Praxis und computergestützte Apparaturen zu adressierbaren, relationalen Gefügen werden. Das beinhaltet sowohl das Konzeptuelle (wie Theorien der Wahrnehmung, Empfindung und Semiotik), das Materielle (wie sozio-technische Arrangements, affektive und materielle Wirkungen), das Imaginäre (wie Begehren und Fiktionen) als auch geopolitische Ökonomie und Logistik (wie hierarchische Arbeitsteilung und asymmetrische Extraktion). Aus dieser Perspektive erscheint Rechnen – auch das sogenannte automatisierte – als eine historisch gewachsene Praxis, die sozio-technische, kulturelle, epistemische sowie ästhetische Differenzen aufweist und alles andere als „rein" mathematischen Zwecken unterliegt. Zugleich gibt dieser Ansatz das Relationale nicht als ein vollkommen unbestimmtes Verhältnis zu denken. Eine Ausrichtung hin zum Relationalen birgt also kein Versprechen für konfliktbefreite Zustände. Relationen sind verfänglich. Statt unter Relationalität eine genuine Unverfügbarkeit oder totale Offenheit oder absolute Unbestimmtheit zu imaginieren, dem das beschränkte und determinierende System der Komputation nie adäquat begegnen kann, wäre gerade die relationale Eingebundenheit in der Welt die Voraussetzung für die Realisierung und Wirksamkeit von Komputation, für ihre Adressierbarkeit.

Im Folgenden werde ich zunächst beispielhaft die spezifische Position Dieter Merschs aus dem oben beschriebenen Nexus der Kritik der Komputation skizzieren. Diese zeichnet sich durch den Versuch einer strikten Abgrenzung zwischen dem Berechenbaren und Nichtberechenbaren aus und weist dabei das Wesen der Komputation als arelational aus.[3] Im weiteren Verlauf stelle ich vornehmlich mit Karen Barad und Helen Verran den relationalen Ansatz der Rekonfiguration vor, was letztlich in eine Kritik der Komputation mündet, die sich entlang der Relationen des Berechenbaren und der Nichtberechenbarkeit des Relationalen orientiert.

---

3   Wie oben bereits erwähnt, findet diese Auseinandersetzung im Nexus eines größeren Autor:innenkreises statt. Meine Entscheidung, für diesen Aufsatz beispielhaft die Position Merschs zu diskutieren, liegt in der Schärfe seiner Kritik, die Komputation als arelational ausweist und damit eine besondere Herausforderung für Argumentationen relationaler Ontologien darstellt.

Berechenbarkeit, Unberechenbarkeit, Nichtberechenbarkeit

Alle Jahre wieder, wenn ein neues Produkt aus dem Bereich der Komputation auf den Markt kommt, wird die Frage nach den Grenzen zwischen dem Berechen- und Unberechenbaren aktuell. Denn wenn Computersysteme Aufgaben leisten, die zuvor gar nicht oder nur unzufriedenstellend „automatisch" zu lösen waren, scheint sich diese Grenze zu verschieben oder zumindest infrage gestellt zu werden. Dabei geht es längst nicht nur um Aufgaben innerhalb eines formalen, strikt regelbasierten Settings wie zum Beispiel beim Schach- oder Go-Spiel, sondern um Tätigkeiten, die auf sozio-kulturellen Codes[4] beruhen und zu den Domänen der Kreativität und Imagination gezählt werden. So löste beispielsweise vor Kurzem der aktualisierte Launch des Sprachsystems ChatGPT oder des Text-zu-Bild-Generators DALL-E erneut Debatten über die Leistungsfähigkeit von Computerprogrammen und deren gesellschaftlichen Folgen aus, wobei die affirmativen wie ablehnenden Einschätzungen dieser Softwareentwicklungen sehr persistent in einer Rhetorik des Fortschritts, der Autonomie, Substitution oder Simulation formuliert sind.[5] Die Frage danach, was als berechenbar, unberechenbar oder nichtberechenbar gilt, wird dann zu einem strittigen und auch kritischen Aspekt insofern, als dass durch die Beantwortung der Frage über die Existenzweise und das (Un-)Vermögen von computerbasierten Medientechnologien verhandelt wird, um letztlich zu argumentieren, inwiefern Produktion und Anwendung der jeweiligen Programme (il-)legitim sind. Doch was wird adressiert, wenn von Berechenbarkeit, Un- oder Nichtberechenbarkeit die Rede ist?

Berechenbarkeit ist dasjenige, wodurch sich die Medienkultur des Computers – Komputation – auszeichnet: Nicht nur in seiner Bezeichnung trägt der Begriff noch das Lateinische Wort für „Rechnen" – *computare* – weiter. Vielmehr stellt das Berechnen die Voraussetzung dafür dar, dass elektronische Informations- und Datenverarbeitung, in all ihren unterschiedlichen

---

4   An dieser Stelle wird Code nicht im computer- oder informationswissenschaftlichen Jargon verwendet, sondern im weiteren Sinne als sozio-kulturelle Verständigung, die sich anstelle einer exakten Bezeichnung über Vagheit, Offenheit, Veränderbarkeit und auch Missverständnisse auszeichnet. Außerdem ist anzumerken, dass auch Schach und Go keineswegs frei von sozio-kulturellen Codes sind.

5   Dass generative Programme, die als kreativ geltende Tätigkeiten ausführen, quasi als Gradmesser für das Vermögen der Komputation fungieren, ist allerdings kein neues Phänomen, sondern tritt seit der Infrastrukturierung von Computersystemen immer wieder auf. So zum Beispiel in Zusammenhang mit der Produktion von Computergrafiken und computergenerierten Gedichten in den 1960er Jahren.

Facetten und Ausprägungen, funktionieren – oder eher: sich vollziehen – kann (Mersch 2020, 491; Nake und Grabowski 2017, 28). Berechenbarkeit ist damit die Bedingung dafür, dass Komputation sich realisieren kann. Doch wie im Folgenden noch zu zeigen ist, handelt es sich bei der Berechenbarkeit nicht um eine absolute Sphäre, die nach Maßgabe universeller und ahistorischer Richtlinien das Berechenbare vom Unberechenbaren oder Nichtberechenbaren scheidet, sondern um ein historisch gewachsenes Phänomen, das zum einen sozio-technische, epistemische und ästhetische Divergenzen aufweist und dessen Machbarkeit zum anderen nicht ausschließlich auf dem Mathematischen beruht.

Berechnen und Algorithmisieren, Zahlen und Algorithmen können durchaus als gleichartige Verfahrensweisen verstanden werden. Bei beiden handelt es sich um rekursive Verweismechanismen (Pasquinelli 2021–22, 98) oder, wie Ingmar Lippert und Helen Verran (2018, 2 f.) formulieren: Beide mobilisieren Protokolle, die jeweils ausdrücken, wie Beziehungen zwischen abzählbaren Einheiten funktionieren, jedoch durch Verwendung verschiedener sozio-technischer Mittel. Ob nun aber von einer Differenz zwischen Algorithmen und Zahlen ausgegangen wird oder deren Übereinstimmung, ist laut Lippert und Verran eine Frage der methodischen Herangehensweise und nicht endgültig zu klären.[6] Festhalten lässt sich jedoch, dass das Rechnen nur ein Teilgebiet der Mathematik ausmacht und deswegen das Algorithmische und das Mathematische eben nicht deckungsgleich sind. Zudem kennt die Mathematik unberechenbare Zahlen, doch wie weiter unten noch näher erläutert wird, kann die Unterscheidung zwischen berechenbaren und unberechenbaren Funktionen nicht algorithmisch getroffen werden. Wenn im Rahmen der Komputation von Berechenbarkeit die Rede ist, so ist damit also letztlich Algorithmisierbarkeit gemeint.

Alan M. Turing (1987, 17–60) hat diese Engführung von Berechenbarkeit und Algorithmisierbarkeit in seiner 1936/37 verfassten Abhandlung *Über berechenbare Zahlen mit einer Anwendung auf das Entscheidungsproblem*[7] modellhaft beschrieben und bis heute ist die darin formulierte Beschreibung von Algorithmen für alle gebauten Computersysteme gültig

---

6   Hierin unterscheiden sich ihre Ansichten von Dieter Mersch (2020, 485), der zunächst ein „intuitives" und regelbasiertes Rechnen theoretisch auseinanderhält, wobei „die Begriffe der Rechnung und des Algorithmus [zunehmend] miteinander verschmelzen und unter Rechnung jede mathematische Transformation auf der Basis regulativer Operationen verstanden wird".

7   Originaltitel: *On Computable Numbers, with an Application to the Entscheidungsproblem.*

(Hiller 2019, 165).[8] Ausgehend von Turing schlägt Bettina Heintz folgende Definition[9] eines Algorithmus vor:

> Ein Algorithmus ist ein Verfahren, das in einer *endlichen* Anzahl von *elementaren* Operationsschritten, deren Abfolge im voraus [sic] in einer *endlich* langen Beschreibung *eindeutig* festgelegt ist, die Lösung eines (mathematischen) Problems erlaubt. (Heintz 1993, 72; Hervorh. i. O.)

Der Algorithmus ist eindeutig, da die Reihenfolge der Operationsschritte im Voraus eindeutig festgelegt ist. Hierin unterscheide er sich vom Kalkül, wo die Reihenfolge zur Durchführung von Regeln oder Anweisungen nicht fixiert sei. Der Algorithmus ist endlich in dem Sinne, dass nur eine endliche Anzahl von Anweisungen und eine endliche Zeit zur Durchführung dieser Anweisungen zur Verfügung stehen. Der Algorithmus ist insofern determiniert, als dass unabhängig davon, wer oder was ihn ausführt, gleiche Resultate produziert werden. Der Algorithmus bedarf einer Unterscheidbarkeit von diskreten Elementen, denn die Gegenstände, die durch die algorithmische Operation verändert werden, müssen eindeutig voneinander unterschieden werden können. Schließlich ist der Algorithmus am Allgemeinen orientiert, was bedeutet, dass er sich nicht auf Einzelprobleme, sondern auf eine Klasse von Problemen bezieht (Heintz 1993, 72 f.). Die Determiniertheit und Vorhersagbarkeit der Turing-Maschine gilt nur für einzelne Grundoperationen und nicht ihr Gesamtverhalten, was heißt, dass die Unterscheidung zwischen berechenbaren und unberechenbaren Funktionen nicht algorithmisch gelöst werden kann (Heintz 1993, 99). Denn algorithmisch verarbeitet werden, können eben nur berechenbare Zahlen. Andernfalls ist das Programm in einer Endlosschleife gefangen und stürzt irgendwann ab. Ob eine Funktion sich letztlich als berechenbar erweist oder nicht, ist wiederum nicht im Vorhinein per Algorithmus zu programmieren, das heißt, also nicht vor der tatsächlichen Durchführung der Berechnung zu ermitteln.

Diese Definition von Algorithmus setzt Berechnung mit dem Vorgang der Durchführung einer Vorschrift oder eines Protokolls gleich, wobei dieser Akt einer Sequenzialisierung in diskrete Elemente und einer

---

8   Nichtsdestotrotz ist Turings Beschreibung des Funktionsprinzips des Algorithmus – und wohlgemerkt nicht dessen physische oder materielle Beschaffenheit (Heintz 1993, 209) – keinesfalls der alleinige Grund für die gegenwärtige Konfiguration von Komputation.

9   Heintz (1993, 72 ff.) bezeichnet diese Definition als „intuitiv" in dem Sinne, dass keine allgemeingültige, formale Definition von Algorithmus existiert. Es gibt also keinen Algorithmus, mit dem alle bereits vorhandenen und potenziell möglichen Algorithmen beschrieben werden können.

systematischen Formalisierung bedarf. Berechenbarkeit folgt damit ganz entscheidend einem deduktiven Modell, bei dem allgemeine Regeln die Empirie bestimmen. Gleichzeitig beinhaltet diese Definition, dass nur das berechnet werden kann, was sich diesen Funktionsmerkmalen unterordnen lässt, das heißt, dass selbst in dieser auf die Mathematik beschränkten Beschreibung sich nicht alle mathematischen Funktionen mittels Algorithmen formalisieren und lösen lassen.

Die Ausbreitung „smarter" Programme, „sensitiver" Geräte und „responsiver" Plattformen geht mit veränderten Infrastrukturen, Praktiken und Paradigmen in der Programmierung einher, bei denen es eine Fixierung auf das Unberechenbare gibt. Dabei kursieren sehr unterschiedliche Zuschreibungen, wenn vom Unberechenbaren die Rede ist (Galloway 2021, 1–4). So kann mit dem Unberechenbaren ein Output gemeint sein, der für die Programmierenden und Nutzenden unvorhersehbar ist und damit zufällig wirkt. Zufallsfunktionen sind bereits seit den 1960er Jahren eine entscheidende Komponente für generative Programme, die „automatisch" Texte, Bilder oder Klänge produzieren. Doch handelt es sich dabei stets um einen berechneten Zufall, das heißt, es gibt für die Resultate durchaus Vorgaben, selbst wenn diese indirekt durch komplexere Abhängigkeitsverhältnisse (wie ineinandergreifende Wenn-dann-Befehle) bewerkstelligt werden oder es sich um Kombinationen handelt, deren offene Variablen durch ein arbiträres System bestimmt werden. Eine weitere Referenz für das Unberechenbare ist Kontingenz. Das Abgreifen und Anhäufen von „empirischen" Daten, wie es bei der mehr oder weniger wahllosen Datenerfassung mittels Sensoren oder des Trackings von User:innen-Verhalten passiert, bildet eine der Grundoperationen des sogenannten maschinellen Lernens – einer Programmiertechnik, die auf Induktion statt Deduktion setzt (Mackenzie 2017; Pasquinelli 2017). Das große Versprechen dabei ist, dass die Daten nicht durch Algorithmen in eine vorgegebene Ordnung gepresst werden, sondern dass durch die immerwährend abgleichende Akkumulation von Daten diese sich sozusagen selbst sinnvoll anordnen und so (neue) Zusammenhänge zwischen den Daten gefunden werden können. Immer komplexere Vernetzungen zwischen Sensoren, Computern, Umgebungen und Nutzenden als auch digitalen Infrastrukturen haben nicht nur zu einer Vermehrung der Datenproduktion geführt, sondern auch dazu beigetragen, dass kontingenten Daten ein höherer Wert zugeschrieben wird. Alexander Galloway (2021, 4) bringt es auf den Punkt, wenn er feststellt: „In a sense, randomness and contingency have become fully industrial. Today the computable is closely intertwined with the uncomputable."

Sei es in Form von Zufall oder Kontingenz, für Dieter Mersch stellt die
auf Unberechenbarkeit ausgerichtete Komputation allerdings keinen
prinzipiellen Umbruch dar. Berechenbare Verfahren – also Prozesse der
Algorithmisierung – sind ihm zufolge nur in ihrer Anwendung ausgeweitet
und nicht als solche verändert worden. Mit Rekurs auf Turing und in Anbetracht des schieren Wucherns diverser generativer KI-Programme, weist
Mersch daher jegliche Entgrenzungsbehauptungen des Algorithmischen in
ihre Schranken, wenn er feststellt:

> Heutige Computer bilden letztlich nichts anderes als mathematische
> Maschinen, deren Universalität mit dem Universum des Mathe-
> matischen zusammenfällt. Die ungeheure Bandbreite ihrer Ver-
> wendungen dokumentiert dabei die Bandbreite des mathematisch
> oder algorithmisch Darstellbaren. Doch können Computer umgekehrt
> immer nur das, was eine Turingmaschine kann; und sofern diese syn-
> taktisch funktioniert, können sie stets nur syntaktische Probleme, mit
> einem Wort: Rechenaufgaben lösen. (Mersch 2020, 491)

Demnach kann nur das berechnet werden, was algorithmisch formuliert
werden kann. Das bedarf wiederum einer sequenziellen Aufteilung
des zu Berechnenden in diskrete Elemente sowie einer systematischen
Formalisierung. Komputation setzt also die „schrittweise Zerlegung von
Phänomenen und Prozessen in operative Einheiten" voraus, wobei dieser
Vorgang, wie Mersch (2019, 69; Hervorh. i. O.) betont, nur problemlos aufgeht, „solange man einen *bestimmten Begriff von Welt* unterstellt, nämlich
einen, der mit dem Semiotischen oder Skripturalen zusammenfällt." Demnach insistiert Mersch darauf, dass unabhängig von der Art und Architektur
der Komputation – ob es sich beispielsweise um eine nacheinander oder
parallel geschaltete Datenverarbeitung handelt, oder ob Daten mittels
Sensoren erfasst oder auf Basis eines sprachlichen Indexes schema-
tisiert werden –, algorithmische Verfahren immer „eine ‚Diskretisierung'
oder ‚Dataierung'" voraussetzen. Alles, was mittels Algorithmen bewältigt
werden soll, erzwingt dessen Umwandlung in einen Vorgang, der in Einzel-
teile gliederbar sowie beschreib- und kategorisierbar ist. Folglich gibt es
laut Mersch eine intrinsische Begrenzung der Komputation: Ästhetische
Phänomene, unbestimmte Ereignisse, Prozesse der Reflexion könnten
nur um den fatalen Preis einer inadäquaten Reduzierung algorithmisch
bearbeitet werden. Merschs Kritik zielt demnach grundsätzlich auf eine
Delegitimation der unbegrenzten Anwendung der Komputation. Sie
mündet in ein Plädoyer für eine „prinzipielle Nichtberechenbarkeit im Sinne
einer ‚Nicht-Rekursivität' oder eines ‚nicht mathematischen Anderen'"
(Mersch 2019, 69). Damit beharrt Mersch darauf, dass das epistemische

Modell des Algorithmus einer Ontologie des Bezugs zuwiderläuft und dass Unbestimmtheit für eine algorithmische Rationalität letztlich unverfügbar ist. Alle Programme der KI-Industrie, die danach trachten, Denken oder Kreieren zu automatisieren, erweisen sich mit Mersch als fehlgeleitet und zum Scheitern verurteilt.

Dass das deduktive Prinzip auch bei den Verfahren des maschinellen Lernens (das wiederum zum Forschungs- und Industriezweig der KI gezählt wird) keineswegs ad acta gelegt ist, belegen nicht nur praxeologische Studien (Mackenzie 2017, 23), sondern ebenso zahlreiche Arbeiten, die aufzeigen, inwiefern die Funktionsfähigkeit dieser Verfahren bedingt ist durch die zuvor vorgenommene Kategorisierung von Daten als auch durch die Ordnungsprinzipien der statistischen Methoden, die in den verwendeten Algorithmen eingeschrieben sind (Chun 2021, O'Neil 2016). Sowohl beim Prozess der Datenproduktion als auch bei der Gestaltung von Algorithmen, die festlegt, wie mit den produzierten Daten weiter umgegangen werden soll, werden vordefinierte Bestimmungen getroffen – sei es durch eine bestimmte Überschreibung bzw. Codierung von Daten mittels Labeling und Click-Arbeit oder der Anwendung von statistischen Modellen. Darüber hinaus kann sogar die Interpretation von interagierenden Metallen, Mineralien und Elektrizität als binäre Signale als eine regelgeleitete Zurichtung begriffen werden.

Zwar arbeitet Merschs Kritik sozusagen den Konfliktkeim der Komputation heraus, nämlich das Einteilen und Ordnen in diskrete Einheiten, und kann damit insbesondere im Verbund mit machtkritischen Analysen instruktiv sein, doch übernimmt seine Argumentation das Setting der KI-Industrie, wenn sie davon ausgeht, dass es um eine Duplikation und Ablösung des Denkens oder Kreierens durch algorithmische Mittel ginge. Dieser Setzung zufolge geht es bei dem Projekt der Automatisierung um die computerbasierte Simulation (über-)menschlicher Fähigkeiten, wobei der Mensch als ein autonomer, höchstens vernetzter, Souverän imaginiert wird.[10] Mersch begegnet diesem Prinzip, indem er diesem Programm das Ästhetische und das vorher nicht zu bestimmende Relationale entgegensetzt. Dabei sind es Gegenüberstellungen von Determinismus und Freiheit, Kausalität und Spontanität, Nichts und Etwas, Schöpfung und Kalkül, Intensität und Extensität, die durch das Setting der KI-Industrie fortwährend wiederholt werden und letztlich in der von Mersch vorgebrachten Kritik bestätigt werden. So zeigt sich diese Anordnung eben auch in Merschs

---

10   Wohingegen das Projekt der Automatisierung die Transformation einer Tätigkeit zum Zwecke der Effizienz ist, und zwar durch die Aufrechterhaltung von hierarchischen und asymmetrischen Machtverhältnissen.

Gegenüberstellung von Berechenbarem und Nichtberechenbarem, wobei er zum einen die Wirksamkeit des Algorithmischen auf ein arelationales Funktionsprinzip reduziert und zum anderen Gefahr läuft Unbestimmtheit zu idealisieren. Was dabei verloren geht, ist nicht nur eine Situierung dieser Anordnung, sondern ebenso der Sinn für die Verstrickungen zwischen dem Berechen- und Nichtberechenbaren. Denn innerhalb der Setzung einer „relationalen Kritik" ist Komputation nicht universell, weil sie auf „die Bandbreite des mathematisch oder algorithmisch Darstellbaren" (Mersch 2020, 491) beschränkt ist, sondern weil das Universum des Mathematischen historisch-kontingent ist und algorithmische Darstellbarkeit auf Nichtkalkulierbares angewiesen ist. Dieser Verschiebung soll im Folgenden mithilfe des Begriffs der Rekonfiguration nachgegangen werden.

Rekonfigurationen

Wenngleich die Rhetorik der Rekonfiguration – in all ihren Facetten wie „reconfiguring", „reconfigured", „reconfigurings" – in Karen Barads Philosophie des agentiellen Realismus[11] sehr präsent ist, so wird sie nicht auf die gleiche Weise als eine diskursive (und mit Barad gedacht auch materielle) Intervention in Szene gesetzt, wie es beispielsweise bei „Intra-Aktivität", „Apparat" oder „Diffraktion" der Fall ist. Ohne Definition verwendet Barad die Wortfamilie wiederholt, um den agentiell-realistischen Ansatz einer „radikal relationalen Ontologie" (Hoppe und Lemke 2015, 263) zu beschreiben und zu erklären. Darin argumentiert Barad für eine fundamentale ontologische Relationalität der Realität im Sinne des Phänomenalen, des Seins und der Welt. Relationen sind dem agentiellen Realismus zufolge nicht gegeben, Relationalität – sich ereignende Relationen (Trinkaus 2014, 185) – aber schon. So schreibt Barad (2007, 334): „[R]elata do not preexist relations; rather, relata-within-phenomena emerge through specific intra-actions." Relata bilden nicht das Resultat von Relationen, sodass es zur Bestimmung eines Phänomens ausreichen würde, dessen Relationen zu ermitteln. *Relata und*

---

11   Obwohl Barad sich in ihren Schriften nicht vornehmlich der Komputation widmet, sind bereits zahlreiche und sehr unterschiedliche Arbeiten entstanden, die den Ansatz des agentiellen Realismus für eine Auseinandersetzung mit Komputation fruchtbar gemacht haben (Bath 2013; Bucher 2018; Eickelmann 2017; Matzner 2019; Nyckel 2022; Suchman 2018). Im hiesigen Kontext ist insbesondere die Arbeit von Lucy Suchman hervorzuheben, da sie ein Schlaglicht auf die Denkweise der Rekonfiguration geworfen hat. Da sich Suchmans Fragestellung jedoch nach dem Verhältnis von Menschen und Maschinen innerhalb agentieller Gefüge ausrichtet, gehe ich in diesem Beitrag nicht näher darauf ein.

Relationen sind aufeinander bezogen.[12] Relationen stehen hier also nicht für eine immerwährende ontologische Unbestimmtheit ein und Relata nicht für absolute Bestimmtheiten: Vielmehr sind beide im Ereignen der – in den physikalischen Terminologien Barads gesprochen – „Raum-zeitmaterialisierung" miteinander verstrickt (Barad 2007). Aus dieser Perspektive stellt der agentielle Realismus eine scharfe Trennung zwischen Determination und Offenheit infrage – beide sind partiell und miteinander verschränkt.

Der agentielle Realismus sollte nicht mit dem Ansatz der Kybernetik verwechselt werden, bei dem von der Unmöglichkeit einer epistemologischen Gewissheit ausgegangen wird, was letztlich zu einer ontologischen Verflachung führt: Während in der Kybernetik organische und anorganische Seinsweisen durch das Modell der Feedbackschleife zu gleichartigen Funktionsweisen erklärt werden, legt der agentielle Realismus eine Vielfalt von bedingten und veränderbaren Werdens- und Seinsweisen nahe, die keineswegs durch ein verallgemeinertes Konzept erfasst werden können. Zudem werden Ontologie und Epistemologie als miteinander verknüpft gedacht und zwar so, dass Seins- und Wissensweisen durch einander hindurch wirken. Demnach kann die Realität nicht als Gesamtheit gewusst werden, und zwar weil sowohl Wissen am Machen der Welt als auch die Welt am Machen des Wissens beteiligt sind. Welt wird somit gar nicht erst als eine Totalität gedacht. Wenn Wissensproduktion nicht einfach nur Welt abbildet, sondern am Werden der Welt beteiligt ist, weil Materialität sich relational realisiert, dann wird, so folgert Barad, die ethische Dimension der Verantwortung für das Weltmachen („worlding") zu einem entscheidenden Kriterium für epistemische Modelle. Wie Verfahren der Erkenntnis bewertet werden, ändert sich, wenn als Maßstäbe weder eine innere Logik noch äußere Gegebenheit dienen, sondern die Verschränkung zwischen Onto- und Epistemologie. Daher spricht Barad von einer „ethico-onto-epistemology" und formuliert diese als eine Politik von Ein- und Ausschlüssen: Mit dem Wissen darüber, dass jegliche Bestimmungen im Sinne von Materialisierungen Ein- und Ausschlüsse produzieren, geht die Verantwortung einher, an einem gerechteren Weltmachen mitzuwirken. Aus dem Praxisfeld der Physik stammend, ist es Barads politischer Einsatz, von einer Untrennbarkeit von Gerechtigkeit und Natur- und Technowissenschaften

---

12   Ich denke, dass dieses Verständnis von Relationalität durchaus mit Christian Schwinghammers (2022) Einwand korrespondiert, dass im Mittelpunkt von Barads Theorie Verschränkungen („entanglements") und nicht Relationen – wohlgemerkt in einem Kant'schen Sinne – liegen.

auszugehen, mit dem Anliegen, an der Veränderung von Praktiken und Prinzipien „innerhalb" dieser Wissenschaften mitzuarbeiten. So Barad:

> Denn nicht nur tragen Naturwissenschaften und Technologien zur Intensivierung der ungleichen Verteilung von Wohlstand, Ressourcen, Privilegierung und Benachteiligung bei, sie bearbeiten eben auch das Wesen von Macht. ... Deshalb gibt es einen dringenden Bedarf, *innerhalb* der Natur- und Technikwissenschaften daran zu arbeiten, dass deren rassistische, kolonialistische, sexistische, heterosexistische Geschichten beachtet und durch ihre aktuellen Funktionsweisen gestört werden. Dies wiederum muss ein Verständnis dessen beinhalten, *wie* diese Geschichten und die gegenwärtigen Funktionsweisen von Macht in den tatsächlichen naturwissenschaftlichen Praktiken operieren, so dass sie angesprochen werden und die naturwissenschaftlichen Praktiken verschoben und neu bearbeitet werden können, um verantwortungsvoller zu werden. (Barad und Theodor 2015, 175; Hervorh. i. O.)

Insofern ist Barad zufolge die Analyse asymmetrischer Machtverhältnisse nicht von Geltungsfragen zu trennen. Gerade ihre Verschränkung stellt die Voraussetzung für eine Arbeit an gerechteren Konfigurationen dar. Als eine weitere und damit verbundene Aufgabe benennt Barad die Hinwendung zum Nichtkalkulierbaren.[13] Wenn Barad in ihrer Arbeit die Nichtberechenbarkeit der Welt – wenn auch nicht im Kontext der Komputation – ins Spiel bringt und sich mit der Theorie des agentiellen Realismus für diese einsetzt, dann weder aufgrund einer ontischen Unbestimmtheit noch eines epistemischen Nichtwissens, sondern gerade aufgrund der Verstrickung von Ontologie und Epistemologie. Hierbei ist das Nichtkalkulierbare keiner bestimmten Sphäre vorbehalten. Vielmehr durchzieht es die Praktiken des Weltmachens und somit des Rekonfigurierens. Im Zuge einer Auseinandersetzung mit der weiterhin wirkenden Gewaltgeschichte der Kernkraft bringt Barad das Nichtkalkulierbare in zweierlei Aspekten zur Sprache: Erstens steht das Nichtkalkulierbare für eine Realität ein, deren relationale Konfiguration ein unfassbares Ausmaß an Grausamkeit und Zerstörung hervorbringt (konkret geht es dabei um die Folgen des Atombombenabwurfs auf Nagasaki durch US-amerikanisches Militär am 9. August 1945). Zweitens steht das Nichtkalkulierbare für eine Widerständigkeit innerhalb dieser Konfiguration ein, die mit der Hoffnung auf eine Rekonfiguration ihrer Relationen verbunden ist – denn, so Barad (2018, 62), „tools are never

---

13   Im englischsprachigen Original heißt es „incalculable" (Barad 2014; 2018). Gemäß der zuvor beschriebenen Erläuterung von Bettina Heintz kann das Nichtberechenbare als ein Spezialfall des Nichtkalkulierbaren erachtet werden.

entirely faithful to their masters." Innerhalb dieses relationalen, onto-epistemologischen Ansatzes ist das (Re-)Konfigurieren keinesfalls eine begriffliche Methode, die ausschließlich herrschaftskritischen Lebensweisen, Strukturen und Ordnungen vorbehalten ist.[14] Doch es lenkt die Aufmerksamkeit auf das Nichtkalkulierbare innerhalb gewachsener, flüchtiger wie zäher Beziehungsgefüge. Damit steht es jeglichen totalen Herrschafts- und Kontrollansprüchen epistemischer Verfahren entgegen. Mit Barad sind (Re-)Konfigurationen[15] machtvoll aufgrund ihrer Eingebundenheit in der Welt. Verschränktheit bedeutet demnach keine Allmacht, sondern eine Beschränktheit, die aber eben agentiell ist.[16]

Hieran lässt sich die Arbeit von Helen Verran anschließen und im Interesse der Frage der Komputation weiterführen. Verran hat sich genauer mit den Praktiken und Politiken der Verzahlung befasst. Anstelle von Zahlen spricht Verran (2010, 367) von „enumerated entities", die sie als „particular relational beings" begreift. Die Wirksamkeit von Zahlen wird durch ihre Einbettung in der Welt „am Leben gehalten". Es sind nämlich die verkörperten und eingeübten Relationen zwischen Dingen, Zeichen und Menschen, die „enumerated entities" überhaupt erst konstituieren, indem erlernt wird, welche Aspekte für spezifische Arten des Zählens, Rechnens und Messens

---

14 Passend hierzu sprechen David Gugerli und Ricky Wichum (2021, 10) in ihrer technikgeschichtlichen Analyse des Supercomputing in Stuttgart von einer „Konfigurationsgeschichte mit vielen Wechselfällen". Institutionen, Politik, Wissenschaft, Industrie und Technologie müssen immer wieder in neue Verhältnisse zueinander gebracht werden, damit es das Hochleistungsrechnen geben kann.

15 An dieser Stelle sei darauf verwiesen, dass es durchaus umstritten ist, in welchem Verhältnis Barads Ansatz damit zu demjenigen von Donna Haraway steht. Während Kathrin Thiele die Verwandtschaft zu Haraways Figuration betont (Thiele 2021), grenzt Astrid Deuber-Mankowsky (2019) Barads Onto-Epistemologie von Haraways situiertem Wissen ab.

16 Der ethico-onto-epistemologische Ansatz des agentiellen Realismus bedarf noch einer weiteren Diskussion, die hier jedoch aufgrund des thematischen Zuschnitts ausfällt. Zu bedenken wären dabei die vorgebrachten Kritiken u. a. von Andrea Seier sowie Katharina Hoppe und Thomas Lemke. Seier bemerkt, dass Barad eine Ontologisierung des Politischen anstelle einer Politisierung des Ontologischen betreibe, wodurch die Möglichkeit einer involvierten Kritik an Machtverhältnissen letztlich verwehrt werden würde (Trinkaus und Seier 2015, 176 f.), und auch bei Hoppe und Lemke ist die Stoßrichtung ähnlich, wenn sie bemängeln, dass dem agentiellen Realismus jeglicher Begriff von Konfliktualität fehle, sodass letztlich unklar bleibe, wie Ausschlüsse und asymmetrische Machtverhältnisse untersucht werden sollen. „An die Stelle einer Politisierung von Ontologie(n) tritt hier die *Ethisierung des Politischen*" (Hoppe und Lemke 2015, 273). Angesichts derartig überschwänglicher Formulierungen wie „The reconfiguring of the world continues without end" (Barad 2007, 170) wäre außerdem noch näher zu beachten, wie Endlichkeit, Sterblichkeit und Finalität beim Rekonfigurieren zum Tragen kommen.

als relevant gelten und welche der Beachtung irrelevant erscheinen. Zahlen sind nicht einfach gegeben. Ihre Existenz und ihren Legitimationsanspruch gewinnen sie nicht aufgrund einer Referenz auf ein abstraktes System, sondern durch sozio-kulturelle Praktiken, an denen sowohl Menschen als auch Nicht-Menschen teilhaben und die immer wieder aufs Neue etabliert werden.

> Importantly there are quite strict conditions under which enumerated entities come into existence as relational entities in our worlds. Part of the wonder of enumeration is that sets of very specific practices can indeed happen just as exactly as they need to, again and again, as repetitions. Sets of routine practices must be collectively, and more or less precisely, enacted in order for an enumerated entity to come to life. (Verran 2010, 367)

Verran bindet somit das Regelhafte des Mathematischen (oder des Algorithmischen, insofern als Aufzählungen, wie oben erläutert, algorithmisch verfasst sind) an die Performativität ritueller, routinierter Praktiken. Sie verweist auf die Geschichtlichkeit berechenbarer Entitäten und die soziotechnischen, materiellen und diskursiven Mittel, durch welche abstrakte Gesetzmäßigkeiten am Leben gehalten werden. Mit Verran lassen sich auch zahlenbezogene Gefüge als historisch konfiguriert und beziehungsstiftend begreifen. Sie sorgen für spezifische Orientierungen zwischen Körpern, Dingen, Zeichen und Kollektiven, wobei sich die Zwecke, die die rituellen Praktiken bewirken, durchaus verschieben können. Verran zufolge sind Zahlen somit immer mehr als sie „selbst". Zugleich gehen nicht alle an den Ritualen der Verzahlung Beteiligten vollends darin auf. Weder abgezählte Dinge noch zählende Körper nehmen stets reibungslos an den Prozessen teil, noch gelingt es der Verzahlung diese total zu vereinnahmen (Verran 2001).

Verrans Arbeit sensibilisiert dafür, inwiefern Zahlen gemacht werden („doing numbers") und wie verschiedene Arten des Zahlenmachens sich sowohl in ihren historischen Anliegen als auch den aktuellen Effekten unterscheiden. Wenn das Berechenbare das Einteilen und Zuordnen von Phänomenen voraussetzt, dann erweisen sich diese Tätigkeiten mit Verran und Barad als komplexe kollektive Sozio-Techniken, die nicht nur die Welt mit den Mitteln der Mathematik abbilden, sondern das Verhältnis zwischen dem Mathematischen und der Welt mit herstellen.

Dies gilt auch für Algorithmen oder – in Anlehnung an Verran – algorithmisch berechnete Entitäten. So verdeutlicht Bettina Heintz aus einer soziologischen Perspektive, inwiefern die formalistische Auffassung der

Mathematik, wie sie bei Turings algorithmischer Maschine zum Tragen kommt, ein sozio-kulturelles Konzept ist. Es steht in einem engen Verhältnis zur Industrialisierung, zur politischen Ökonomie und zu einem mechanischen Modell von Arbeit, wie es im Taylorismus betrieben worden ist – sowie genereller zur Rationalisierung als einen modernen „Modus der Beherrschung durch Berechnung" (Heintz 1993, 158), womit die Bindung von sozialen, ökonomischen, rechtlichen Beziehungen mittels einer aufgeteilten, zergliederten, formalisierten und regelhaften Organisation gemeint ist. Auch Matteo Pasquinelli hat gezeigt, dass die Geschichte des Algorithmus nicht einfach durch eine mathematische Logik geprägt ist, sondern deren Einbettung in sozio-ökonomische Kontexte. Der Ausdruck Algorithmus steht im Zusammenhang mit mehreren Umbrüchen, durch die sowohl ersichtlich wird, dass die Entwicklung von Rechenpraktiken keine „rein" mathematische Angelegenheit ist,[17] als auch dass sie am Weltmachen beteiligt sind. Den ersten Umbruch verortet Pasquinelli beim Wandel von einem Rechnen mit Abakus und dem römischen additiven Zahlensystem hin zum indo-arabischen Dezimalsystem, bei dem mit Stift, Papier und Fingern gerechnet wird. Bekanntermaßen geht der Begriff „Algorithmus" zurück auf „Algorismi", den latinisierten Namen von Muhammad ibn Musa al-Chwarizmi, der mit dem um 825 auf Arabisch verfassten Lehrbuch *Über indische Ziffern* u. a. auf Dezimalzahlen basierte Rechenverfahren vorstellte (Mersch 2020, 485; Pasquinelli 2021–22, 95). Dass sich das Dezimalsystem und dessen Operationen in Europa erst im Spätmittelalter durchgesetzt haben, hängt mit dem Handelskapitalismus zusammen und der damit verbundenen Anforderung für effizientere Rechentechniken. Beim zweiten Umbruch handelt es sich um den Übergang vom Dezimalsystem zum binären Zahlensystem, der wiederum mit dem Begehren verbunden ist, Arbeitsabläufe und Steuerungsvorgänge zu automatisieren (Pasquinelli 2021–22, 94, 99 f.). Dabei hat die Elektrifizierung des mechanisierten Rechnens – das heißt die Übersetzung einer binären Codierung in die zwei distinkten Zustände eines elektronischen Schaltkreises – maßgeblich zur folgenreichen Geltung des binären Rechensystems beigetragen. „For the first time in history", so Pasquinelli (2021–22, 100; Hervorh. i. O.), „sequences of numbers were used to represent not only quantities but *instructions*, that

---

17 An dieser Stelle möchte ich anmerken, dass Dieter Mersch (2019, 72) durchaus stattgibt, dass Mathematik (nicht Algorithmik) eine ästhetische Dimension hat, dank derer sie sich als eine „schöpferische Tätigkeit" erweisen kann. Damit wäre das Mathematische auch bei Mersch nicht „rein". Doch während Mersch die Differenz zwischen Kalkül und Schöpfung einzieht, um für eine Unverfügbarkeit im Werden oder Kreieren zu argumentieren, der ausschließlich auf dem Feld des Ästhetischen adäquat begegnet werden könnte, geht es hier um das Gewordensein des Kalküls.

is to say algorithms (which had themselves originally been expressions of numerical algorithms)." Beim Rechnen mit einem digitalen Computer findet also eine Art Einebnung zwischen Zahlenabfolgen und den Operatoren einer Rechnung statt, wobei die Zahlen nicht-mathematische Symbole repräsentieren (Pasquinelli 2021–22). Das heißt, dass mit dem binären System die Operationsschritte (Algorithmen) sowie die Elemente, mit denen operiert wird (Daten), formal angeglichen werden.

Entscheidend ist, dass diese Übergänge nicht einfach nur eine Frage der Darstellung eines ansonsten ahistorischen und universell gültigen Systems sind. Die unterschiedlichen Arten des Rechnens sind gebunden an sozio-technische, epistemische und ökonomische Veränderungen, die sich aus konkreten Interpretationen der Anforderungen des Lebens ergeben haben. *Ihre Wirksamkeit entfalten die Rechenoperationen erst durch ihre Einbettung in der Welt, die sie mit hervorbringen.*

Relationen des Berechenbaren und das Nichtberechenbare des Relationalen

Komputation als konfiguriert und konfigurierend zu begreifen, heißt nach der Verschränkung der Bedingungen der Komputation mit Komputation als Bedingung zu fragen. Auf die Verquickungen zwischen dem Berechenbaren und Nichtberechenbaren zu verweisen, hat dabei weder zum Ziel, die Funktionsweise der Komputation beliebig zu relativieren noch von einer maßlosen Zurichtung des Relationalen durch Komputation auszugehen. Vielmehr geht es um den Einsatz für eine „relationale Kritik" der Komputation, bei der das Relationale selbst zu einem heiklen und nicht heilen Phänomen wird. Dieser Ansatz einer „kritischen Relationalität" beharrt auf der Nichtberechenbarkeit des Relationalen, welche aber nicht auf der Vorstellung einer totalen Offenheit oder Unbestimmtheit beruht, sondern einer spezifischen und partiellen Involviertheit in der Welt. Zum anderen fragt dieser Ansatz nach den Relationen des Berechenbaren, also nach den Beziehungsgefügen, die Komputation realisieren. Hierfür sind die zahlreichen Forschungen zu den global verteilten Produktionsbedingungen der Komputation als auch den Konsequenzen und Effekten ihrer Anwendung aufschlussreich, die demonstrieren, auf welche verhängnisvollen Weisen Komputation in die Welt eingebunden ist – oder: durch welche verhängnisvollen Bindungen Komputation realisiert wird. So sind die Produktionsbedingungen maßgeblich durch eine hierarchische Arbeitsteilung und das kapitalistische und koloniale Prinzip der Extraktion bestimmt – also der asymmetrischen Abschöpfung von Kräften und Energien, wie sie sich sowohl bei der Ausbeutung menschlicher Arbeit entlang rassifizierter, vergeschlechtlichter Achsen der Ungleichheit vollzieht (sei es beim massenweisen Labeln von Datensätzen, der Förderung von Mineralien und Metallen oder der Zuarbeit durchgetakteter Warenlieferketten) als auch bei der Degradierung von Materialien zu Rohstoffen vonstattengeht (Crawford 2021; Pasquinelli und Joler 2020; Taffel 2019). Nicht anders verhält es sich bei den eingangs erwähnten Programmen ChatGPT und DALL-E, zu deren Konfiguration die unterbezahlte, prekäre und belastende Click-Arbeit von Menschen im Globalen Süden gehört (Köver 2023; Perrigo 2023). Es ist erst der immense Aufwand zwischen menschlichen und nicht-menschlichen Akteur:innen, der dafür sorgt, dass Komputation mehr oder weniger funktioniert, wobei die affektive Involviertheit der Nutzenden Teil der komplexen materiellen Infrastruktur der Komputation ist (Huck 2020). Zahlreiche weitere Analysen haben gezeigt, inwiefern die Funktionen angewendeter Komputation struktureller Ungleichheit dienen, bestehende Diskriminierungen aufrechterhalten und verstärken. Denn wenn lebensverändernde Entscheidungen – wie der Durchlass am Kontrollschalter internationaler Grenzübergänge, die Vergabe von vakanten Arbeitsstellen oder Prüfung der Kreditwürdigkeit – mittels Komputation bürokratisiert und automatisiert werden, handelt es sich um eine fortlaufende Klassifizierung, Rassifizierung und Vergeschlechtlichung von Menschen mit vermeintlich avancierten Mitteln. Techniken zur Produktion von sozialer Ungleichheit und Unterdrückung werden damit ausgeweitet, sodass bereits stigmatisierten Bevölkerungsgruppen wie Geflüchteten, Migrant:innen oder People of Color eine verschärfte Kriminalisierung, Diskriminierung und Gefährdung ihrer Leben droht (Benjamin 2019; Dongus 2019; Noble 2018; O'Neil 2016; Schwerzmann 2021). Derartige herrschafts- und machtkritische Ansätze, welche die Konzeption und Konstitution von Komputation in Produktion und Gebrauch problematisieren, adressieren Komputation als eine sozio-technische, geopolitische und ökonomische Lebensrealität, die jedoch keineswegs für jede:n gleich ist. Die Art und Weise, wie soziale Umgebungen aus Menschen, Artefakten und Natur von Komputation betroffen sind, wie ihre Lebensweisen daran gebunden sind und werden, welche Berührungspunkte sie damit haben, ist partikular und situiert und kann nicht unter einem Prinzip – wie der Berechenbarkeit – subsumiert werden.

Am Nichtberechenbaren des Relationalen festzuhalten, heißt zudem, für partielle Aufschlüsse und Öffnungen innerhalb dieser verhängnisvollen Relationalen der Komputation aufmerksam zu sein, deren beteiligte Lebensweisen nie vollends in der Komputation aufgehen. Hierfür kann an verschiedenen Dimensionen angesetzt werden, sei es der Materiellen, Konzeptionellen, Geopolitischen oder Imaginären, und zwar um an den Verhältnissen, wie praktizierte Komputation in der Welt eingebunden ist, und deren Wirkungsweisen mitzuarbeiten. So könnten zum Beispiel, wie Wendy Hui Kyong Chun (2021) vorgeschlagen hat, Programme der Mustererkennung zur Dokumentation sozio-politischer Ungerechtigkeit verwendet werden, anstatt sie als Mittel für Prognosen einzusetzen.

Wenn Komputation kritisch relational zu begegnen bedeutet, an deren Rekonfigurationen mitzuarbeiten, dann geht es nicht darum, Komputation danach zu beurteilen, inwiefern sie ein (in-)adäquates Abbild der Welt darstellt, sondern zu insistieren, dass sie eingebunden ist in die Welten, die sie *mit* hervorbringt.

Ich danke den Veranstalter:innen und anderen Teilnehmer:innen des Workshops für den konstruktiven und offenen Austausch. Mein besonderer Dank gilt Jasmin Degeling für das sorgsame Lektorat und die bedachten Anmerkungen, die den Text sehr bereichert haben. Großer Dank auch an Tobias Hantmann für seine liebevolle Unterstützung.

Literatur

Barad, Karen. 2007. *Meeting the Universe Halfway: Quantum Physics and the Entanglement of Matter and Meaning.* Durham: Duke University Press.

———. 2014. „On Touching – The Inhuman That Therefore I Am (v1.1)." In *Power of Material/ Politics of Materiality,* herausgegeben von Susanne Witzgall und Kerstin Stakemeier, 165–171. Zürich: Diaphanes.

———. 2018. „Troubling Time/s and Ecologies of Nothingness: Re-turning, Re-membering, and Facing the Incalculable." *New Formations: A Journal of Culture/Theory/Politics* 92, 56–86.

Barad, Karen und Jennifer Sophia Theodor. 2015. „Verschränkungen und Politik: Karen Barad im Gespräch mit Jennifer Sophia Theodor." In *Verschränkungen,* 173–213. Berlin: Merve.

Bath, Corinna. 2013. „Semantic Web und Linked Open Data: Von der Analyse technischer Entwicklungen zum ‚Diffractive Design'." In *Geschlechter Interferenzen: Wissensformen – Subjektivierungsweisen – Materialisierungen,* herausgegeben von Corinna Bath, Hanna Meißner, Stephan Trinkaus und Susanne Völker, 69–116. Münster: LIT-Verlag.

Benjamin, Ruha. 2019. *Race after Technology: Abolitionist Tools for the New Jim Code.* Cambridge: Polity Press.

Bucher, Taina. 2018. *If … Then. Algorithmic Power and Politics.* New York: Oxford University Press.

Chun, Wendy Hui Kyong. 2021. *Discriminating Data: Correlation, Neighborhoods, and the New Politics of Recognition.* Cambridge, MA: MIT Press.

Crawford, Kate. 2021. *Atlas of AI: Power, Politics, and the Planetary Costs of Artificial Intelligence.* New Haven: Yale University Press.

Deuber-Mankowsky, Astrid. 2019. „Queere Ökologien: Gegen die Ontologisierung von Queerness, für den Aufbau queerer Kollektive!" In *Hybride Ökologien,* herausgegeben von Susanne Witzgall, Marietta Kesting, Maria Muhle und Jenny Nachtigall, 167–179. Zürich: Diaphanes.

Dongus, Ariana. 2019. „Galton's Utopia – Data Accumulation in Biometric Capitalism." In *Spheres: Journal for Digital Cultures*, Nr. 5: 1–16.

Eickelmann, Jennifer. 2017. *»Hate Speech« und Verletzbarkeit im digitalen Zeitalter: Phänomene mediatisierter Missachtung aus Perspektive der Gender Media Studies*. Bielefeld: transcript.

Fazi, M. Beatrice. 2018. *Contingent Computation: Abstraction, Experience, and Indeterminancy in Computational Aesthetics*. London: Rowman & Littlefield.

Galloway, Alexander R. 2021. *Uncomputable: Play and Politics in the Long Digital Age*. London: Verso.

Gugerli, David und Ricky Wichum. 2021. *An den Grenzen der Berechenbarkeit: Supercomputing in Stuttgart*. Zürich: Chronos.

Heintz, Bettina. 1993. *Die Herrschaft der Regel: Zur Grundlagengeschichte des Computers*. Frankfurt: Campus.

Hiller, Moritz. 2019. „Computing." In *Grundlagentexte der Medienkultur: Ein Reader*, herausgegeben von Andreas Ziemann, 163–167. Wiesbaden: Springer VS.

Hoppe, Katharina und Thomas Lemke. 2015. „Die Macht der Materie: Grundlagen und Grenzen des agentiellen Realismus von Karen Barad." *Soziale Welt: Zeitschrift für sozialwissenschaftliche Forschung* 66, Nr. 3: 261–280.

Hörl, Erich. 2016. „Die Ökologisierung des Denkens." *Zeitschrift für Medienwissenschaft* 14, Nr. 1: 33–45.

Huck, Christian. 2020. *Digitalschatten: Das Netz und die Dinge*. Hamburg: Textem.

Hui, Yuk. 2021. *Art and Cosmotechnics*. Minnesota: University of Minnesota Press.

Köver, Chris. 2023. „Datenarbeit: Wie Millionen Menschen für die KI schuften." *Netzpolitik.org*. Zugriff 17. März 2023. https://netzpolitik.org/2023/datenarbeit-wie-millionen-menschen-fuer-die-ki-schuften/.

Lippert, Ingmar und Helen Verran. 2018. „After Numbers? Innovations in Science and Technology Studies' Analytics of Numbers and Numbering." *Science & Technology Studies* 31, Nr. 2: 1–12.

Mackenzie, Adrian. 2017. *Machine Learners: Archaeology of a Data Practice*. Cambridge, MA: MIT Press.

Matzner, Tobias. 2019. „The Human Is Dead – Long Live the Algorithm! Human-Algorithmic Ensembles and Liberal Subjectivity." *Theory, Culture & Society* 36, Nr. 2: 123–144.

Mersch, Dieter. 2019. „Kreativität und Künstliche Intelligenz: Einige Bemerkungen zu einer Kritik algorithmischer Rationalität." *Zeitschrift für Medienwissenschaft* 21, Nr. 2: 65–74.

———. 2020. „Rechnen." In *Technikanthropologie: Handbuch für Wissenschaft und Studium*, herausgegeben von Martina Heßler und Kevin Liggieri, 485–492. Baden-Baden: Nomos.

Nake, Frieder und Susan Grabowski. 2017. „Think the Image, Don't Make It! On Algorithmic Thinking, Art Education, and Re-Coding." *Journal of Science and Technology of the Arts* 9, Nr. 3: 21–31.

Noble, Safiya Umoja. 2018. *Algorithms of Oppression: How Search Engines Reinforce Racism*. New York: NYU Press.

Nyckel, Thomas. 2022. *Der agentielle Realismus Karen Barads: Eine medienwissenschaftliche Relektüre und ihre Anwendung auf das Digitale*. Bielefeld: transcript.

O'Neil, Cathy. 2016. *Weapons of Math Destruction: How Big Data Increases Inequality and Threatens Democracy*. New York: Crown Books.

Pasquinelli, Matteo. 2021–22. „From Algorism to Algorithm: A Brief History of Calculation from the Middle Ages to the Present Day." *Electra*, Nr. 15: 93–101.

———. 2017. „Neuronale Netzwerke und das Unberechenbare: Über die Automatisierung von Intelligenz als Statistische Interferenz." In *yet incomputable: Indetermination in the Age of Hypervisibility and Algorithmic Control*, herausgegeben von Elena Agudio, 60–71. Hamburg: Materialverlag der HFBK Hamburg.

Pasquinelli, Matteo und Vladan Joler. 2020. „The Nooscope Manifested. AI as Instrument of Knowledge Extractivism." KIM HfG Karlsruhe und Share Lab. Zugriff [15.11.2023]. http://nooscope.ai.

Parisi, Luciana. 2018. „Das Lernen lernen oder die algorithmische Entdeckung von Information." In *Machine Learning – Medien, Infrastrukturen und Technologien der Künstlichen Intelligenz,* herausgegeben von Christoph Engemann und Andreas Sudmann, 93–113. Bielefeld: transcript.

Perrigo, Billy. 2023. „Exclusive: OpenAI Used Kenyan Workers on Less Than $2 Per Hour to Make ChatGPT Less Toxic." *Time.* 18. Januar 2023. https://time.com/6247678/openai-chatgpt-kenya-workers/.

Schwerzmann, Katia. 2021. „Abolish! Against the Use of Risk Assessment Algorithms at Sentencing the US Criminal Justice System." *Philosophy & Technology* 34, Nr. 1: 1–22.

Schwinghammer, Christian. 2022. „Besides One Flow: Quantum Virtuality, Entangled Becomings, and the De-coherence of Ontology." In *Liquidity, Flows, Circulation: The Cultural Logic of Environmentalization,* herausgegeben von Mathias Denecke, Holger Kuhn und Milan Stürmer, 181–201. Berlin, Zürich: Diaphanes.

Seier, Andrea und Stephan Trinkaus. 2015. „‚Kein Außen der Materie': Relationen als Seinswert." *Zeitschrift für Medienwissenschaft* 12, Nr. 1: 171–177.

Suchman, Lucy. 2018. „Rekonfigurationen." In *Körper, Materialitäten, Technologien,* herausgegeben von Hannelore Bublitz, Käthe von Bose, Jutta Weber und Matthias Fuchs, 157–193. Paderborn: Fink 2018.

Taffel, Sy. 2019. *Digital Media Ecologies. Entanglements of Content, Code and Hardware.* New York: Bloomsbury Publishing.

Trinkaus, Stephan. 2014. „Welcher Tisch? Relationale Ontologien affirmieren!" *Zeitschrift für Medienwissenschaft* 11, Nr. 2: 179–185.

Turing, Alan. [1937] 1987. „Über berechenbare Zahlen mit einer Anwendung auf das Entscheidungsproblem." In *Alan M. Turing: Intelligence Service. Schriften,* herausgegeben von Bernhard Dotzler und Friedrich Kittler, 17–60. Berlin: Brinkmann & Bose.

Verran, Helen. 2010. „Enumerated Entities in Public Policy and Governance." In *Mathematics, Substance and Surmise,* herausgegeben von Ernest Davis und Philip J. Davis, 365–379. Heidelberg: Springer.

———. 2001. *Science and an African Logic.* Chicago: University of Chicago Press.

Real Humans – relational, rekonfiguriert

Maximilian Rünker

„Was ist ein Mensch? Was zeichnet ihn biologisch und sozio-kulturell aus? Was macht ihn unterscheidbar von anderen Wesen? Wie souverän ist er und welche Kräfte bestimmen sein Handeln, Denken und Selbstverständnis?" (Kunsthalle Düsseldorf [2015]) Mit diesen Fragen beginnt der Einleitungstext für die Ausstellung *Real Humans*, welche Irina Raskin im Frühjahr 2015 gemeinsam mit Elodie Evers kuratiert hatte. Die in der Kunsthalle Düsseldorf präsentierte Schau führte die Arbeiten von verschiedenen US-amerikanischen Künstler:innen zusammen: dem insbesondere den digitalen Künsten und der Computerspielästhetik verpflichteten Ian Cheng, dem Animationskünstler Jordan Wolfson sowie der vor allem mit audiovisuellen Formaten arbeitenden Wu Tsang.

Auf den ersten Blick könnte die einleitende Frage jedoch – in der Perspektive der an kritischer Relationalität interessierten Medienanthropologie – einigen Widerspruch hervorrufen: Wird hier nicht eine gewissermaßen festgeschriebene „Natur des Menschen", also genau die fixierende Ontologie des *anthropos* fortgeschrieben, von der es sich abzugrenzen gilt? Mit konkretem Blick auf die einzelnen Arbeiten kann dies jedoch entkräftet werden. Vielmehr scheint es diesen darum zu gehen, die biologischen, wirtschaftlichen und psychischen Strukturen, in der jede Form des menschlichen Existenzvollzugs eingebettet ist, zu befragen und die Konnotation des Wahrhaftigen oder gar Ursprünglichen, welche im ersten Wort des Ausstellungstitels mitschwingt, gezielt zu konterkarieren.

Eine der insgesamt drei ausgestellten Arbeiten Wu Tsangs (Kunsthalle Düsseldorf [2015]) macht dies deutlich. In *Shape of a Right Statement* sehen wir die Künstlerin, wie sie vor einem reflektierenden, offenkundig aus Pailletten bestehenden Vorhang sitzt und einen sogenannten Lip sync performt: Zu hören ist die Tonspur eines Youtube-Videos, welches die Autismusaktivistin Amanda Braggs vor rund 15 Jahren auf Youtube veröffentlicht hat. In diesem berichtet sie von den Diskriminierungserfahrungen, welche sie aufgrund ihres als soziopathologisch stigmatisierten Verhaltens bisweilen täglich erlebt. Bemerkenswert ist, dass Braggs dies mittels eines Sprachausgabegeräts artikuliert, eines spezifischen Computers, der verbale Vermittlung ohne den Einsatz der eigenen „Stimme" – im Sinne der akustischen, physiologischen Lautäußerung – zulässt. Die im Vordergrund positionierte Tsang imitiert nun Mimik, Atemrhythmus, Idiom und bisweilen sogar Schluckbewegungen der

Tonspur, ohne hierbei im eigentlichen Sinne selbst zu sprechen. Vielmehr ist es so, dass „Braggs ‚durch' Tsang gesprochen wird" (Evers und Raskin 2015), wie die Kuratorinnen im Begleitheft schreiben. Im ersten Moment scheint sich somit die Frage danach aufzudrängen, wer hier ganz konkret spricht – und zugleich erweist sich dies durch die verwobenen Ebenen des Performativen als im Grunde obsolet. Die Künstlerin, die Aktivistin, die spezifische technische Vorrichtung der sogenannten medialen Assistenz, das referenzierte Video, die referenzierende Arbeit, sie alle sprechen oder werden eher erst durch die Verschränkung miteinander zum Sprechen gebracht. Bezeichnenderweise verweist Tsang mit dem hintergründig zu sehenden Vorhang sowie der auf ihrem Kopf platzierten Perückenkappe und den leicht geschminkten Wimpern im weiteren Sinne auf die Ebenen des Darstellenden und des Theatralen.

Diese Konstellationen birgt nun einige Punkte, die in einem interessanten Verhältnis zu den von Raskin (2024) in *Wieder die Berechenbarkeit?* vorgebrachten Argumenten steht. So verstehen die Kuratorinnen die performative Praxis in Tsangs Videoarbeit als eine Form der Übersetzung, und somit als Verschiebung, welche zum Beispiel den konkreten Rahmen des Originalvideos – mit seinen Bezügen zu Verhaltensnormen und Diskriminierung – um Konnotationen der Vergeschlechtlichung erweitert. Von dieser Engführung ausgehend, könnte die ästhetische Strategie der Arbeit ebenso als Rekonfiguration gelesen werden. Raskin beschreibt diese in ihrem Text als dezidiert relationale Formel und verweist hierfür auf das Verständnis des Begriffs bei insbesondere Karen Barad wie ebenso Helen Verran. Etymologisch ließe sich der Begriff jedoch zuvorderst als eine neuerliche Anordnung oder alternierende Zusammenstellung begreifen – und genau dies scheinen die performativen Elemente in *Shape of a Right Statement* zu leisten. Der kritische, ästhetische Mehrwert der Arbeit ist weniger in der künstlerisch aufgeladenen Bearbeitung und Verfremdung von bereits zuvor publiziertem, selbstdokumentarischem Material auszumachen, sondern liegt vielmehr im Rekonfigurieren als in Szene gesetzter Relationalität. Mehr noch: Mit den offenkundigen Bezügen zur Performancekultur des Drags – so wird im Begleittext erläutert, dass Tsang die Aufnahmen in einem berühmten LGBTQ-Club in Kalifornien drehte – werden insbesondere die Ordnungen von Geschlecht und Zugehörigkeit als fortwährende Rekonfigurationen ausgewiesen, deren Umrandungen immer wieder neu zusammengestellt und verschoben werden können. Statt einer fixierenden Festlegung zeigt die Arbeit somit vielmehr eine dynamische Logik, die den Vermischungen und Verwischungen menschlicher Existenzweisen aussagekräftiger begegnet als die häufig binär verfassten Unterscheidungen. Diesem Impetus folgen im Übrigen auch die weiteren, im Rahmen der Ausstellung zu sehenden Produktionen Tsangs, insbesondere die zu gleichen Teilen dys- wie utopische Filmerzählung *The Bliss*.

Hiermit zeigt sich die mehrdimensionale Produktivität des Begriffs des Rekonfigurierens: Von Raskin in ihrem Beitrag auf eine dezidiert medien-philosophische Verhandlung rezenter Technologiediskurse bezogen, zeigt sich dessen Potenzial ebenso in ästhetischen Kontexten. Verbindend bleibt, dass die Autorin und Kuratorin in beiden Fällen ein teils reziprok zu formulierendes Verständnis von Relationalität verfolgt, welches sich dezidiert gegen eine Vorstellung des „Echten" im Sinne des feststellbar Ursprünglichen wendet. Die *Real Humans* verdeutlichen, wie unproduktiv die Frage nach einem umreißbaren Wesen des Menschen letztlich ist.

Literatur

Evers, Elodie und Irina Raskin. 2015. „Wu Tsang – Shape of A Right Statement." In *Real Humans. Begleittexte zur Ausstellung*, herausgegeben von Kunsthalle Düsseldorf.
Kunsthalle Düsseldorf. [2015]. „Real Humans." Booklet zur Ausstellung vom 7. Februar bis 19. April 2015 in der Kunsthalle Düsseldorf. Kunsthalle Düsseldorf (Homepage). Zugriff 23. August 2023. Real Humans / Kunsthalle Düsseldorf (kunsthalle-duesseldorf.de)
Raskin, Irina. 2024. „Wieder die Berechenbarkeit: Rekonfiguration der Komputation." In *Szenen kritischer Relationalität*, herausgegeben von Charlotte Bolwin, Jasmin Degeling, Gabriel Geffert, Martin Kallmeyer, Gereon Rahnfeld, Nathalie Schäfer und Katia Schwerzmann, 157–176. Lüneburg: meson press.

NEUE MATERIALISMEN

ÄSTHETIK

KRITIK

BAPTISTE MORIZOT

DIPLOMAT:INNEN

Sensoren statt Zensoren: Zur Kritik als ästhetisches Mit-Denken

Rémy Bocquillon

Relationale Ansätze wie die Neuen Materialismen stellen das herkömmliche Verständnis der Kritik, welches notwendigerweise von einer Distanz zwischen Subjekt und Objekt ausgeht, infrage.[1] Sie fordern damit die außen liegende Position der Kritiker:innen ebenso heraus wie deren dualistische ontologische Voraussetzung. Stattdessen schlagen sie vor, dass die Praxis der Kritik zu einer bestimmten Art der Assoziation, der Beziehung und sogar zu einem Modus von Erfahrung werden könnte, der jenseits der strikten Trennung von Subjekt und Objekt oder Natur und Kultur liegt. In diesem Beitrag werde ich zeigen,

---

1   Die Inspiration für den Titel dieses Beitrags stammt aus einem Zitat in Kodwo Eshuns (1998, 001) Buch *More Brilliant than the Sun*: „You are not censors, but sensors, not aesthetes but kinaesthetes. You are sensionalists. You are the newest mutants incubated in wombspeakers."

wie die von Baptiste Morizot in *Manières d'être vivant* vorgestellte Figur der Diplomat:in als eine solche Form der Kritik verstanden werden könnte. Anschließend an neumaterialistische Ansätze verkörpert sie eine Kritik der Relationen, die nicht von außen, sondern von innen und durch die Relationen gedacht und praktiziert wird. Darüber hinaus werde ich argumentieren, dass diese Position notwendigerweise dazu auffordert, ästhetische Praktiken auf radikale Weise zu überdenken.

Relationen in der Krise

Einer der bedeutendsten Beiträge der Neuen Materialismen (in seinen vielfältigen Varianten) ist es, eine Grundlage dafür zu schaffen, dass das Lebende wie die „critters" (Haraway 2016), also die Kriechtiere und Mikroben sowie das Nicht-Menschliche und das Mehr-als-Menschliche, nicht nur als Forschungsobjekte, sondern als Teile von Netzwerkensembles, in welchen wir als Forscher:innen mit ihnen verwoben sind, ernst genommen werden (Barad 2007; Haraway 2016). Die Relationen und die relationalen Differenzierungen spielen in diesem Denken eine Hauptrolle, sowohl in theoretischer als auch in methodologischer Hinsicht (Bryant, Srnicek und Harman 2011; Debaise und Stengers 2015; Kissmann und van Loon 2019). Anders als in einer klassischen „Soziologie des Sozialen" (Latour, 2005),[2] die die Besonderheit des menschlichen Subjekts unterstreicht, fordern die multiplen Theorien der Neuen Materialismen die Subjekt-Objekt-Dichotomie sowie den zu einer Gegenüberstellung von Natur und Kultur führenden menschlichen Partikularismus grundlegend heraus. Gerade deshalb wirkt im Zeitalter des Anthropo-Capitalo-Chthulu-Zäns, in dem wir uns nach Donna Haraway (2016) befinden, der Status relationaler Verwobenheit des Menschen mehr als nur „kompliziert". Wie es die gegenwärtigen ökologischen und politischen Krisen deutlich machen, werden (oder bleiben)

2   Latour versteht unter Soziologie des Sozialen vor allem die Theorien von Émile Durkheim und Max Weber. Zusätzlich dazu könnte auch eine phänomenologische und hermeneutische Wissenssoziologie, die zum Teil aus Peter Bergers und Thomas Luckmanns Sozialkonstruktivismus stammt, als solche beschrieben werden (Kissman und van Loon 2019).

komplexe Relationen kritische und dringende „Dinge von Belang" (Latour 2004).

Laut dem Philosophen Baptiste Morizot, der sich in seinem bisher noch nicht ins Deutsche übersetzten Buch *Manières d'être vivant* auch den Neuen Materialismen zuwendet, sind es insbesondere unsere Relationen *zum Lebenden*, die in diesem Kontext von Bedeutung sind (Morizot 2020, 15 f.). Nach Morizot werden Relationen seit der Moderne vor allem in zwei getrennten Ordnungen gedacht: menschliche soziopolitische Relationen, und Relationen zum nicht-menschlichen Lebenden. Letztere werden einer Reduktion unterworfen, indem sie lediglich als „Natur" oder „Ressource" behandelt werden. Natur wird hierbei entweder ausgebeutet oder sakral überhöht und bleibt dadurch das unerreichbare Andere, von dem die Menschen sich vermeintlich getrennt hätte. Sie wird vernachlässigt, entfremdet, unsichtbar gemacht. Eine Distanz wird zwischen dem denkenden modernen Subjekt und dem natürlichen Objekt hergestellt. Auch wenn politisches Engagement und wissenschaftliche Diskurse bereits versuchen, die „Natur" entgegen dieser Reduktion wieder hörbar und sichtbar zu machen, bleibt für Morizot hierbei ein Aspekt wenig erforscht: die Krise des Sinnlichen.

> Mit „Krise des Sinnlichen" meine ich eine Verarmung dessen, was wir fühlen, wahrnehmen, verstehen und als Beziehungen zum Lebenden knüpfen können. Eine Reduzierung der Bandbreite an *affects*, *percepts*, *concepts* und Praktiken, die uns mit ihm verbinden. (Morizot 2020, 16, übersetzt vom Verfasser)[3]

Wie Morizot in Anlehnung an Anthropolog:innen wie Eduardo Viveiros de Castro (2015) oder Philippe Descola (2013) erklärt, liegt das Problem der Krise des Sinnlichen darin, wie die Erfahrung der „Natur"[4] vor allem in modernen Gesellschaften von einem vernunftbasierten Wissen getrennt wurde (Morizot 2020, 16, 31). In dualistischen, bifurkierenden Philosophien[5]

---

3   Originalzitat: „Par ‚crise de la sensibilité', j'entends un appauvrissement de ce que nous pouvons sentir, percevoir, comprendre, et tisser comme relations à l'égard du vivant. Une réduction de la gamme d'affects, de percepts, de concepts et de pratiques nous reliant à lui.»

4   Dabei meint Morizot vor allem die ästhetische, also sensible Erfahrung.

5   Der Begriff *Bifurkation der Natur* wird vom Philosophen Alfred North Whitehead verwendet, um die dualistischen Trennungen zwischen Subjekt/Objekt, Natur/Kultur zu erklären bzw. zu kritisieren. Durch diese Bifurkation wurde die Natur in zwei Gebiete gespalten: „the nature apprehended in awareness and the nature which is the cause of awareness" (Whitehead 2015, 21). In dieser Darstellung wird die „erste Natur" als die erfahrbare Natur verstanden, also Farben, Klänge, Wärme usw., sowie alles, was manchmal als „sekundäre" Qualitäten eines Objekts bezeichnet wird. Die

wurde Natur essenzialistisch verklärt. Sie wurde zur Landschaft: ein Hintergrund, eine bemalte Leinwand, ein Immer-schon-Gegebenes. Die singenden Vögel, die zirpenden Insekten, der Wasserfluss über Steine, der Windstoß in Ästen und Blättern wurden zur „Stille", zum kontemplativen „white noise" für diejenigen, die dem tatsächlichen Lärm der zu-modernen, zu-technologischen Stadt entgehen wollen (Morizot 2020, 17 f.). In dieser fragwürdigen Verschiebung wurde „Natur" zugleich auf das Andere reduziert: auf ein Objekt, auf welches Sehnsüchte und Begierden projiziert werden oder das schlicht ausgebeutet wird. Es wurde zu einer Projektions- fläche für einen westlichen, weißen und männlichen *ästhetischen Moralismus*, der, wie Marie Thompson es erklärt (2017, 101), oft nicht nur Natur und Kultur, sondern auch Natur und Technik gegenüberstellt. So wurde eine moralische und ästhetische Distanz zwischen dem mensch- lichen Subjekt und der Natur hervorgebracht. Die derzeitigen ökologischen Krisen veranschaulichen, wie tief diese Trennung nicht nur in alltäglichen Praktiken, sondern auch beispielsweise in der akademischen Forschungs- praxis verwurzelt ist. Ihre Auswirkungen dehnen sich auf unser Denken über Leben und „Natur" aus, und auf die Art und Weise, wie wir Relationen und Bindungen zum Lebenden konzipieren und praktizieren (Bocquillon 2022, 45; Montebello 2015a, 97 f.).

Mit der Krise des Sinnlichen ist das Problem der Relationen also ein ästhetisches, bevor es überhaupt zum ethischen oder politischen Problem werden kann. Gemeint ist Ästhetik hier nicht im alltäglichen Verständnis des Schönen und Angenehmen, sondern im Sinne der philosophischen *aisthesis* als Lehre von der sinnlichen Anschauung und Erfahrung – als einer Form der Begegnung. Es ist die Frage eines über eine dualistische Denkweise hinausgehenden ästhetischen *Mit-Denkens*, die sich als Reaktion auf die Krise auch für die sozial- und medienwissenschaftlichen Praktiken selbst stellt. Die Frage des ästhetischen *Mit-Denkens* ist not- wendig, da die Produktion von Wissen über und Kritik an dem (mensch- lichen oder nicht-menschlichen) Anderen genauso eine Mitgestaltung der Relationen ist und daher selbst innerhalb von Relationen und Interessen verflochten ist (van Loon 2014). Vor diesem Hintergrund stellt sich des Weiteren die Frage, inwieweit Forschungspraktiken durch „eine tragische

---

andere Natur, als Gebiet der Wissenschaft, beinhaltet laut Whitehead die Elektronen, Moleküle und inhärenten oder primären Qualitäten des Objekts. Kurz gesagt, alles was die Erfahrung überhaupt möglich macht. Für Whitehead sind also Natur/ Kultur-Dualismen eine Folge dieser Bifurkation in der Erfahrung der Natur. Auf seine scharfe Kritik an dieser Bifurkation wird oft in neumaterialistischen Philosophien referiert. Siehe beispielsweise Pihet et al. (2017), Stengers (2017) sowie Debaise und Stengers (2016).

Verelendung der Aufmerksamkeits- und Verfügbarkeitsmodi, die wir mit Lebensformen unterhalten" (Morizot 2020, 275, übersetzt vom Verfasser) betroffen sind, wie der Science-Fiction-Schriftsteller Alain Damasio[6] im Nachwort zu Morizots Buch schreibt.[7] Inwieweit kann die Verstärkung der ästhetischen und damit sinnlichen Dimension zu einer (Wieder-)Herstellung der Relationen zum Lebenden führen? In diesem Artikel werde ich, Morizot folgend, die Figur der Diplomat:in als eine mögliche Antwort auf die Krise des Sinnlichen darstellen. Ich werde argumentieren, dass Diplomatie im Sinne eines „Diplomatischwerden" einen Weg bieten kann, Kritik und Wissen nicht aus einer vermeintlichen Distanz und damit außerhalb des Erforschten, sondern aus den Relationen heraus und in ihrer Mit-Gestaltung, zu produzieren.[8] Um auf Morizots eigenen Lösungsvorschlag besser eingehen zu können, werde ich im folgenden Abschnitt die neumaterialistische Positionierung in Bezug auf Wissen und Erfahrung kurz erläutern und versuchen darzulegen, wie der bisher vorgebrachte Krisenbefund mit einer Kritik der Relationen zusammenhängt. Im dritten Teil werde ich Morizots Vorschlag zur Einführung der Figur der Diplomat:in als relationale Form der Kritik deuten und genauer beschreiben. Abschließend werde ich darlegen, wie eine daran anschließende Praxis relationaler Kritik in einem Experimentieren mit ästhetischen Relationen bestehen könnte.

Kritik und Relationen

Wenn die Krise der Relationen eine Krise des Sinnlichen ist, also eine Krise der Aufmerksamkeit, der Bindung und der Antwortfähigkeit gegenüber dem Lebenden, dann wird die Frage „Wie wird ein Bezug hergestellt?" zu „Wie können Relationen körperlich und ästhetisch gedacht werden"? Sie wird zum Versuch eines ästhetischen *Mit-Denkens* mit dem Lebenden als körperliche und sinnliche Praxis in einer Denken-Tun-Bewegung, bei der keine Trennung zwischen Theorie und Empirie, zwischen Konzepten und ihrer tatsächlichen Arbeit in der Welt zu bemerken wäre (Manning et al.

---

6   Damasio beschäftigt sich ausführlich mit diesen Themen, beispielsweise in Bezug auf sein Verständnis von Science-Fiction und Narration. Siehe zum Beispiel seinen letzten Roman *Les Furtifs* (auf Deutsch: *Die Flüchtigen*) und seine Experimente mit multiplen Erzähler:innen und kreativer Typografie (*typoésie*) (Damasio 2021). Damasios Schreiben wird somit zum „sonic writing" oder zur „sonic fiction" (Schulze 2020): Es provoziert eine Aufmerksamkeit für die Erfahrung und die Relation.

7   Originalzitat: „Un appauvrissement tragique des modes d'attention et de disponibilité que nous entretenons avec les formes de vie.»

8   Wie im späteren Verlauf genauer dargestellt wird, weisen Morizots Diplomat:innen eine gewisse Nähe zu Bruno Latours (2013) eigener „diplomatischer Praxis" auf, die dieser in *An Inquiry into Modes of Existence* vorstellt.

2018). Wie ist es aber möglich, inmitten von Relationen positioniert, als Teil von Interessennetzwerken, immer in Praktiken der Vermittlung und Transformation einbezogen (Latour 2013; Latour und Woolgar 1986), also in sinnliche Nähe, in ästhetischen Beziehungen eingebettet, Formen von Kritik zu entwickeln und aussagekräftiges Wissen zu produzieren? Können Kritik und Wissen aus der sinnlichen Erfahrung praktiziert bzw. produziert werden? Welches Verständnis von Wissen wird dabei vorausgesetzt und welche Bedingungen wären mit solchen Praktiken verbunden?

Diese Fragen, die sich aus der Kritik an der Trennung zwischen einem menschlichen Subjekt und der Natur ergeben, bedürfen als Antwort eine Verschiebung des Verständnisses einer Praxis der Wissensproduktion. Die Verschiebung bezieht sich vor allem darauf, wie eine Kritik aus den Relationen heraus gedacht werden kann, wenn sich diese eben nicht auf ein Außenstehen des kritisierenden Subjekts beruft. Um diese Problematik zu erläutern, verdeutliche ich hier nochmal das herkömmliche Verständnis von Kritik als aus der Distanz operierend, bevor ich mich im nächsten Schritt anhand von Morizots Diplomat:in einem konkreten Beispiel des Versuchs des ästhetischen *Mit-Denkens* widmen kann.

Sozialwissenschaftliche Praktiken sind häufig mit Kategorisierungen behaftet, die aus dem oben genannten Dualismus heraus entstanden sind.[9] Der Dualismus weitet sich zwischen einem wissenden (menschlichen) Subjekt und einem erkennbaren Objekt aus und ruft so bestimmte Praktiken der Wissensproduktion und Kritik hervor. Wissen, und bis zu einem gewissen Grad die Möglichkeit von Kritik, kann nur in einem einzigen, von Vernunft dominierten Modus produziert werden, oder wie der Philosoph Pierre Montebello (2015b) es nennt, in einem „intellektualisierten Modus". Dieser vernachlässigt die Multiplizität anderer Modi und entfremdet diese, obwohl sie eigentlich mit den Praktiken der Wissensproduktion und der Kritik verflochten sind und vom „common sense" bis hin zur Magie (Stengers 2017) reichen. In diesem dualistischen Verständnis scheinen also Kritik sowie die Produktion von Wissen nur aus der Distanz möglich zu sein.

Wie Holger Schulze (2018, 179) es in *The Sonic Persona* beschreibt, impliziert diese Positionierung, dass Kritik immer mit Analyse oder mit einer rationalen und vollständigen Erklärung gleichgesetzt wird. Dieses Verständnis reduziert Kritik nicht nur auf ein vernunftbasiertes Urteil, es

---

9   Innerhalb der kritischen Soziologie oder der Wissenssoziologie wirkt der ontologische Status der Akteur:innen zum Teil immer noch als Apriori-Verfestigung einer Handlungsfähigkeit und wiederholt dabei die Dualismen Subjekt/Objekt aus einer anthropozentrischen Perspektive heraus (Kissmann und van Loon 2019; Latour 2005, 85).

lokalisiert und positioniert auch die Kritiker:innen und Denker:innen an einem besonderen und komfortablen Ort: außerhalb der Relationen selbst. Eine Distanz wurde im Labor, im Rahmen des perfektionierten und wieder-holbaren Experiments, aus dem Vakuum der Prüfung/Untersuchung, zwischen den Kritiker:innen als quasi-göttlichen Subjekten und ihren verstummten Objekten der Kritik als handlungsunfähigen gedankenlosen Dinge hergestellt (vgl. Latour 2004; Latour und Woolgar 1986). Wie Schulze es in Anlehnung an Michel Serres (1985) mehrmals ausgedrückt hat, ist es in der Tat eine der letzten aufrechterhaltenen Wahrheiten des Westens zu glauben, dass Kritiker:innen/Denker:innen/Wissenschaftler:innen nur dann eine gute Arbeit leisten, wenn sie diese aus der Distanz betreiben (Schulze 2018, 2020).

Sich hiergegen zu positionieren und eine Kritik aus den Relationen heraus zu praktizieren, bedeutet allerdings nicht, dass wissenschaftliche Arbeit als solche negiert werden sollte oder dass wir in eine Art *anything-goes*-Moment à la Feyerabend (1983) gerückt sind. Die Voraussetzung für ein relationales und ästhetisches *Mit-Denken* sollte vielmehr sein, ein – wie Bruno Latour (2013, 55) argumentiert – multimodales Verständnis von Wissensproduktion zu praktizieren und der Hegemonie eines bestimmten Modus der Wissensproduktion gegenüber konsequent kritisch zu sein. Denn, wie Donna Haraway (1988) beschrieben hat, ist Wissen, auch wenn es nach wissenschaftlichen Objektivitätskriterien produziert ist, immer situiert. Auch die Praxis der (philosophischen) Kritik ist, wie beispiels-weise Michel Callon (2013) zeigt, immer schon in Interessennetzwerken als Teil von Kontroversen gefangen. Diese Praktiken können folglich nicht in einem luftleeren Raum oder jenseits von Erfahrungen in der Welt lokalisiert werden. Sie werden innerhalb von Perspektiven und Diskursen ver-körpert und positioniert sowie zwischen Machtverhältnissen verhandelt. Die Wissenschaft als legitime Trägerin der Wahrheit zu privilegieren, mag vielleicht in der Vergangenheit, in einer Art *golden age* der Moderne funktioniert haben, wie Isabelle Stengers (2011) in ihrer Geschichte der modernen Wissenschaft zeigt. Heutzutage genügt allerdings die Wissen-schaftlichkeit einer Tatsache als solche längst nicht mehr, um (weite Teile der Öffentlichkeit) zu überzeugen – auch wenn diese Tatsache selbst unbe-stritten scheint (vgl. Latour 2004; Stengers 2017).

Wenn die Haltung von Morizot, Haraway und den Neuen Materialismen impliziert, dass eine Kritik auf der Basis eines dualistischen Verständnisses nicht möglich ist, stellt sich die Frage, ob sich damit auch die Praxis der Kritik als solche verunmöglicht. Vor dem Hintergrund des bisher Aus-geführten ist dies allerdings zu verneinen. Es ist vielmehr eine Haltung

anzustreben, die uns dazu zwingt, die tatsächlichen Praktiken der Wissensproduktion und der Kritik von der gelebten Erfahrung her neu zu denken;
nicht notwendigerweise als Erklärung oder Urteil, sondern als Addition
oder Zusatz zur Wirklichkeit: als eine Multiplikation der Versionen, wie
Vinciane Despret und Stéphane Galetic (2008) dies nennen, oder als Wert-
schöpfung statt Evaluation im Sinne einer Praxis der *research-creation*
(Manning et al. 2018; Sha 2013). Hierfür braucht es folglich ein Denken,
das die sinnliche, die ästhetische Dimension der Kritik aus den Relationen
heraus aufnimmt. Dies ist die Voraussetzung für ein ästhetisches *Mit-
Denken* und keine Aufforderung, Kritik als solche abzulehnen. Vielmehr
geht es darum, ihre existierende ästhetische Dimension, ihre Verwebung in
multiplen Modi der Wissensproduktion zu erkennen und zu bekräftigen.

> *„Il n'y a pas d'anges de la relation, il n'y a pas*
> *de sages qui ne viennent de nulle part."*
> — Morizot 2020, 220[10]

Die Figur der Diplomat:in

Im Folgenden möchte ich argumentieren, dass die Figur, oder besser:
die Haltung der Diplomat:in, wie sie von dem französischen Philosophen
Baptiste Morizot (2020) in *Manières d'être vivant*[11] eingeführt wurde, als eine
Möglichkeit verstanden werden könnte, um die Praxis der Kritik nicht von
einem Außerhalb, sondern von innen heraus zu konzipieren und damit
ein ästhetisches *Mit-Denken* zu etablieren. Bei dieser Haltung sind die
Kritiker:innen/Denker:innen – im Sinne von *inter-esse* – immer da-zwischen
(Callon 1986). Damit möchte ich zeigen, dass ein „Diplomatischwerden" zur
hilfreichen, wenn nicht sogar notwendigen Haltung für die Praxis der Kritik
werden kann und dass dieses erst durch ästhetische Praktiken erfolgt.
Inwiefern bildet Morizots Diplomat:in eine mögliche Antwort, um sich der
oben erwähnten Krise des Sinnlichen entgegenzustellen? Und inwiefern
wird die diplomatische Praxis dabei zum ästhetischen *Mit-Denken*?

---

10   Deutsche Übersetzung: „Es gibt keine Engel der Relation, es gibt keine Weisen, die
     nicht von irgendwoher kämen."
11   Die Figur der Diplomat:in wurde von Morizot (2016) zum ersten Mal in seinem Buch
     Les Diplomates: Cohabiter avec les loups sur une autre carte du vivant vorgestellt. Die
     Verbindung zwischen der Figur der Diplomat:in und der Krise der Relationen und des
     Sinnlichen passiert allerdings erst in *Manières d'être vivants*. Deshalb liegt der Fokus
     hier auf diesem Buch.

Die Diplomat:innen,[12] die als Konzept zum Teil an Bruno Latours (2005, 2013) diplomatische „Vermittler:innen" oder Isabelle Stengers (2022) „Kosmopolitik" erinnern, dienen zuvorderst den Relationen selbst und insbesondere den Relationen zum Lebenden. Die Diplomat:innen erkennen notwendigerweise die Intelligenz der verschiedenen menschlichen und nicht-menschlichen Akteur:innen an. Dies passiert jedoch nicht unbedingt durch Bewusstsein oder Vernunft, sondern vielmehr im Sinne einer Empfindungsfähigkeit und somit als „verortende Dimension der Konzeption ihrer eigenen Interessen" (Morizot 2020, 242): Sie lösen keine Konflikte, unterstützen aber Formen der Koexistenz und Zugehörigkeit und verteidigen somit Interdependenz und relationale Komplexität der multiplen Akteur:innen, die zugleich immer auch Konflikte, Unstimmigkeiten und konstante Verhandlungen beinhalten.[13]

Zusätzlich, und das ist wahrscheinlich der Hauptunterschied zu unserem alltäglichen, politisch informierten Verständnis des Begriffs *Diplomat:in*, wird diplomatische Arbeit im Sinne Morizots nicht von einer Institution oder einer partikulären Akteur:in, egal welcher Größe, beauftragt. Die Diplomat:innen reden nicht für andere und sind keine Fürsprecher:innen oder Vertreter:innen der menschlichen und nicht-menschlichen Akteur:innen mit festen und vordefinierten Interessen. Ähnlich wie bei der Akteur-Netzwerk-Theorie kristallisiert sich die Handlungsfähigkeit der Akteur:innen (und in diesem Fall ihr „Diplomatischwerden") nicht im Voraus, sondern erst aus den Relationen selbst heraus. Wer Diplomat:in werden kann, ergibt sich also frühestens, wenn man schon mittendrin ist, und kann folglich nicht a priori entschieden werden. Es ist weniger eine Wahl, als vielmehr eine Erfassung.

---

12   Um eine besondere Bindung zum Lebenden hervorzuheben, wird diese eher administrative Figur den Schaman:innen oder Zauber:innen vorgezogen. Morizot erklärt mit Bezug hierauf, dass diese Wortwahl mehr mit einer modernen westlichen Situiertheit resoniert. Er möchte dadurch jeglichen Formen eines nostalgischen Naturalismus, welche laut ihm die Natur objektivieren, sowie Formen kultureller Aneignung, die oft in westlichen Diskursen solche Figuren als „exotisch" beschreiben, entkommen (Morizot 2020, 220).

13   In diesem Sinne ist Morizots Konzept sehr nah an dem von Latour, vor allem was die diplomatische Praxis angeht. Morizot selbst sieht aber zwischen den beiden Konzepten einen grundlegenden Unterschied, da für ihn Latours Diplomat:in eher einer Fürsprecher:in ähnelt. Zusätzlich dazu scheint Latours „diplomatische Szene" eine andere zu sein: „The diplomatic scene – a perfectly imaginary one, I confess – that I seek to set forth through this inquiry is one that would reunite the aforementioned Moderns with the aforementioned ‚others' as Gaia approaches" (Latour 2013, 13). Wie im weiteren Verlauf gezeigt wird, ist Morizots Diplomat:in viel lokaler positioniert.

Wie Morizot (2020) mit dem Fall der Weidewirtschaft illustriert, manifestiert sich diese Erfassung durch eine Ungewissheit, eine moralische Unsicherheit sogar. Schafhirt:innen fangen an, in diesem Sinne diplomatisch zu werden, da sie sowohl Gefahren für ihre Herde (Wölfe zum Beispiel) als auch die, die von der Herde ausgehen (Zerstörung der Weide), erkennen und dementsprechend handeln müssen. Selbst wenn die Diplomat:innen für eine Seite Stellung beziehen würden, blieben sie an diese nicht gebunden, da sie zuerst den Relationen an sich dienen. Dadurch werden sie zu tendenziell unabhängigen „Mitwirkenden" der Relationen, indem sie versuchen, zu erkennen, wer für die Relationen arbeitet und wer sich diesen als Feind der Interdependenz gegenüberstellt. Der Fokus der Diplomat:innen liegt also auf den Relationen und dem Aufbau von „Gemeinschaften von Belang" (*communautés d'importance*), bei welchen eine vertiefte Aufmerksamkeit für das geteilte gemeinsame Milieu von Bedeutung ist:

> Weit entfernt von dieser Vorstellung von Interessen, die Individuen definieren, bezeichnet die „communauté d'importance" die fragile Verbindung zwischen voneinander abhängigen Kollektiven menschlicher und nicht-menschlicher Lebewesen, die gemeinsam haben, dass ihnen die Bewohnbarkeit ihres geteilten Lebensraums wichtig ist. (Morizot 2020, 244, übersetzt vom Verfasser)[14]

Anders ausgedrückt ist die diplomatische Interaktion eine Situation, bei der ein Modus Vivendi verteidigt wird, „Allianzen zum Hervortreten gebracht werden" (Morizot 2020, 219, übersetzt vom Verfasser),[15] und welche stets lokalisiert und damit nie „hors-sol", nie „ort-los", ist.

Egal wie eng die Diplomat:innen mit anderen Akteur:innen in Relation stehen,[16] ihre Positionierung ist trotzdem de facto eine kritische, weil sie die Haltung impliziert, zwischen den Seiten zu unterscheiden (also zu kritisieren) und im Laufe dessen herauszufinden, wer für oder gegen die Relationen und Interdependenzen arbeitet. Es wird dabei immer Partei für die Relationen, für die *communauté d'importance* und gegen ihre Feinde ergriffen, die daraufhin zum Ziel einer konkreten und präzisen Kritik werden, ohne sie dabei zu essenzialisieren oder zu verallgemeinern. Es geht um die Entwicklung und Unterstützung von Praktiken, die diese Interdependenzen selbst verstärken und demnach die Relationen innerhalb

---

14   Originalzitat: „Loin de cette idée d'intérêts définissant des individus, la communauté d'importance qualifie le branchement fragile entre des collectifs interdépendants de vivants humains et non humains, qui ont en commun que l'habitabilité de leur milieu de vie partagé leur importe."

15   Originalzitat: „faire émerger des alliances entre acteurs.»

16   Morizot redet nicht von einer benötigten Distanz zum vermeintlichen „Objekt".

einer „communauté d'importance" verteidigen. Wie bereits erwähnt, illustriert Morizot dies am Beispiel der Weidewirtschaft sowie daran, inwiefern ausbeuterische Praktiken, die die Weide und ihr Ökosystem zerstören, als feindlich verstanden werden können. Er meint hier allerdings nicht, dass die Schafe oder die Hirt:innen an sich feindlich wären, sondern dass beispielsweise bestimmte Zuchtpraktiken, die im Sinne des Massenkonsums entwickelt wurden, für die Interdependenzen schädlich sind. Sie ignorieren die Bedeutung der Interdependenzen und werden somit zu Feinden der Relationen. Es ist wichtig zu betonen, dass diese Kritik in Form der Parteilichkeit eigentlich im Sinne der Interdependenzen und nicht der Relationalität an sich verstanden wird. Eine zerstörerische Praxis ist auch relational, selbst wenn sie zur Vernichtung führt und somit die Relation zu ihrem Ende bringt. Die Interdependenz hingegen, zumindest so, wie Morizot sie beschreibt, ist eher im Sinne einer Verstärkung der Relationen zu verstehen, die eine Vielfalt an unterschiedlichen Akteur:innen miteinbezieht. Diplomatisch zu handeln ist also eine Parteinahme, die nicht aus der Distanz und damit von außerhalb der Relationen, sondern von innen her, besser gesagt mittendrin und aus der Praxis, getroffen und entwickelt wird. Den zu untersuchenden Interdependenzen selbst anzugehören, ist dabei eine zentrale Vorbedingung der diplomatischen Arbeit und, wie Morizot selbst schreibt, nicht einfach kritische Praxis aus einer mitunter bequemen und außen liegenden Beobachter:innenhaltung heraus. Diese Arbeit kann nie aus der Distanz passieren, sondern ist immer den Interessennetzwerken zugehörig, ko-konstruiert diese sogar.

Diese Unbestimmtheit, die der diplomatischen Arbeit zugrunde liegt, versucht Morizot (2020) anhand seiner Erfahrungen, die er als ehrenamtlicher Helfer und Forscher bei dem als „recherche-action" beschriebenen Projekt CanOvis in den französischen Alpen gesammelt hat, zu beschreiben. CanOvis ist ein Teilprojekt des Institut pour la Promotion et la Recherche sur les Animaux de protection (IPRA), das sich für den Schutz der Weidenwirtschaft einsetzt. Es interessiert sich für die Interaktionen und Interdependenzen zwischen Raubtieren (in diesem Fall Wölfen), Schafherden und Schäferhunden (vgl. IPRA 2023). Durch Nachtbeobachtungen und mithilfe von Wärmebildkameras versuchen die Forscher:innen eine Art „Nachtethologie" zu betreiben, in der sie die Relationen zwischen Wölfen, Schafen und Hunden verfolgen. Diese Forschung zeigt einerseits, dass die Relationen vielseitiger und komplexer sind als zum Beispiel diejenigen, die den Vorstellungen von Angriff und Verteidigung eingeschrieben sind (der Wolf greift ein Schaf an, der Hund verteidigt das Schaf), da sie auch Momente des Spielens (Wolf und Hund

spielen zusammen mit einem Schafskadaver) und der friedvollen Beobachtung bis hin zur uninteressierten Ko-Präsenz (der Wolf bewegt sich
mitten in der Schafherde ohne anzugreifen, die Schafe bleiben ruhig)
abbildet. Die Relationen zwischen den verschiedenen Akteuren innerhalb
des Projekts sind also alles andere als eindeutig und einseitig. Darüber
hinaus hat CanOvis jedoch eine besondere Position in einem heterogenen
Netzwerk aus Schafhirt:innen, Jäger:innen und Aktivist:innen inne, die sich
zur Verteidigung der Wölfe einsetzen. Dies wird zum Beispiel durch die
vermeintlich schwankende Empathie deutlich, die sich ständig zwischen
Hirt:innen, Wolfswelpen und Schafherden bewegt. Die Beobachtungsdis-
tanz ist höchstens eine physische. Eine moralische hingegen gibt es nicht.
Die Forscher:innen können die distanzierte Position der Kritiker:innen
nicht einnehmen. Aus der Empfindsamkeit der Beobachter:innen kann
keine klare Stellungnahme für oder gegen eine Gruppe (Wölfe, Hirt:innen,
Aktivist:innen usw.) gewonnen werden. Das Risiko, diese auf bestimmte
Interessen zu reduzieren, ist zu groß. Sollen die Forscher:innen während
ihrer nächtlichen Beobachtung der angegriffenen Herde helfen oder
nicht? Darauf gibt es keine klare diplomatische Antwort, keine zufrieden-
stellende Überzeugung. Sie werden hineingezogen, Teil der Relationen,
selbst von ihrem Beobachtungspunkt, selbst aus der Entfernung. Allerdings
werden aus dieser Unbestimmtheit, aus diesem „moralischen Geschmier"
(Morizot 2020, 211, übersetzt vom Verfasser),[17] Übersetzungsmöglichkeiten
angeboten, die die moralische Komplexität der Relationen offenlegen,
ohne diese zu reduzieren. In diesen Interdependenzen situiert kann sich
eine schärfere, eine gezielte, aus den Relationen und der Unbestimmtheit heraus produzierte Kritik profilieren (Morizot 2020, 214). Im Fall von
CanOvis geht es bei dieser Art der Kritik hauptsächlich darum, klare
Strategien zu entwickeln, die sowohl die Schafherden verteidigen als auch
die Wölfe rehabilitieren, ohne sich aber einer naturalistischen Utopie einer
gerechten und gewaltfreien „Natur" hinzugeben. Im Sinne eines „staying
with the trouble" (Haraway, 2016) lautet die Frage der Kritik dabei: Wie
können dauerhafte Relationen zwischen besagten Akteur:innen ermöglicht
und organisiert werden?

Wenn die Diplomat:innen, im Fall der Weidewirtschaft also die
Forscher:innen von CanOvis, weder eine besondere politische Rolle, noch
eine klare akademische Position erfüllen können und keine diplomatische
Ausbildung als solche erhalten haben, gibt es dennoch offensichtlich
einen Bedarf, wenn nicht sogar eine Notwendigkeit, eine diplomatische
Sensibilität zu entwickeln und zu unterhalten, damit tatsächlich eine Kritik

---

17   Originalzitat: „barbouillement moral"

aus den Relationen heraus vorgeschlagen und praktiziert werden kann.[18] Wenn die Krise der Relationen eine Krise des Sinnlichen ist, verlässt sich die diplomatische Arbeit zwangsläufig auf eine Empfindsamkeit dem Lebenden gegenüber. Die Position der Diplomat:innen manifestiert sich also erst, wenn sie vom Milieu affiziert wird.[19] Auch wenn die Entscheidung, affiziert zu werden, nicht allein bei den Forscher:innen liegt, müssen sie es dennoch erlernen, sich im Sinne Alfred North Whiteheads (1978) von den Relationen einfangen und erfassen zu lassen (vgl. Debaise 2006). Wie schon in der Einleitung ausgedrückt, ist diese Angelegenheit des *Mit-Denkens* also zuerst eine ästhetische Frage.

Sensoren statt Zensoren

Selbst wenn Morizot es so nicht ausdrückt und selbst wenn es längst nicht genügt, um eine erfolgreiche diplomatische Arbeit sicherzustellen, glaube ich, dass für eine solche die Einbindung ästhetischer Praktiken von Belang ist. Wie im Folgenden gezeigt wird, würde die Inklusion ästhetischer Praktiken es erlauben, die Multiplizität der Existenzweisen, die in Relationen involviert sind, zumindest ein Stück weit mit zu komponieren und hierdurch eine Grundlage dafür zu schaffen, als Diplomat:innen affiziert zu werden. Hierdurch könnten Relationen zum Lebenden begründet und mitgestaltet werden.

Die Einbindung von ästhetischen Praktiken ist als Proposition im Sinne Whiteheads zu verstehen. Das heißt als *lure for feelings* (oder Verlockung für Empfindungen) (Debaise 2006). Obwohl „Verlockung" oft negativ konnotiert ist, sollte man sie laut Debaise eher als Empfang oder Aufnahme verstehen (genau so wie die Wärmebildkameras im Fall der Weidewirtschaft, die Körperbewegungen aufnehmen).[20] Damit ist gemeint, dass die Situation, in die man „gelockt wird", nicht nur in ihrer logischen, vernunftbasierten Qualität zu verstehen ist, sondern auch in ihrer Multiplizität an Empfindungen und Gefühlen, die damit verbunden sind. Diese müssen genauso ernst genommen werden, denn auch sie sind Teil der Wissensproduktion.

---

18   Auch wenn Diplomat:innen nicht zwangsläufig menschliche Akteur:innen sein müssen, bleibt der Fokus in diesem Kapitel (und auch zum Teil in Morizots Buch) auf diesen und insbesondere auf den möglichen Praktiken, wie menschliche Akteur:innen ihre Relationen zum Lebenden gestalten.

19   Der Begriff „Affekt" ist hier vor allem von Spinozas Philosophie inspiriert, insbesondere wie sie von Deleuze (2018) rezipiert wurde (vgl. Morizot 2020).

20   „For Whitehead, the term is resolutely neutral: a lure incites a change that can be either positive or negative; it entices someone, produces a diversion, modifies the course of an event, and makes it go in a new direction" (Debaise 2017, 81 f.).

Eine solche Herangehensweise ermöglicht es, die Wichtigkeit einer Situation durch diese Multiplizität an Modi (Empfindungen, Logik usw.) zu begreifen und sie als von den Relationen ko-kreiert oder ko-komponiert zu erfahren. Anders ausgedrückt verwandelt dieses Experimentieren mit ästhetischen Praktiken innerhalb der Wissenschaft die Produktion und Verbreitung von Wissen, die notwendig ist, um eine wertvolle Kritik zu üben, in eine performative Praxis der „co-appartenance" (Ko-Zugehörigkeit oder Mit-Wirkung), die zwangsläufig im Dienst der Relationen steht.

Als Beispiel einer solchen Ko-Komposition ästhetischer Praktiken mit anderen Existenzweisen soll hier das Projekt *Sounding Microcosmos* von İpek Oskay und Serkan Sevilgen kurz Erwähnung finden.[21] Durch „data sonification" zeigen sie die Interdependenzen auf, die zwischen Pilzkulturen, Algen, „totem Holz", Wärme, Feuchtigkeit und anderen Akteur:innen bestehen. Mit diesem Vorgehen möchten die beiden Künstler:innen und Forscher:innen auf die Folgen des Klimawandels bis ins Mikroskopische hin aufmerksam machen. Sie verwenden elektrodermale Sensoren bzw. *Galvanic skin response* (GSR) *sensors*,[22] um die kleinsten Differenzen im elektrischen Leistungswiderstand der Mikroorganismen (*biodata*), die durch die Veränderung von Temperatur und Feuchtigkeit zustande kommen, zu veranschaulichen. Um diese Variationen besser erfahrbar zu machen, beeinflussen die Künstler:innen Wärme und Feuchtigkeit und übersetzen die erhobenen Daten in Echtzeit in Klang. Durch dieses Vorgehen werden sie zu Diplomat:innen im Spannungsfeld unterschiedlicher Akteur:innen und unterschiedlicher Skalen. Dies passiert, indem sie das Unsichtbare der Interdependenz sichtbar bzw. hörbar machen, manchmal sogar in situ wie beispielsweise in Zusammenhang mit verbrannten Wäldern in der Türkei. Ähnlich wie bei CanOvis, allerdings mit einem spezifischen Fokus auf eine Verwebung von Kunstpraxis und ökologischem Engagement, stellen sie einige *lures for feelings* in Form von *sonification*-Performances und somit von besonderen „Gemeinschaften von Belang" im Sinne Morizots vor, in denen multiple Existenzweisen ko-agieren.

Auf eine ähnliche Weise werden auch die Forscher:innen von CanOvis in besondere ästhetische Momente einbezogen, die ihre Empathie und ethischen Prinzipien ins Wanken bringen. Morizot beschreibt mit einer

---

21   *Sounding Microcosmos* wurde in Deutschland im Rahmen der Konferenz *Taking Place Making Place – Celebrating 25 years of Space and Culture* aufgeführt (vgl. Oskay und Sevilgen 2022a).. Siehe auch die Aufzeichnung der Performance bei einer anderen Aufführung (Oskay und Sevilgen 2022b).

22   (o. A. o. D. „Exhibitions & Activities." Taking Place and Making Place (Tagungshomepage)).

berührenden Sensibilität, wie die Wärmebildkameras durch die Unklarheit der Silhouetten (vor allem in einem Kollektiv wie einer Schafsherde) die Identität einzelner Subjekte verschwinden lassen. Was beobachtet man? Ein Spiel, einen Kampf? Wer ist daran beteiligt? Was bedeutet das Heulen der Wölfe in der jeweiligen Situation? Die Beobachter:innen sind unsicher, aber in einem Moment des Erfasst- oder Affiziertwerdens dennoch bewegt. Die ästhetische, wenn nicht sogar synästhetische Erfahrung des Beobachtens macht laut Morizot die Interdependenzen sichtbar und spürbar. Das „moralische Geschmier" ist dabei umso stärker, da die Wärmebildkameras als militärische Technologie, die Praxis der Beobachtung als eines Vorgangs der Identifizierung und Klassifizierung in Erinnerung rufen und somit mit Gewalt aufladen. Die Kamera wird zum *lure for feelings* und die Beobachter:innen werden selbst darin eingefangen.

Um zum Anfang dieses Abschnitts zurückzukehren, könnte diese Haltung das Verständnis der Kritik weg von der Analyse und hin zu einem möglichen Konzept der *sensory critique* (also sensorischen oder sinnlichen Kritik) führen, wie es Holger Schulze in Anlehnung an Kodwo Eshun (1998) und Michel Serres' (1985) Konzept der Syrrhese darstellt:

> The true labor in research and in the humanities, aside from all the official claims, lies according to Serres in exactly this sense: in an adequate, sensible, and fearless approach to whatever affects us — an approach that follows this guidance of affects and transforms them over time, over various situations and various forms of exchange with other humanoid aliens. (Schulze 2018, 64)

Was passiert, wenn diese *sensory critique* auch in den Relationen selbst, in den Interdependenzen, in welchen die Diplomat:innen mit Körper und Seele verflochten sind, mitgedacht wird? Daraus würde ein ästhetisches *Mit-Denken* folgen, welches das Theoretisieren in die Relationen und das Sinnliche verlagerte, anstatt es in einer Ideenwelt einstauben zu lassen. So würden die zu oft vernachlässigten Modi der Wissensproduktion und -verbreitung, die nicht den Kriterien eines vernunftbasierten Wissens entsprechen, selbst innerhalb der Wissenschaft gestärkt werden. Diese Praktiken sind zwar an sich nicht diplomatisch im Sinne Morizots, könnten aber zum Beispiel in der Forschung zu einer der Diplomatie entlehnten Sensibilität führen oder diese verstärken, als Einladung, eine Beziehung mit dem Lebenden einzugehen und sich in den Dienst der Relationen zu stellen. Bemerkenswert ist dabei auch, dass ästhetische Praktiken eben nicht auf künstlerische Praxis reduziert werden. Kunst wird zu einem besonderen Modus, in dem die ästhetische Erfahrung erzeugt oder eher verstärkt wird.

Allerdings ist jede Erfahrung als solche schon dadurch ästhetisch, dass sie sowohl Körper als auch Sinne erfasst.

Die Einbettung des Ästhetischen in einem *Mit-Denken* wird bereits in der Praxis der *research-creation* (zum Teil auch in Form von *artistic research*) betrieben, zumindest wenn man Erin Manning und Brian Massumi (2018) oder auch Natalie Loveless (2019) folgt. Genannte Autor:innen argumentieren, dass Praktiken, inklusive der Forschungspraxis, als Singularitäten immer kreativ und generativ sind. Sie beabsichtigen also nicht, Forschung durch ein bisschen Kunst neu zu beleben (was nur eine Repräsentation und keine reale performative Praxis wäre), sondern erkennen die ästhetische Kreativität der Forschung selbst an. Auf diese Weise und in einer eher pragmatistischen Einstellung werden Praktiken und Methodologien nicht a priori festgestellt oder eingegrenzt. Die Performativität der Forschung wird vielmehr durch ästhetische Praktiken erweitert. Tun ist somit immer ein Denken und Denken ist immer ein Tun (Manning et al. 2018, 36).

In seinem aktuellen Roman *Les Furtifs* erzählt der Schriftsteller Alain Damasio von den Flüchtigen, hybriden Kreaturen, die sich dort befinden, wo Menschen nicht hinschauen. Als Wesen der Multiplizität aus Klang und Materie werden die Flüchtigen mal von einem privatisierten „Techno-Staat" gejagt, mal als Geister der Postmoderne sakralisiert. Zentral für die Handlung ist aber das Moment der Hybridisierung, der Berührung und Verknüpfung zwischen Menschen und Flüchtigen, in welchem Erstere die Lebenskraft der Flüchtigen in Form von „Zittern" oder „Beben" (*frisson*) annehmen – ein Moment der Erfassung, in welchem die Menschen vom Lebenden affiziert werden. Die Erwähnung des Charakters Varech in Damasios Roman, der auch Baptiste Ormizot genannt wird und höchstwahrscheinlich dem Philosophen Morizot gewidmet ist, sowie Damasios Nachwort in Morizots Buch machen eine gegenseitige Übereinkunft spürbar. Eine Einladung, diplomatisch zu werden und sich als Mensch-flüchtige Hybride, als Verteidiger:innen der Relationen jenseits ontologischer Trennung dennoch kritisch mitnehmen zu lassen. Flüchtige Soziologie? Flüchtige Medienwissenschaften? Ein ästhetisches *Mit-Denken*, in Bewegung.

Literatur

Barad, Karen. 2007. *Meeting the Universe Halfway: Quantum Physics and the Entanglement of Matter and Meaning*. Durham: Duke University Press.

Bocquillon, Rémy. 2022. *Sound Formations: Towards a Sociological Thinking-with Sounds*. Bielefeld: transcript.

Bryant, Levi R., Nick Srnicek und Graham Harman. 2011. *The Speculative Turn: Continental Materialism and Realism (Anamnesis)*. Melbourne: re.press.

Callon, Michel. 2013. „Pour une sociologie des controverses technologiques." In *Sociologie de La Traduction: Textes Fondateurs*, herausgegeben von Madeleine Akrich und Bruno Latour, 135–157. Paris: Presses des Mines.

———. 1986. „Some Elements of a Sociology of Translation Domestication of the Scallops and the Fishermen of St Brieuc Bay." In *Power, Action, and Belief: A New Sociology of Knowledge?*, herausgegeben von John Law, 196–233. London: Routledge Kegan & Paul.

Castro, Eduardo Viveiros de. 2015. *The Relative Native: Essays on Indigenous Conceptual Worlds*. Chicago: Hau Books.

Damasio, Alain. 2021. *Les furtifs*. Paris: Gallimard.

Debaise, Didier. 2006. *Un empirisme spéculatif: Lecture de „Procès et réalité» de Whitehead*. Paris: Vrin.

———. 2017. *Nature as Event: The Lure of the Possible*. Durham: Duke University Press.

Debaise, Didier und Isabelle Stengers, Hrsg. 2015. *Gestes spéculatifs: Colloque de Cerisy*. Dijon: Les Presses du réel.

———. 2016. „L'insistance des possibles: Pour un pragmatisme spéculatif." *Multitudes* 65, Nr. 4: 82.

Deleuze, Gilles. 2018. *Spinoza: Philosophie pratique*. Paris: Les Éditions de Minuit.

Descola, Philippe. 2013. *Beyond Nature and Culture*. Chicago: University of Chicago Press.

Despret, Vinciane und Stéphane Galetic. 2008. „Faire de James un lecteur anachronique de von Uexküll: Esquisse d'un perspectivisme radical." In *Vie et expérimentation: Peirce, James, Dewey*, herausgegeben von Didier Debaise, 45–75. Paris: Vrin.

Eshun, Kodwo. 1998. *More Brilliant Than the Sun: Adventures in Sonic Fiction*. London: Quartet Books.

Feyerabend, Paul. 1983. *Wider den Methodenzwang*. Frankfurt am Main: Suhrkamp.

Haraway, Donna. 1988. „Situated Knowledges: The Science Question in Feminism and the Privilege of Partial Perspective." *Feminist Studies* 14, Nr. 3: 575–599.

———. 2016. *Staying with the Trouble: Making Kin in the Chthulucene*. Durham: Duke University Press.

IPRA. 2023. „Project CanOvis." *Ipra-landry.com*. Zugriff 16. Oktober 2023. https://www.ipra-landry.com/nos-projets-de-recherche/projet-canovis/.

Kissmann, Ulrike Tikvah und Joost van Loon. 2019. „New Materialism and Its Methodological Consequences: An Introduction." In *Discussing New Materialism: Methodological Implications for the Study of Materialities*, herausgegeben von Ulrike Tikvah Kissmann und Joost van Loon, 3–18. Wiesbaden: Springer.

Latour, Bruno. 2013. *An Inquiry into Modes of Existence: An Anthropology of the Moderns*. Cambridge, MA: Harvard University Press.

———. 2005. *Reassembling the Social: An Introduction to Actor-Network-Theory*. Oxford: Oxford University Press.

———. 2004. „Why Has Critique Run out of Steam? From Matters of Fact to Matters of Concern." *Critical Inquiry* 30, Nr. 2: 225–248.

Latour, Bruno und Steve Woolgar. 1986. *Laboratory Life: The Construction of Scientific Facts*. Princeton: Princeton University Press.

Loveless, Natalie. 2019. *How to Make Art at the End of the World: A Manifesto for Research-Creation*. Durham: Duke University Press.

Manning, Erin et al. 2018. *Pensée en acte: Vingt propositions pour la recherche-création*. Dijon: Les Presses du réel.

Montebello, Pierre. 2015a. „Métaphysique et geste spéculatif." In *Gestes Spéculatifs*, herausgegeben von Didier Debaise und Isabelle Stengers, 87–103. Dijon: Les Presses du réel.

———. 2015b. *Métaphysiques cosmomorphes: La fin du monde humain*. Dijon: Les Presses du réel.

Morizot, Baptiste. 2016. *Les diplomates: Cohabiter avec les loups sur une autre carte du vivant*. Paris: Éditions Wildproject.

———. 2020. *Manières d'être vivant: Enquêtes sur la vie à travers nous*. Arles: Actes Sud.

o. A. o. D. „Exhibitions & Activities." Taking Place and Making Place (Tagungshomepage). Zugriff 16. Oktober 2023. https://taking-making.place/exhibitions-activities/.

Oskay, Ipek und Sevilgen Serkan. 2022a. „Sounding Microcosmos: Real-time, Telematic, Biodata Sonification" Projektseite zur Tagung „Taking Place and Making Place." Zugriff 16. Oktober 2023. http://taking-making-place.serkansevilgen.com/

———. 2022b. „Sounding Microcosmos: Real-time, Telematic, Biodata Sonification Vol. 2 at SMC 2022." *Youtube.com*. Zugriff 16. Oktober 2023. https://www.youtube.com/watch?v=-ARbqdgwxSU.Pihet, Valérie et al. 2017. „Speculative Narration: A Conversation with Valérie Pihet, Didier Debaise, Katrin Solhdju and Fabrizio Terranova." *Parse*, Nr. 7: 65–77.

Schulze, Holger. 2020. *Sonic Fiction*. New York: Bloomsbury Academic.

———. 2018. *The Sonic Persona: An Anthropology of Sound*. New York: Bloomsbury Academic.

Serres, Michel. 1985. *Les cinq sens*. Paris: Grasset.

Sha, Xin Wei. 2013. *Poiesis and Enchantment in Topological Matter*. Cambridge, MA: MIT Press.

Stengers, Isabelle. 2017. *Civiliser la modernité? Whitehead et les ruminations du sens commun*. Dijon: Les Presses du réel.

———. 2022. *Cosmopolitiques*. Paris: La Découverte.

Thompson, Marie. 2017. *Beyond Unwanted Sound: Noise, Affect and Aesthetic Moralism*. New York: Bloomsbury Academic.

———. 2011. *L'invention des sciences modernes*. Paris: Flammarion.

van Loon, Joost. 2014. „Michel Callon und Bruno Latour: Vom naturwissenschaftlichen Wissen zur wissenschaftlichen Praxis." In *Schlüsselwerke der Science & Technology Studies*, herausgegeben von Diana Lengersdorf und Matthias Wieser, 99–110. Wiesbaden: Springer.

Whitehead, Alfred North. 2015. *The Concept of Nature: The Tarner Lectures Delivered in Trinity College, November 1919*. Cambridge: Cambridge University Press.

———. 1978. *Process and Reality: An Essay in Cosmology*. New York: Free Press.

SEIL

BINDUNG

RELATION

EXISTENZ

MICHEL SERRES

Lifelines: Existenzielle Relationen zwischen Menschen und Seilen in kritischen Situationen

Martin Siegler

Verbindung, Verknüpfung, Beziehung und Abhängig-keit – Relationsbegriffe, die wir im Alltag meist im übertragenen Sinne gebrauchen, haben ihr materielles Substrat in den konkreten Ope-rationen des Bindens, Ziehens, Hängens, Knotens und Knüpfens von Seilen, Schnüren und Bändern. Von solchen materiellen Verbindungen hängt in bestimmten Situationen menschliches (Über-) Leben ab: An Gebirgshängen, in Seestürmen oder im Weltall existieren Menschen oft nur, wenn sie mit Seilen, Leinen oder Kabeln verbunden sind. Der Beitrag erforscht drei Szenen kritischer Relationalität, in denen menschliches Leben am seidenen Faden hängt.

I. Seilschaften

Auf den letzten Seiten seines Buchs über den *Naturvertrag* schildert Michel
Serres eine geradezu exemplarische *Szene kritischer Relationalität*. Vor
Sonnenaufgang rüstet sich eine Gruppe Bergsteiger:innen zur Besteigung
eines Gipfels in den französischen Hochalpen. Auf den ersten Blick verbindet die Bergsteiger:innen untereinander kaum etwas. Stumm gehen alle
ihren eigenen Verrichtungen und Gedanken nach: „Allesamt Einzelgänger",
schreibt Serres (1994, 170). Und doch finden sich diese Einzelgänger:innen
kurz darauf durch ein festes Band miteinander verknüpft: Als *Seilschaft*
(frz. *cordée*) bilden sie ein fragiles Gefüge, in dem jedes Mitglied durch ein
Sicherungsseil mit der vorhergehenden und der nachfolgenden Person verbunden ist.

> „Zwischen den Seilschlaufen, die die Becken stützen, bildet sich eine
> konstante, wenn auch geschmeidige stoffliche Kommunikation, die
> das Vorankommen sichert. Das Subjekt, das marschiert, klettert, sich
> anklammert, ankommt oder nicht ankommt – es ist weder es selbst
> noch Sie oder ich, es ist die Seilschaft, das heißt das Band." (Serres
> 1994, 172)

Entlang des Seils hat sich also ein System wechselseitiger Abhängigkeiten
formiert: Jede Bewegung eines Mitglieds teilt sich über die Zugkräfte des
Seils der übrigen Gruppe mit, jeder Sturz einer einzelnen Person kann
potenziell die Gruppe als Ganze ins Wanken bringen.

Will man diese Episode als *Szene kritischer Relationalität* begreifen, muss
man sowohl den Begriff des *Kritischen* wie den des *Relationalen* in einem
sehr konkreten, geradezu handfesten Sinn verstehen. Relationsbegriffe
wie Verbindung, Verknüpfung, Beziehung und Abhängigkeit, die wir im
Alltag meist im übertragenen Sinne gebrauchen, haben ihr materielles
Substrat nämlich in den konkreten Operationen des Bindens, Ziehens,
Hängens, Knotens und Knüpfens von Seilen, Schnüren und Bändern. In
genau diesem Sinne stellt auch die Seilschaft keine bloß metaphorischen,
abstrakten oder formalen Beziehungen zwischen ihren Träger:innen her,
sondern greifbare und materielle Bindungen zwischen Körpern. In der Seilschaft wird die Relation gleichsam selbst zum Objekt oder „Quasi-Objekt"
(Serres 1994, 177), das als Bindeglied zwischen den Bergsteiger:innen
vermittelt und ihren Zusammenhang überhaupt erst stiftet.[1] Somit kommt

---

1   Unter einem Quasi-Objekt versteht Serres ein Element, das zwischen Subjekt und
     Objekt changiert und in diesem Changieren beide erst hervorbringt, vgl. dazu auch
     das Kapitel „Zur Theorie des Quasi-Objekts" in *Der Parasit* (Serres 1981, 344 ff.).

in der Seilschaft ein stofflich-körperliches Verständnis von Relation zum Vorschein, das in der alltäglichen Rede von „Beziehungen" oder „Verbindungen" oftmals implizit bleibt.

Was aber macht die Seilschaft zu einer dezidiert *kritischen* Relation? Dafür muss man den Begriff des Kritischen ebenso konkret und körperlich verstehen wie den der Relation. Im Sprachgebrauch der antiken griechischen Medizin handelt es sich bei der *krisis* um die entscheidende Phase im Verlauf einer schweren Krankheit, die über Leben und Tod der Erkrankten entscheidet (Koselleck 1982, 619). Daraus leitet sich eine Reihe von Wortbedeutungen ab, die bis heute unter dem Lemma „critical" in der *Encyclopedia Britannica* aufgeführt sind und an die Bruno Latour (2005, 9) nachdrücklich erinnert hat: „crucial, decisive", „indispensable, vital", „being in or approaching a state of crisis". In jeder dieser Bedeutungen kann auch die Seilschaft als eine buchstäblich *kritische* Relation beschrieben werden. Zum einen ist die Bindung an das Seil *unverzichtbar* für die Bergsteiger:innen, die bei ihrem riskanten Aufstieg existenziell von der wechselseitigen Verknüpfung abhängen. Zum anderen bewegt sich die Seilschaft bei jedem ihrer Schritte am Rande eines möglichen Absturzes, ist also stets der Gefahr einer existenziellen Krisensituation ausgesetzt. Damit sind die Verbindungen der Seilschaft im doppelten Sinne *kritisch*: zugleich lebenswichtig und fragil.

Begreift man also die Seilschaft als eine Figur kritischer Relationalität, so erhalten die Begriffe *kritisch* und *Relation* einen sehr konkreten Sinn. *Kritische Relationen* wären demnach alle stofflich-materiellen Verknüpfungen, die unverzichtbar für die mit ihnen verbundenen Entitäten sind und deren Durchtrennung eine erhebliche, mitunter existenzielle Krise zur Folge hätte. Diese Definition ist keineswegs auf textile Bindungen wie Seile, Schnüre, Stränge begrenzt, sondern umfasst ein breites Spektrum an materiellen Verbindungsgliedern und Versorgungsleitungen, von denen menschliches Leben abhängt: Sauerstoffschläuche von Taucher:innen, Infusionsleitungen von kritischen Patient:innen oder Stromkabel lebenserhaltender Geräte. Wann immer eine dieser Verbindungen unterbrochen wird, reißt der seidene Faden, an dem das Leben hängt.[2]

Unter all diesen kritischen Relationen kommt dennoch dem *Seil* ein gewisser heuristischer Sonderstatus zu, weil sich an ihm in besonderer

---

[2] Das hier vertretene materialistische Relationsverständnis schließt an medientheoretische und historische Arbeiten an, die die Materialität von Verbindungen betonen, etwa an Daniel Gethmanns und Florian Sprengers (2015) Untersuchungen zu den *Enden des Kabels* oder Sebastian Gießmanns (2016) Studie zur Geschichte der Netze und Netzwerke.

Anschaulichkeit die Spannweite kritischer Relationen studieren lässt. Bereits Michel Serres (1994, 179) beschreibt das Seil als einen äußerst vielseitigen und wandelbaren Akteur, der mindestens drei heterogene Funktionen in sich vereint: „Durch seinen Kanal verlaufen Information, Kräfte und Gesetze". Seile übertragen erstens *Informationen*, etwa wenn sich in einer Seilschaft taktile Signale von einem zum anderen Ende des Seils fortsetzen und die Mitglieder der Seilschaft „über den Zustand des gesamten Systems" informieren (Serres 1994, 178). Seile übertragen zweitens *Kräfte*, etwa wenn sie Bergsteiger:innen vor dem Absturz bewahren; und Seile definieren drittens *Gesetze*, wenn sie Grenzen ziehen oder Handlungsspielräume einschränken. Während für Serres die dritte, juridische Funktion des Seils eine Schlüsselrolle einnimmt,[3] wird sie im Folgenden eher im Hintergrund stehen.[4] Stattdessen tritt mit Blick auf die zu untersuchenden Szenen eine andere Funktion hinzu, die bei Serres kaum berücksichtigt wird. Neben *Informationen* und *Kräften* übertragen Seile nämlich auch *Substanzen* und materielle Ressourcen, etwa wenn Seilzüge für den Transport lebenswichtiger Güter oder zur Bergung verschütteter Körper eingesetzt werden. Davon abgeleitet ließe sich auch an Schläuche und Leitungen denken, die Menschen mit essenziellen Stoffen versorgen, seien es Flüssigkeiten wie bei Infusionen oder Gase wie bei Sauerstoffleitungen. Abweichend von Serres' Triade sollen hier also die Substanzen als Dritte im Bunde aufgenommen werden. Somit vereint das Seil als „dreifaches Geflecht" (Serres 1994, 179) die Vermittlung von Informationen, Kräften und Substanzen. Je nachdem, welche dieser Funktionen im Vordergrund steht, bilden sich entlang des Seils jeweils andere Formen kritischer Relationalität aus.

Um diesen drei Strängen ausführlicher nachzugehen, sollen im Folgenden drei Szenen kritischer Relationalität behandelt werden, in denen sich Seile, Schnüre oder Schläuche als existenzielle Trägermedien menschlichen Lebens erweisen. Schauplatz dieser drei Szenen sind Umgebungen, in denen menschliches Überleben keineswegs selbstverständlich vorausgesetzt werden kann und daher in besonderem Maße auf materielle

---

3   Die Seilschaft verkörpert für Serres eine Form rechtlicher Bindung, die auf Gegenseitigkeit, Rücksichtnahme und wechselseitige Abhängigkeit angelegt ist. Als solche wird die Seilschaft bei Serres zum Modell für ein neues, sensibleres Verhältnis der Menschheit zueinander und zur objektiven Welt der Natur. Diesem Projekt gibt Serres (1994, 177 f.) den Namen *Naturvertrag* (*le contrat naturelle*), wobei er den Begriff des Kontrakts etymologisch ebenfalls auf das zusammen-ziehende Seil zurückführt.

4   Zur Kritik dieser Ausklammerung der normativen Dimension siehe die Respondenz von Shirin Weigelt (2024) zu diesem Text.

Bindungsgefüge angewiesen ist. Bereits Michel Serres (1994, 173) hat betont, dass die existenzielle Funktion von Verbindungen und Beziehungen erst dann deutlich zutage tritt, wenn man von der „sanften Umgebung" des flachen Festlands in unwirtlichere Gefilde übergeht. Diesem Beispiel folgend, führen auch die drei Szenen in äußerst unwegsames Gelände: von Lawinengebieten über Seestürme bis ins Vakuum des Weltalls.

II. Roter Faden

Wenn eine Lawine losbricht, reißt sie sämtliche Bindungen mit sich. Menschen werden von ihren Gruppen getrennt, aus ihren Skibindungen gerissen, von Kommunikationswegen abgeschnitten und ohne Kontakt zur Außenwelt unter meterdicken Schneedecken verschüttet. Lawinenopfer stehen vor der existenziellen Frage, wie sich lebenswichtige Bindungen wiederherstellen lassen: Sie benötigen Mittel und Wege, um in Kontakt mit Rettungskräften zu treten, die nach ihnen suchen und sie aus ihrer misslichen Lage befreien. Lange bevor elektronische Ortungsgeräte zur Verfügung standen, um Verschüttete in Lawinenfeldern ausfindig zu machen, hingen Lawinenopfer dabei oftmals von einer ganz simplen, textilen Bindung ab: der Lawinenschnur (Abb. 1).

Die Lawinenschnur, die zu Beginn des 20. Jahrhunderts von Eugen Örtel entwickelt und schon bald von den österreichischen Gebirgsjäger:innen und später auch im Wintersport aufgegriffen wurde, funktioniert nach einem denkbar einfachen Prinzip (Paulcke 1938, 182; K. u. K.-Landesverteidigungs-Kommando ca. 1915, 4; Siegler 2023). Ein 16–30 Meter langes, rot gefärbtes Seil wird von Skiläufer:innen um die Hüfte gebunden und beim Skilaufen wie eine Schleppe „nachgeschleift" (Paulcke 1938, 182), wie es in einem Schnee- und Lawinenführer aus dem Jahr 1938 heißt. „Gerät ein Skiläufer in eine Lawine, so wird zwar der schwere Körper in die Tiefe gezogen, die leichte rote Schnur wird aber nach oben gewirbelt, und es liegt die größte Wahrscheinlichkeit vor, daß mindestens ein Teil für die Suchenden sichtbar bleibt, so daß die Retter durch Verfolgen der Schnur den Körper rasch finden können" (Paulcke 1938, 182). Die rote Schnur soll also dafür sorgen, dass Lawinenopfer auch bei vollständiger Verschüttung noch immer über einen dünnen Faden mit der Oberfläche verbunden bleiben und weiterhin eine rudimentäre Relation nach außen dringt, die das gefährdete Leben in räumlicher wie in zeitlicher Hinsicht verlängern kann: in räumlicher, weil sie den Radius vergrößert, in dem die Verschütteten gesichtet werden können; und in zeitlicher, weil sie die Rettung aus der lebensbedrohlichen Lage beschleunigen und damit das Leben

[Abb. 1] Lawinenschnur, ca. 1930 (Quelle: Rätisches Museum Chur. 2016. „Lawinenschnur Objekt des Monats Februar 2016." *raetischesmuseum.gr.ch*. Zugriff 5. Dezember 2022, https://raetischesmuseum.gr.ch/de/sammlung/objektdesmonats/Seiten/feb_16_lawinen-schnur.aspx)

verlängern kann. Auch für die Lawinenschnur gilt somit, was Serres (1994, 173) über die Seilschaft geschrieben hat: „Was aus mir herausdringt, oder heraushängt, was von mir ausgeht, rettet mich".

Gleichwohl unterscheiden sich die kritischen Relationen der Lawinen-schnur erheblich von denen der Seilschaft. Während die Seilschaft eine reziproke und bilaterale Bindung zwischen ihren Mitgliedern herstellt, geht die Lawinenschnur zunächst unilateral von den Träger:innen aus und ragt mit ihrem losen Ende unverbunden in die Umgebung. Das offene Ende bildet gleichsam eine freie Bindungsstelle, an die die Rettungskräfte im Lawinenfall anknüpfen können, um die Bindung zu den Verschütteten wiederherzustellen. Daher muss die Lawinenschnur über eine Reihe von Eigenschaften verfügen, die es den Rettungskräften erleichtern, sie auf-zufinden und sich von ihr leiten zu lassen. Neben dem geringen Gewicht der Schnur, das ihr im Lawinenfall Auftrieb verschafft, ist es vor allem die rote Färbung, die sie für die Suchenden auffällig macht. Dabei kommt der Farbe eine buchstäblich *kritische*, das heißt *unterscheidende* Funktion zu (griech. *krínein*: unterscheiden). Dank der Rotfärbung unterscheidet sich die Lawinenschnur deutlich vom weißen Schnee und hebt sich als distinkte Figur vom monochromen Hintergrund ab. Als solche kann sie den Ret-tungskräften als *Signal* mitten im diffusen *Rauschen* der Lawine dienen und auf mögliche Überlebende hinweisen. So macht die Lawinenschnur einen

Unterschied, der einen *Unterschied macht* – um Gregory Batesons (1996, 582) berühmte Definition des Informationsbegriffs zu zitieren. Sie *unterscheidet* zwischen Figur und Grund, Signal und Rauschen und *entscheidet* damit über Leben und Tod der Verschütteten.

Doch genügt es nicht, wenn sich die Lawinenschnur als unterscheidbares Signal abhebt, sie muss die Rettungskräfte auch schrittweise zu den Verschütteten leiten. Dabei tritt die Lawinenschnur in einer doppelten Rolle auf, die man mit dem Anthropologen Tim Ingold (2007, 41) als „thread" und „trace", Faden und Fährte, beschreiben könnte. Unter *threads* versteht Ingold alle stofflich-textilen Fasern im dreidimensionalen Raum wie Seile, Leinen oder Schnüre; unter *traces* hingegen alle linienförmigen Markierungen auf zweidimensionalen Oberflächen, die als Spuren auf ihre Urheber:innen zurückverweisen. Für Ingold (2007, 52) bilden *threads* und *traces* keine distinkten Kategorien, sondern zwei komplementäre Formen von Linearität, die auf vielfache Weise ineinander übergehen können: „Threads may be transformed into traces, and traces into threads." In genau diesem Sinne oszilliert auch die Lawinenschnur zwischen Faden und Fährte, wenn sie die Rettungskräfte zu den Verschütteten lenkt. Einerseits steht sie als textiler Faden in einer kontinuierlichen physischen Verbindung mit dem verschütteten Körper, andererseits hebt sie sich als sichtbare rote Linie von der Oberfläche des Schnees ab und führt als lesbare Fährte zu den Verschütteten. Die Lesbarkeit der Lawinenschnur wird dabei noch durch kleine, an der Schnur befestigte Messingplaketten mit Pfeilen und Entfernungsangaben unterstützt, die in die Richtung der Verschütteten weisen (Rätisches Museum Chur 2016). Gerade weil die Lawinenschnur zugleich als Faden und Fährte wirksam ist – als materielle Verbindung und lesbare Spur –, kann sie die Rettungskräfte zu den Verschütteten führen.

Nicht selten jedoch kommt es vor, dass die Fährte der Lawinenschnur ins Leere führt. Wenn die Schnur durch die Wucht der Lawine vom Körper abgerissen und ohne ihre Träger:in gefunden wird, bleibt von der vielversprechenden Fährte nur noch der bloße Faden zurück, der auf keinen angehängten Körper mehr verweist. Die Relation der Lawinenschnur hat sich in diesem Fall gleichsam ohne ihr Relatum verselbstständigt. Doch auch der entgegengesetzte Fall ist möglich: Statt sich von den Träger:innen abzulösen, kann sich die Schnur auch allzu sehr in sie verfangen, verheddern und sie so zu Fall bringen. Dann führt die Lawinenschnur ausgerechnet jenen Unfall herbei, für den sie eigentlich wappnen soll. Das Relatum fällt gleichsam seiner eigenen Relation zum Opfer. Diese beiden Gefahren – die *Entkopplung* von Körper und Schnur einerseits und die *Verwicklung* von Körper und Schnur andererseits – lassen die Lawinenschnur von einer *kritischen* zu einer potenziell *krisenhaften Relation* werden, die ihre Träger:innen selbst riskanten Situationen aussetzt.

Womöglich haben diese Risiken dazu beigetragen, dass die Lawinenschnur heute gänzlich aus dem Repertoire von Wintersportler:innen verschwunden ist und nur noch vereinzelt als Ausstellungsstück in lokal- und kulturhistorischen Museen zu finden ist (Rätisches Museum Chur 2016). Anstelle von Lawinenschnüren tragen Skiläufer:innen heute zumeist elektronische Ortungsgeräte bei sich, die im Lawinenfall Funksignale aussenden und so lebenswichtige Verbindungen zu Rettungskräften herstellen (Etter, Schweizer und Stucki 2009). Doch so schnurlos diese Geräte auf den ersten Blick auch scheinen, so müssen auch sie noch durch allerlei textile Bindungen mit dem verschütteten Körper fest verknüpft sein, um auf ihn verweisen zu können. Eingenäht in Kleidungsstücke und an Anhängern befestigt, hängen auch die vermeintlich schnurlosen Geräte noch an materiellen Bindungen. Nur wenn diese Bindungen den Kräften der Lawine standhalten, können Informationen über den Standort der Verschütteten übermittelt werden. Daran wird deutlich, dass Schnüre, Fäden und Seile nicht nur kritische *Informationen* übermitteln, sondern immer auch *Kräfte* ausüben und aushalten müssen. Dieser Gedanke führt uns bereits zur zweiten Szene kritischer Relationen, die auf hoher See spielt.

III. Sorgende Seile

Wenn Schiffe in See stechen, müssen Anker gelichtet und Taue gelöst werden. Der Aufbruch eines Schiffs erscheint daher zunächst als eine Szene der Trennung und Entbindung. Allerdings lässt das ablegende Schiff – so schreibt der seefahrende Michel Serres (1994, 172) – „nur einen winzigen Teil des Tauwerks, des Netzes, des Flechtwerks von Bindungen fahren, die es halten und die nur in der Sprache der Seeleute einen Namen haben. Losgebunden? Nein: festgezurrt". Unter den zahllosen Seilen und Tauen, die das Segelschiff zu einem „riesige[n] fein gefügte[n] Knoten" verknüpfen, sticht insbesondere eines heraus, das für eine Theorie kritischer Relationen nähere Betrachtung verdient: die *Sorgleine* (Abb. 2).

Schon der Name wirft allerlei Fragen auf: Welche Sorgen hängen an dieser Leine? Sorgt sie für uns oder müssen wir für sie sorgen? Welche Sorgen nimmt sie uns ab, mit welchen belastet sie uns? Um sich diesen Fragen zu nähern, könnte es hilfreich sein, sich zunächst das konkrete

[Abb. 2] Sorgleine mit Gurtgeschirr und Strecktau (Quelle: Carpe Diem Sailing. 2021. „Safety at Sea, Ep. 45: Harnesses, Tethers." Videotutorial, 00:17:26. *Youtube.com*. Zugriff 5. Dezember 2022. https://www.youtube.com/watch?v=C7vqMNynIp0)

Bindungsgefüge der Sorgleine genauer anzusehen.[5] An Bord von Segelschiffen verbindet die bis zu zwei Meter lange Sorgleine (engl. *life-line*) das Gurtgeschirr der Segler:innen mit dem sogenannten Strecktau, einer Leine, die über die gesamte Länge des Bootes vom Bug bis zum Heck gespannt und an den äußeren Klampen fest vertäut ist. Kurz gesagt, bindet also die Sorgleine die Segler:innen an ihr Boot und sorgt dafür, dass sie auch bei schwerem Seegang oder heftigen Stürmen nicht über Bord gehen können.

Damit übernimmt die Sorgleine eine unverkennbar kritische, geradezu *existenzielle* Funktion für Segler:innen. Nur wenn ihr Verbleib an Bord gesichert ist, können sie sich den übrigen Besorgungen des Segelns widmen, ohne sich permanent um ihre Verankerung sorgen zu müssen. Die Sorgleine stellt also gewissermaßen die Bedingung für alle anderen Aktivitäten des Segelns bereit, indem sie Segler:innen überhaupt erst an Bord hält. In Anlehnung an Heideggers *In-der-Welt-Sein* könnte man sagen, dass die Sorgleine das *An-Bord-Sein* der Segelnden sicherstellt, indem sie ihre Bindung an das existenzielle Trägermedium Boot garantiert. Wenn für Heidegger (1967, 192) die „Sorge" die Grundstruktur des *In-der-Welt-Seins* ausmacht, also der besorgend-fürsorgende Umgang mit Menschen und

5   Für eine Einführung in den Gebrauch der Sorgleine und der mit ihr verbundenen Utensilien, vgl. das Segel-Videotutorial: Carpe Diem Sailing. 2021. „Safety at Sea, Ep. 45: Harnesses, Tethers & Jacklines." *Youtube.com*. Zugriff 5. Dezember 2022. https://www.youtube.com/watch?v=C7vqMNynIp0.

Dingen, dann ist es die *Sorgleine*, die diesen Umgang an Bord des Segelboots ermöglicht und sicherstellt. Die typografischen Bindestriche des *In-der-Welt-Seins* verwandeln sich gleichsam in konkrete, physische Bindungen, die das Dasein an Bord halten.

Es könnte nun den Anschein haben, als diente die Sorgleine allein den Segelnden, indem sie sie vor dem lebensgefährlichen Sturz ins Wasser bewahrt. Doch bei näherem Hinsehen sichert sie damit zugleich die Existenz des Segelboots selbst. Denn nicht nur hängen Segler:innen konstitutiv von ihrem Boot ab, das sie trägt und über Wasser hält (Peters 2015, 104); auch das Boot hängt – umgekehrt – an der Sorge, Achtsamkeit und Umsicht der Segelnden, die es durch geschickte Lenkmanöver vor gefährlichen Kollisionen, Strömungen und Wetterlagen schützen. Ohne Besatzung sich selbst überlassen, wäre das Boot als bloßes, inertes Objekt unmittelbar den Kräften des Meeres ausgesetzt. Segelboot und Segelnde sind also in einem existenziellen Verhältnis der wechselseitigen Abhängigkeit aneinandergebunden: „Neither can survive on their own. We need the vessel and the vessel needs us,"[6] bringt es ein erfahrener Sportsegler auf den Punkt. Die Segelnden von ihrem Boot zu trennen, wäre demnach ebenso fahrlässig wie – umgekehrt – das Boot von den Segelnden abzuspalten. Folglich sichert die Sorgleine nicht allein die Segelnden als isolierte Subjekte, sie sichert vielmehr die *existenzielle Korrelation* von Segelnden und Segelboot.[7]

Gleichwohl kann die Sorgleine all das nur leisten, wenn zuvor dafür gesorgt wurde, dass sie ihrerseits funktionstüchtig, gut befestigt und ohne Schaden ist. Sie muss gewartet, gepflegt und bei Bedarf ausgebessert werden. Nur wenn Segler:innen für die Sorgleine sorgen, kann die Leine wiederum für sie Sorge tragen und den Sturz in die Fluten verhindern.[8] Wenn diese Sorge

6   Das Zitat stammt aus dem Videotutorial von Paul Exner. 2018. „Sailing Safety Harness ... Don't Ever Let Go!", 00:01:28. *Youtube.com*. Zugriff 5. Dezember 2022. https://www.youtube.com/watch?v=bNcdxb2MRTU.

7   Man könnte diese Relation auch treffend mit dem Begriff der *anthropomedialen Relation* fassen, wie ihn die Medienphilosophin Christiane Voss (2010) konturiert hat. Darunter versteht Voss ein konstitutives Verschränktsein von Menschen und Medien, das sich in je spezifischen, situativen Existenzweisen ausprägt. Aus der Kopplung von Mensch und Kino etwa geht für Voss die spezifische Konfiguration des *Leihkörpers* als eine wechselseitige Affizierung von Zuschauer:in und Film hervor (2010, 181). In ähnlicher Weise ließe sich sagen, dass aus der Verschränkung von Mensch und Segelboot die anthropomediale Existenzform des *An-Bord-Seins* emergiert, die weder allein auf menschliche noch auf technische Anteile reduziert werden kann.

8   In einer interessanten Wendung hat Gabriele Schabacher (2022, 277 ff.) den Begriff der Sorge für die aufmerksame Pflege und Wartung von technischen Infrastrukturen herangezogen.

ausbleibt und die Sorgleine im entscheidenden Moment nachgibt, drohen Segelnde von Bord zu gehen und damit gleichsam „aus der Welt [zu] fallen" (Kuhn und Struck 2019). Noch beunruhigender als dieser Weltverlust jedoch ist der umgekehrte Fall: Wenn das Boot Leck schlägt und die Segler:innen weiterhin mit der Sorgleine verbunden bleiben, droht sie das sinkende Boot in die Tiefe zu ziehen. Die lebenserhaltende Leine verwandelt sich dann in eine lebensbedrohliche Fessel. Für diese kritische Situation weisen Sorgleinen oft einen kleinen roten Faden oder Fortsatz auf, der wie eine Reißleine gezogen werden muss, um sich von der Befestigung am Boot abrupt zu lösen.[9] In die Sorgleine ist also gewissermaßen ihre eigene *Entsorgung* eingebaut: Die Bindung enthält die Möglichkeit ihrer eigenen Entbindung. Es ließe sich durchaus sagen, dass die Trennung oder Scheidung – griechisch *krisis* – hier selbst eine *kritische*, also *existenzerhaltende* Funktion gewinnt, die über Leben und Tod entscheidet: „Manchmal ist die Trennung eine gute Lösung für die Liebe", schreibt Michel Serres (1994, 175) über zwei Bergsteigende, die ihre Seilschaft bei einem Steinschlag aufkündigen, weil sie am Leben hängen.

Gerade in solchen Momenten der Ablösung zeigt sich überdeutlich, wie sehr menschliche Existenz in Bindungsverhältnisse verstrickt ist. Dabei können diese Bindungen höchst unterschiedliche Formen annehmen, wie bereits ein kurzer Vergleich zwischen Lawinenschnur und Sorgleine demonstriert. Während die Lawinenschnur als Signalfaden zum verschütteten Körper führt und Rettungskräfte über seinen Standort informiert, bindet die Sorgleine die Segelnden an ihren Standort auf dem Boot, indem sie sie gegen die Kräfte der anstürmenden Wellen an Bord hält. Im Gegensatz zur *signalisierenden* Lawinenschnur übernimmt die Sorgleine also eine primär *stabilisierende* Funktion: Sie hält und bindet, fängt und fesselt, trägt und zieht. Anstelle von *Informationen* überträgt sie *Kräfte*, die den Gegenkräften des Meeres standhalten sollen. Damit zeichnen sich hier bereits zwei Formen kritischer Relationalität ab, die jedoch noch um eine dritte ergänzt werden müssen: Seile übertragen nicht nur Informationen oder Kräfte, sondern mitunter auch *Substanzen*, von denen das verbundene Leben existenziell abhängt. Um diesem dritten Strang zu folgen, müssen wir vom stürmischen Ozean zu den Weiten des Weltalls übergehen.

9   Siehe dazu das Videotutorial Carpe Diem Sailing (2021), 00:18:45.

IV. Nabel und Kabel

Kaum eine menschliche Unternehmung ist so sehr mit Imaginationen der Ablösung, Entbindung und Schwerelosigkeit verbunden wie die Raumfahrt. Von erhabenen Bildern startender Raketen bis hin zu Aufnahmen freischwebender Astronaut:innen wimmelt es in der Weltraumikonografie von Bildern des Losgelöstseins. Umso erstaunlicher ist daher ein Bild aus dem Jahr 1965, das während der Gemini-IV-Mission der NASA entstanden ist. Es zeigt den Astronauten Edward H. White beim ersten *space walk* der US-amerikanischen Raumfahrtgeschichte, wenige Monate nachdem bereits der sowjetische Kosmonaut Alexei Leonov erfolgreich seine Raumkapsel für einen Außenbordeinsatz verlassen hatte. Der Astronaut erscheint hier gerade nicht als freischwebendes, losgelöstes Subjekt, sondern als zutiefst gebundene Entität. Unübersehbar windet sich eine goldglänzende Schnur durch das Bild, die den Raumanzug von Ed White mit der Gemini-Kapsel verbindet (Abb. 3).

Es liegt nahe, diese Schnur, die dem schwerelosen Körper fast organisch anzugehören scheint, mit der vielleicht ersten kritischen Verbindung menschlichen Lebens zu assoziieren: der Nabelschnur als unverzichtbarem Versorgungskanal embryonalen Lebens. In direkter Anspielung auf diesen organischen Kanal wird auch die Schnur der Astronaut:innen im Ingenieursjargon *umbilical cable* (dt. Nabelschnur-Kabel) genannt (National Air and Space Museum, o. D.). Wie sein biologisches Pendant übernimmt auch dieses artifizielle *umbilical cable* eine Reihe lebenserhaltender Funktionen. Umwickelt von einem goldglänzenden Mantel, der zur thermischen Isolierung dient, verlaufen in seinem Inneren – der sogenannten „Seele" des Kabels – drei verschiedene Stränge, die jeweils unterschiedliche kritische Relationen ermöglichen. Wir wollen deshalb einen imaginären Querschnitt durch das *umbilical cable* vornehmen, um seine drei kritischen Relationen freizulegen.

Im Inneren des *umbilical cable* erstreckt sich erstens ein robustes, sieben Meter langes Nylonband, das Astronaut:innen physisch an die Raumkapsel bindet und die Abdrift ins All unterbinden soll (National Air and Space Museum o. D.). Ähnlich wie die Sorgleine auf hoher See stellt auch das Nylonband eine existenzielle Kopplung zwischen Mensch und Vehikel sicher – allerdings mit dem entscheidenden Unterschied, dass die Sorgleine die Angeleinten *an Bord halten*, das *umbilical cable* aber gerade das vorübergehende *Von-Bord-Gehen* ermöglichen soll. Die Bindung befähigt Astronaut:innen, die Kapsel zu verlassen, ohne sich gänzlich von ihr zu lösen und davongetragen zu werden. So bewahrte das *umbilical cable*

[Abb. 3] Space Walk von Edward White am 3. Juni 1965 der Gemini-IV-Mission (Quelle: National Aeronautics and Space Administration (NASA). 1965. „Ed White makes the first U.S. spacewalk." NASA. Catalog of Spaceborne Imaging. Zugriff 5. Dezember 2022. https://nssdc. gsfc.nasa.gov/imgcat/html/object_page/g04_s65_30433.html)

bereits den Kosmonauten Alexei Leonov beim historisch ersten *space walk* davor, in die Weiten des Alls geschleudert zu werden: „I gave myself a hefty push away from the spacecraft and immediately started tumbling uncontrollably, rolling head over heels. Only my umbilical cord of cables saved me from drifting off into space" (Leonov und Scott 2004, 2).

Neben dieser textilen Anbindung sind Astronaut:innen auch durch eine Kommunikationsleitung mit der Kapsel verbunden. Über ein Kabel stehen Astronaut:in und Kapsel-Crew im kontinuierlichen Sprechkontakt. Es versorgt die Astronaut:innen nicht nur mit kritischen Informationen zum laufenden Einsatz, sondern *bindet* sie ganz buchstäblich auch an Instruktionen und Befehle aus der Kapsel. So musste etwa Ed White während seines *space walk* mehrfach zur Rückkehr in die Kapsel aufgefordert werden, weil er das Ende seines außergewöhnlichen Erlebnisses weiter hinauszögern wollte. Es scheint, als musste hier die Bindungskraft des Kabels noch durch die bindende Wirkung von Befehlen verstärkt werden, um ihn aus dem Hochgefühl der kosmischen Bindungslosigkeit in die Verbindlichkeiten der Mission zurückzuholen.[10]

10   Man könnte darin die enge Verknüpfung von Seil und Gesetz wiedererkennen, auf die Michel Serres bereits aufmerksam gemacht hatte (s. o.).

Neben der physischen und der kommunikativen Verbindung stellt das *umbilical cable* allerdings noch eine dritte lebenswichtige Relation her, die dem Vorbild der Nabelschnur am nächsten kommt. Durch einen schmalen Silikonschlauch wird Sauerstoff zu den Astronaut:innen transportiert, der ihnen das Atmen außerhalb der Kapsel ermöglicht und somit ihre elementaren Vitalfunktionen aufrechterhält. Atmung ist hier nicht länger ein selbstverständlicher, naturgegebener Vorgang, sondern ein von technischen Versorgungsleitungen subventioniertes Geschehen. Bereits Peter Sloterdijk hat darauf hingewiesen, dass menschliche Lebensfunktionen im Weltall ihre Selbstverständlichkeit verlieren und in Abhängigkeit von technischen Lebenserhaltungssystemen geraten. Dasein im All, so Sloterdijk (2004, 321), sei nur als „In-der-Station-Sein" denkbar, weil die Station zum Garanten aller atmosphärischen Existenzbedingungen wird. Entsprechend muss beim *space walk* dafür gesorgt sein, dass die Astronaut:innen die Kapsel verlassen können, ohne das *life support system* hinter sich lassen zu müssen. Das *umbilical cable* dehnt gleichsam den *life support* der Station über ihre Außenwände hinaus aus, sodass die Astronaut:innen zwar nicht länger *in* der Station sein müssen, aber weiterhin *an ihr* partizipieren. Das *umbilical cable* wird so zur „innigen Fernverbindung", wie Sloterdijk (1998, 369) passenderweise einmal die Nabelschnur genannt hat.

Im Querschnitt betrachtet, vereint die künstliche Nabelschnur der Astronaut:innen also tatsächlich alle drei Formen kritischer Relationalität, die auf den vergangenen Seiten entwickelt wurden. Sie erfüllt erstens – wie die Sorgleine – eine *stabilisierende* Funktion, indem sie die Astronaut:innen an der Kapsel festhält; sie übernimmt zweitens – wie die Lawinenschnur – eine *signalisierende* Funktion, indem sie den kommunikativen Kontakt zur Kapsel hält und entscheidende Informationen überträgt; und sie hat drittens – wie die Nabelschnur – eine *subventionierende* Funktion, indem sie die lebenswichtige Ressource Sauerstoff bereitstellt. Die drei kritischen Funktionen – die Vermittlung von Informationen, Kräften und Substanzen – laufen hier also in einem einzigen Kanal zusammen und bilden gemeinsam die sprichwörtliche „Seele" des Kabels. In loser Anlehnung an Aristoteles (2017, 75 ff.) Seelenlehre könnte man hier von den drei Vermögen einer *nährenden Seele* (Atemluft), einer *motorischen Seele* (Kräfte) und einer *kommunizierenden Seele* (Informationen) sprechen, die gemeinsam die Existenz des verbundenen Subjekts ermöglichen. All diese Seelenvermögen kommen dem Subjekt nicht selbstverständlich als intrinsische Vermögen zu, sondern müssen ihm erst durch die Seelen des Kabels zugestellt werden.

V. Lose Enden

Wenn es einen roten Faden gibt, der die drei verschiedenen Szenen der vergangenen Seiten miteinander verknüpft – von der alpinen Lawinenschnur über die Sorgleine auf hoher See bis zum *umbilical cable* im Weltall –, dann ist dies der Faden der *kritischen Relation*, dem der zurückliegende Aufsatz gefolgt ist. In allen behandelten Szenen erweist sich eine materielle Bindung – ein Strang, ein Seil, eine Schnur – als entscheidende und unverzichtbare Bedingung menschlicher Existenz, gewissermaßen als *relatio sine qua non*: Eine rote Schnur macht Lawinenopfer inmitten von Schneemassen auffindbar; ein Seil hält Segler:innen bei Seestürmen an Bord und eine Versorgungsleitung beliefert Astronaut:innen mit atembarer Luft. In all diesen Szenen ist menschliche Existenz nicht zu trennen von den relationalen Verhältnissen, in die sie eingebunden ist.

Gleichwohl ließe sich zum Abschluss fragen, was aus den kritischen Relationen wird, wenn die Szenen vorüber sind, in denen sie ihre lebenserhaltende Funktion erfüllen. Wenn die Lawinenrettung gelungen, der Seesturm überstanden und der *space walk* erfolgreich absolviert ist, wie geht es dann mit den kritischen Relationen weiter, in die die Subjekte involviert waren? Auf den ersten Blick könnte es scheinen, als seien kritische Relationen bloß *temporäre* Verbindungen, die nur für die Dauer einer bestimmten, kritischen Episode eingegangen, aber nach Ablauf dieser Zeitspanne wieder abgelegt werden können. Nach dem Seesturm, dem Lawinenabgang oder dem *space walk* kehrten die Subjekte dann wieder in einen Zustand der Ungebundenheit und Autonomie zurück, ohne länger auf existenzielle Bindungen angewiesen zu sein.

Bei näherem Hinsehen jedoch treten die Subjekte auch mit dem Ende des Angebundenseins in keinen Zustand der völligen Bindungslosigkeit ein, vielmehr ändert sich nur die Form der Relationalität. Auch wenn kritische Relationen nicht länger so handfeste Formen annehmen wie in den hier untersuchten Fällen der Lawinenschnur, der Sorgleine und des *umbilical cable*, hängt menschliche Existenz weiterhin von vielfältigen *signalisierenden*, *stabilisierenden* und *subventionierenden* Bindungen ab, seien es Kommunikationskanäle, die einen kontinuierlichen Informationsaustausch sicherstellen, Drahtseile, die Hängebrücken tragen oder Stromleitungen, die unverzichtbare Energieressourcen liefern. All diese kritischen Relationen treten im alltäglichen Leben selten explizit in Erscheinung. Es braucht deshalb *Szenen kritischer Relationalität*, um die sonst verborgenen relationalen Bedingungen sichtbar zu machen, von denen menschliches Leben abhängt.

Literatur

Aristoteles. 2017. *Über die Seele/De Anima*. Griechisch-Deutsch. Hamburg: Meiner.

Bateson, Gregory. 1996. *Die Ökologie des Geistes*: *Anthropologische, psychologische, biologische und epistemologische Perspektiven*. Frankfurt am Main: Suhrkamp.

Carpe Diem Sailing. 2021. „Safety at Sea, Ep. 45: Harnesses, Tethers." Videotutorial. *Youtube.com*. Zugriff 5. Dezember 2022. https://www.youtube.com/watch?v=C7vqMNynIpo.

Etter, Hans-Jürg, Jürg Schweizer und Thomas Stucki. 2009. „Nicht ohne mein LVS: Lawinennotfallsysteme im Vergleich." *Die Alpen*, Nr. 2: 24–29.

Exner, Paul. 2018. „Sailing Safety Harness ... Don't Ever Let Go!" Videotutorial. *Youtube.com*. Zugriff 5. Dezember 2022, https://www.youtube.com/watch?v=bNcdxb2MRTU.

Gethmann, Daniel und Florian Sprenger. 2015. *Die Enden des Kabels: Kleine Mediengeschichte der Übertragung*. Berlin: Kadmos.

Gießmann, Sebastian. 2016. *Die Verbundenheit der Dinge: Eine Kulturgeschichte der Netze und Netzwerke*. Berlin: Kadmos.

Heidegger, Martin. [1927] 1967. *Sein und Zeit*. Tübingen: Max Niemeyer.

Ingold, Tim. 2007. *Lines: A Brief History*. Abingdon: Routledge.

Kaiserliches und Königliches Landesverteidigungs-Kommando. Ca. 1915. *Alpine Weisungen für den Gebirgskrieg*. Innsbruck: Verlag des k.u.k-Landesverteidigungskommandos in Tirol.

Koselleck, Reinhart. 1982. „Krise." In *Geschichtliche Grundbegriffe*. Bd. 3, herausgegeben von Otto Brunner, Werner Conze und Reinhart Koselleck, 617–650. Stuttgart: Klett-Cotta.

Kuhn, Kristina und Wolfgang Struck. 2019. *Aus der Welt gefallen: Die Geographie der Verschollenen*. Paderborn: Wilhelm Fink.

Latour, Bruno. 2005. „Critical Distance or Critical Proximity: A Dialogue in Honor of Donna Haraway." Bruno Latour (Homepage). Zugriff 5. Dezember 2022. http://www.bruno-latour.fr/node/248.html.

Leonov, Alexei und David Scott. 2004. *Two Sides of the Moon: Our Story of the Cold War Space Race*. London: Simon & Schuster.

National Air and Space Museum. o. D. „Life Support Umbilical, White, Gemini 4." airandspace.si.edu. Zugriff 5. Dezember 2022. https://airandspace.si.edu/collection-objects/life-support-umbilical-white-gemini-4/nasm_A19670212000.

Paulcke, Wilhelm. 1938. *Praktische Schnee- und Lawinenkunde*. Berlin: Springer.

Peters, John Durham. 2015. *The Marvelous Clouds: Toward a Philosophy of Elemental Media*. Chicago: University of Chicago Press.

Rätisches Museum Chur. 2016. „Die Lawinenschnur (1930): Objekt des Monats." *raetischesmuseum.gr.ch*. Zugriff 5. Dezember 2022. https://raetischesmuseum.gr.ch/de/sammlung/objektdesmonats/Seiten/feb_16_lawinenschnur.aspx.

Serres, Michel. 1994. *Der Naturvertrag*. Frankfurt am Main: Suhrkamp.

——. 1981. *Der Parasit*. Frankfurt am Main: Suhrkamp.

Schabacher, Gabriele. 2022. *Infrastruktur-Arbeit: Kulturtechniken und Zeitlichkeit der Erhaltung*. Berlin: Kadmos.

Siegler, Martin. 2023. *SOS: Medien des Überlebens: Die existenzielle Bedeutung von Lebenszeichen in Notfällen*. Berlin: de Gruyter.

Sloterdijk, Peter. 1998. *Sphären I: Blasen*. Frankfurt am Main: Suhrkamp.

——. 2004. *Sphären III: Schäume*. Frankfurt am Main: Suhrkamp.

Voss, Christiane. 2010. „Auf dem Weg zu einer Medienphilosophie anthropomedialer Relationen." *Zeitschrift für Medien- und Kulturforschung* 1, Nr. 2: 170–185.

Weigelt, Shirin. 2024. „An- und Abhängigkeiten relationaler Ontologie." In *Szenen kritischer Relationalität*, herausgegeben von Charlotte Bolwin et al., 217–219. Lüneburg: meson press.

An- und Abhängigkeiten relationaler Ontologie

Shirin Weigelt

Martin Siegler (2024) analysiert in seinem Artikel über *Lifelines* in diesem Band drei Szenen kritischer Relationalität. Die erörterten zentralen Verbindungen der *Lawinenschnur*, der *Sorgleine* und des *umbilical cables* lassen sich insofern als kritisch charakterisieren, als sie existenziell sind. Ihr Existenziellsein drückt sich darin aus, dass eine Unterbrechung oder ein anderweitiges Scheitern der Relation zum Ende eines existenziellen Gefüges sowie der innerhalb bzw. aufgrund dessen existierenden Relata führt. Reißt zum Beispiel das Kabel zwischen Astronaut:in und Raumstation, dann wird damit das Versorgungsgefüge aufgelöst, das zuvor Informations- und Substanzaustausch sicherstellte. Das Raumstationsbesatzungsmitglied-im-Außenbordeinsatz wird zur Astronaut:in-allein-im-Weltall, deren Überlebenschancen in Form dieser abgekoppelten Existenzweise gering sind.

Rettungsleinen materialisieren also relationale Ontologie, die im betreffenden Phänomenfeld zusätzlich durch ein vitalistisches Moment bestimmt wird. In den von Siegler beschriebenen lebensfeindlichen Milieus im Schnee, auf dem Meer sowie im Weltraum, in denen die temporale Gefahr der Notsituation lauert, steigt mit dem Scheitern der *„signalisierenden*, *stabilisierenden* und *subventionierenden* Bindungen"* (Siegler 2024, 215) auch das Risiko des Endes der daran hängenden Existenz und spezifischer noch: eines menschlichen Lebens. Ausgangspunkt von Sieglers Überlegungen ist Michel Serres' Essay *Der Naturvertrag* (2015). Beiden Autoren dienen *Seile* und die mit und an ihnen praktizierten Operationen (zum Beispiel Binden und Losmachen) als Materialisierungen von *Beziehungen von Belang* zwischen körperlichen und dinghaften Aktanten.[1] In einer bemerkenswerten funktionalen Bandbreite können Seile physikalische Kräfte, signifikative Informationen sowie normative Gesetze übertragen. Serres geht es insbesondere um die letztgenannte Funktion:

> Als verfeinerte Technik unserer Beziehungen läßt das Recht sich manchmal in bestimmten Aussagen überraschen und deuten, die sich ersichtlich auf einen konkreten technischen Ursprung beziehen. Die Begriffe Vertrag, Verpflichtung oder Bündnis, zum Beispiel, sprechen

---

1   Existenzielle Relationen können als eine besondere Form bedeutsamer Beziehungen von Lebewesen verstanden werden. Das Konzept *bedeutsamer Beziehungen* bzw. *Beziehungen von Belang* ist im Sinne von Bruno Latours „matters of concern" zu verstehen. Vgl. Latour 2007.

von Banden oder Bindungen: hier werden unsere Verbindungen wieder zu Fäden.[2] (Serres 2015, 175)

Sieglers sehr anschauliche, kulturtechnische Szenenanalysen klammern die kontraktuell-juridische Fähigkeit des Seilhaften aus der Explikation aus. Bei eingehender Lektüre wird jedoch klar: Die *Gesetzeskraft* (Derrida 1991) lässt sich nicht völlig draußen halten. Bindende Normativität sucht das Tableau der existenziellen Relationen unentwegt heim.[3] Allzeit droht die Gefahr der Unterbrechung oder des Verhedderns, das den angemessenen Kontakt zwischen den Aktanten unterminiert; allzeit braucht es Zusammenhalt oder Kappen der Verbindung im richtigen Moment, um nicht den lebensfeindlichen Turbulenzen der Umgebung ausgeliefert zu sein. Existenzielle Relationen erfordern also ein evaluatives Austarieren. Ihnen ist der Anspruch des richtigen Maßes von Freiheit und Bedingtheit inhärent, wie auch Serres (2015, 176) zu denken gibt.[4]

Darüber hinaus ist für relational-ontologische Existenzweisen ihr Angewiesensein auf Andere und Anderes so fundamental wie spezifisch. Noch vor höherstufigen, soziopolitischen Beziehungen der Normativität, wie zum Beispiel solchen der *Anerkennung*, bedarf es ganz grundlegend *anderer Agenturen*, mit sowie in Differenz zu denen ein fortdauerndes Existieren möglich ist. Schließlich ist das Alteritäre existenzieller Relationen auf eine Weise überschüssig, dass es zum Existenzial wird.[5] Philosoph:innen wie Derrida und Lévinas haben aus dieser Einsicht gar ein ethisches Apriori der Ontologie abgeleitet. Konkrete alteritätsethische Positionen wurden in der jüngeren Vergangenheit unter anderem von Judith Butler (2010, 39–64) mit ihren Überlegungen zur Verletzlichkeit und Betrauerbarkeit von Leben, Donna Haraway (2016) mit ihrem Konzept der *response-ability* oder auch Kathryn Yusoff (2013) im Nachdenken über Beziehungen zum Unwahrnehmbaren ausformuliert.

Eine materialistische Analyse existenzieller Relationen, wie Siegler sie vorgelegt hat, lässt folgende ethische Einsicht besonders anschaulich werden:

2   Die französischen Ausdrücke *contrat*, *obligation* und *alliance* lassen in ihrer Wortherkunft die seiltechnischen Operationen des Ziehens (lat.: *trahere*) und Bindens (lat.: *ligare*) anklingen.

3   Serres *Vertragslogik* wird an dieser Stelle in einem weiten Sinn als „bindende Normativität" gedeutet – in dem Bewusstsein, dass zwischen dem Juristischen, dem Juridischen und dem Ethischen Zusammenhänge aber auch Unterschiede bestehen.

4   Im *Evaluieren* ist das urteilende Moment des Begriffs der Kritik – altgr. κριτική τέχνη (Kunst der Beurteilung) – enthalten.

5   Vgl. zur Differenz zwischen existenziell und existenzial: Heidegger 2015, 12 f. Siehe zu einer anspruchsvollen Ausformulierung der Konsequenzen einer solchen Alteritätsethik die *drei Aporien der Gerechtigkeit*: Derrida 1991, 46–59.

Seile haben zwei Enden, etablieren also reziproke An- und mithin Abhängigkeit.[6] Die Wechselseitigkeit bindender Verhältnisse spiegelt sich im rela-
tional-ethischen Vexierbild von Macht und Verantwortung, Bedingtheit und
Fürsorge, die es auszutarieren gilt.

Literatur

Butler, Judith. 2010. *Raster des Krieges: Warum wir nicht jedes Leid beklagen*. Frankfurt am
    Main: Campus.
Degeling, Jasmin und Philipp Hohmann. 2024. „Trauer, Verwerfung und zwei Formen der
    Anerkennung: Reparative Praktiken und relationale Kritik mit Lauren Berlant, Talya
    Feldman und Boudry/Lorenz." In *Szenen kritischer Relationalität*, herausgegeben von
    Charlotte Bolwin, Jasmin Degeling, Gabriel Geffert, Martin Kallmeyer, Gereon Rahnfeld,
    Nathalie Schäfer und Katia Schwerzmann, 79–102. Lüneburg: meson press.
Derrida, Jacques. 1991. *Gesetzeskraft: Der »mystische Grund der Autorität«*. Frankfurt am Main:
    Suhrkamp.
Haraway, Donna J. 2016. *Staying with the Trouble. Making Kin in the Chthulucene*. Durham:
    Duke University Press.
Heidegger, Martin. 2006. *Sein und Zeit*. Tübingen: Max Niemeyer Verlag.
Latour, Bruno. 2007. *Elend der Kritik: Vom Krieg um Fakten zu Dingen von Belang*. Berlin,
    Zürich: diaphanes.
Siegler, Martin. 2024. „Lifelines: Existenzielle Relationen zwischen Menschen und Seilen in
    kritischen Situationen." In *Szenen kritischer Relationalität*, herausgegeben von Charlotte
    Bolwin, Jasmin Degeling, Gabriel Geffert, Martin Kallmeyer, Gereon Rahnfeld, Nathalie
    Schäfer und Katia Schwerzmann, 201–216. Lüneburg: meson press.
Serres, Michel. 2015. *Der Naturvertrag*. Frankfurt am Main: Suhrkamp.
Yusoff, Kathryn. 2013. „Insensible Worlds: Postrelational Ethics, Indeterminacy and (K)Nots
    of Relating." *Environment and Planning D: Society and Space* 31: 208–226.

---

6   Im vorliegenden Band diskutieren Degeling und Hohmann (2024) ähnlich
     existenzielle Bindungsrelationen affekttheoretisch mit Lauren Berlants Konzept des
     Attachements.

Schwebe und Fall: Zur Krise der Relationen aus äquilibristischer Perspektive

Eva Krivanec

1

Vor genau 100 Jahren erstellte Paul Klee, Meister am Staatlichen Bauhaus in Weimar, seine berühmte Grafik *Der Seiltänzer*, in einer für diese Phase für ihn typischen Kombination aus farbig aquarelliertem Hintergrund, Bleistiftzeichnung und der von ihm etablierten Technik der Ölpause, einem Verfahren, in dem er von einem mit schwarzer Ölkreide grundierten Papier mit einem Griffel Linien und Konturen der Figur nachzeichnete und auf die eigentliche Zeichnung übertrug, so dass charakteristisch ausgefranste, „ziselierte Linie[n]" (Hildebrandt 2017, 98) entstanden, deren sichtbare Materialität sich deutlich gegen die Perfektion geometrischer Linien richtete.

Der Seiltänzer stellte eine wichtige Etappe in der künstlerischen und pädagogischen Auseinandersetzung Paul Klees – und des Bauhauses generell – mit Fragen des Gleichgewichts dar. Schon in einem Vortrag zum „Kräftegleichgewicht" im Dezember 1921 sprach Klee (1921, zit. nach Wismer 1993, 130) vom „Seiltänzer mit seiner Balancierstange als der äußersten Verwirklichung des Symbols des Kräftegleichgewichts". Der Seiltänzer von 1923 reihte sich ein in eine Serie von – szenisch eingeführten – Figuren Klees, die den „Charakter permanenter Unfertigkeit, Halbheit und verspielter Unbestimmtheit" (Bohn 2009, 65) in sich tragen. Scheinbar unbehelligt von der Schwerkraft, schwebt der Seiltänzer ebenso in der Luft wie das Seil (Bohn 2009, 126). Konrad Wünsche (1993, 253) spricht von Klees „heiter-figürlichen Gegenbildern" zum Sinnbild der Waage, etwa dem „Seiltänzer, der selber die Spitze eines Zick-zack-Gleichgewichts-Aufbaus" bildet, während Beat Wismer (1993, 132) Klees Zeichnung in ihrem zeitlichen Entstehungskontext als programmatisch für die sich im ersten Halbjahr 1923 vollendende Transformation „des Bauhauses vom Expressionismus zum Konstruktivismus" deutet.

Im Unterschied zu dieser zwar labilen, aber doch friedvoll-gefahrlosen Darstellung des Balanceakts, die auf Symmetrie und Adäquation in ihren inneren und äußeren Relationen zielt, haben andere am Bauhaus und in anderen Avantgarde-Bewegungen zur gleichen Zeit deutlich riskantere, dynamischere oder auch scheiternde Balanceakte in ihre Werke integriert

(Auer 1993, 282). Die Fotomontage *Zwischen Himmel und Erde* (1923–1927) von László Moholy-Nagy verbindet artistische und äquilibristische Elemente. In verschiedenen Versionen, die zunehmend mehr Elemente enthalten, zeigen diese ein äußerst prekäres Gleichgewicht einer zentralen, gottähnlichen, zwischen Buddha und Athlet changierenden Figur inmitten eines schwarzen Kreises. Im Lauf der Jahre wird der Untertitel *Schau, bevor du springst* hinzugefügt. Der Schwebezustand existiert also nur noch in Bezug auf seine Dynamisierung und einen drohenden – beabsichtigten oder unbeabsichtigten – Fall.

Je mehr der Blick bei diesen Darstellungen des Seiltanzes vom horizontalen Gleichgewicht auf den vertikalen Aufbau, die potenzielle Fallhöhe, die wachsende Asymmetrie und Kluft zwischen den zwei durch das Seil verbundenen Punkten oder auch die Dynamisierung des Gleichgewichts, das nur noch in der Bewegung zu halten ist, gerichtet ist, desto mehr drohen auch die einzelnen Elemente dieser äquilibristischen Ensembles – Stützen, Seil, Artist:innen, Zuseher:innen, Requisiten, Untergrund etc. –, in ihren Relationen prekär und instabil zu werden und damit in die Krise zu geraten.

2

Diese Beispiele aus dem Jahr 1923 markieren eher einen Endpunkt intellektueller und künstlerischer Auseinandersetzungen mit Artistik und Zirkuskünsten, die in der zweiten Hälfte des 19. Jahrhunderts eingesetzt hat. Einer der Protagonisten dieser ersten internationalen Seiltanz-Begeisterung um 1860 war der französische Akrobat Charles Blondin (1824–1897). Anlässlich einer Tournee sieht Blondin 1858 zum ersten Mal die Niagarafälle und die Idee, diese auf dem Seil zu überqueren, lässt ihn nicht mehr los. Am 30. Juni 1859 kann er diesen Traum realisieren: Vor 12.000 Zuschauer:innen überwindet er die Spanne von 330 Metern über die monumentalen Wasserfälle balancierend auf einem Hanfseil. Dies wiederholt er mehrfach, immer wieder neue Schwierigkeiten einbauend, wie etwa Sprünge vorwärts und rückwärts, das Balancieren auf einem mitgebrachten Stuhl, als Fotograf der Menge vom Seil aus oder als Lastenträger mit einem Sack auf dem Kopf.

Trotz enormer Zuschauer:innenzahlen vor Ort wäre der Weltruhm von Charles Blondin nicht denkbar gewesen ohne das noch junge Medium der Fotografie und die aufkommende illustrierte Presse. Die spektakulären Bilder von seiner Überquerung der Niagarafälle zirkulierten in Millionen Haushalten und er konnte auch noch die folgenden Jahrzehnte sein Publikum begeistern (Wurmli 1997, 118).

Friedrich Nietzsche hatte wohl noch die Bilder von Blondins Wandeln über den gewaltigen Abgrund der Niagarafälle in Erinnerung, als er um 1886 den Aphorismus 347 für die zweite Ausgabe der Fröhlichen Wissenschaft schrieb:

> [U]mgekehrt wäre eine Lust und Kraft der Selbstbestimmung, eine Freiheit des Willens denkbar, bei der ein Geist jedem Glauben, jedem Wunsch nach Gewissheit den Abschied giebt, geübt wie er ist, auf leichten Seilen und Möglichkeiten sich halten zu können und selbst an Abgründen noch zu tanzen. (Nietzsche 1988, 583)

Wenige Jahre zuvor hatte Nietzsche im Prolog zu *Also sprach Zarathustra* den Seiltänzer noch über den Köpfen der Schaulustigen auf dem Marktplatz abstürzen lassen, als er von einem waghalsigen Possenreißer auf dem Seil überholt und so aus dem Gleichgewicht gebracht wurde (Wegmann 2010, 564 f.). Tanz im Allgemeinen und Seiltanz im Besonderen werden bei Nietzsche zur Verkörperung der „Erneuerer", die sich von alten Bindungen und Traditionen lösen und dadurch neue Relationen – etwa die zwischen Seiltänzer und Seil, welche in eine enge, schicksalhafte Beziehung eintreten – und neue Gesetze erschaffen (Cumita 2011, 99; 105). In der leiblichen Disziplinierung, der Auslotung und Überwindung von Grenzen, aber auch im Überschwang der Bewegung soll die „kleine Vernunft", also alle moralische, konventionelle Disziplinierung überschritten und die „große Vernunft", die durch den Leib gehen muss (und dem Wahnsinn nahesteht), erreicht werden.

3

Der Auftritt der Seiltänzerin Fräulein Laura am Jahrmarkt von Dundee, im Norden Schottlands, in den letzten Junitagen 1870 wird in der lokalen Tageszeitung, dem *Dundee Courier*, mit einem Crescendo an sensationellen und waghalsigen Erschwernissen ihres Balanceakts angekündigt. Fräulein Laura tritt in Ketten gelegt auf dem Seil auf, sie beschreitet das Seil mit geflochtenen Körben an ihren Füßen und geht sogar – in Anlehnung an Charles Blondins Auftritt am Seil über die Niagarafälle mit seinem Manager auf dem Rücken – mit ihrer Tochter im Kleinkindalter am Rücken bzw. in einem Kinderwagen über das Seil. So wird ihr auch plakativ und eindringlich das Attribut „Blondin's only rival" verliehen (Dundee Courier 1870, 1).

Doch am Abend des 28. Juni 1870, zwei Tage nach der Premiere, stürzt während der Freiluftaufführung von Fräulein Laura an den Roseangle Recreation Grounds in Dundee plötzlich eine der beiden Stützen zu Boden.

„With the greatest presence of mind", wie ein lokaler Journalist kurz nach
dem Vorfall noch anerkennend schreibt, schafft es die Seiltänzerin rasch
das höhere Ende des Seils zu erreichen, sodass ihr Fall gebremst wird und
sie mit Geschick vermeiden kann, von den zusammenfallenden Scher-
stangen getroffen zu werden. „A piercing shriek arose, and it was at first
thought by many that she was killed" (Glasgow Evening Citizen 1870, 3).
Bald danach erfährt die Menge – erleichtert oder enttäuscht – dass die
Aerialistin nahezu unverletzt geblieben ist und plant, am nächsten Abend
wieder aufzutreten. Betont wird ebenfalls, dass sie sich zum Zeitpunkt des
Unfalls ohne ihr Kind auf dem Seil befand, sodass dieses die ganze Zeit in
Sicherheit war.

Doch kaum 24 Stunden später scheint die Stimmung in der lokalen und
regionalen Presse vollständig gekippt zu sein. Aus der Erzählung einer
glückvollen (Selbst-)Rettung aus der Katastrophe wird die Androhung einer
juristischen Verfolgung der Seiltänzerin, sollte sie es noch einmal wagen,
mit ihrer Tochter das Seil zu besteigen (Dundee Courier 1870, 2).

Der abrupte Zusammenbruch des gespannten Seils, der sämtliche
Relationen in diesem ausgeklügelten, fein gewebten Netzwerk zwischen
Artistin (plus Ensemble an Unterstützer:innen, Requisiten und Objekten)
und Publikum, Publikum und Kritik, Artistin und Auftraggeber:innen in
eine existenzbedrohende Schräglage bringt, macht mit einem Mal die
Machtverhältnisse sichtbar. Moralische und materielle Überlegenheits-
gesten innerhalb einer strengen patriarchalen Hierarchie bilden die – bis
hin zur buchstäblichen Ausbeutung artistischer Arbeitskraft reichende –
Infrastruktur eines vermeintlich egalitären beruflichen Status. Aus der (oft
mythisch überhöhten) Anmut eines Gleichgewichtszustands in perfekter
Horizontalität der Relation zwischen zwei Enden des Seils wird innerhalb
von Sekunden die schiefe Bahn einer sich skrupellos der Sensationsgier des
Publikums hingebenden „grausamen Mutter" (Dundee Courier 1870, 2).

Seiltänzer:innen, Seil und Befestigung des Seils befinden sich in einer
engen anthropomedialen Relation, die nur in optimaler Abstimmung funktionieren kann. Selbst das Seil kann als „an assemblage of fibers, filaments
or wires compacted by twisting or braiding into a long flexible line"
(Wurmli 1997, 117) verstanden werden. Zum offensichtlichen historischen
Zusammenhang zwischen der infrastrukturellen und medientech-
nologischen Entwicklung des Kabels als „Überträger von Information und
Energie" (Gethmann und Sprenger 2014, 15) und einem „Kabelnetz, das Ende
des 19. Jahrhunderts eine weltweite Umspannung erreicht" (Gethmann und
Sprenger 2014, 21) einerseits und dem Übergang vom dickeren Hanfseil hin

zu dünnen, kaum noch sichtbaren, aufs äußerste gespannten Drahtseilen in der Seiltänzerkunst wurde bislang kaum geforscht. Denn obwohl das Drahtseil im Vergleich zum Hanfseil eine vektorielle Nutzung – die Überschreitung von einem Ende zum anderen – nahelegt, besteht doch die Kunst der meisten Drahtseilakte darin, die dünne Linie in der Luft für eine gewisse Zeit als Domizil zu nutzen und so zu einem bewohnbaren Habitat zu machen (Connor 2008).

Literatur

Auer, Gerhard. 1993. „Balance-Akte der Baukunst." In *Equilibre: Gleichgewicht, Äquivalenz und Harmonie in der Kunst des 20. Jahrhunderts*, herausgegeben von Tobia Bezzola, Alois Martin Müller, Lars Müller und Beat Wismer, 276–290. Baden: Verlag Lars Müller.

Bohn, Ralf. 2009. *Inszenierung als Widerstand: Bildkörper und Körperbild bei Paul Klee*. Bielefeld: transcript.

Connor, Stephen. 2008. „Man Is a Rope." Stevenconnor.com. Zugriff 25. September 2023. http://stevenconnor.com/rope.html.

Cumita, Aura. 2011. „Der Seiltänzer und die ‚große Vernunft': Tanz als Schlüsselkunst in Nietzsches Werk." In *Tanz und WahnSinn/Dance and ChoreoMania*, herausgegeben von Johannes Birringer und Josephine Fenger, 98–110. Leipzig: Henschel.

Dundee Courier. 1870. „The female Tight-rope Dancer's Escape." *Dundee Courier*, 29. Juni 1870.

Glasgow Evening Citizen. 1870. „Narrow Escape of a Female Tight-rope Dancer in Dundee." *Glasgow Evening Citizen*, 29. Juni 1870.

Hildebrandt, Toni. 2017. *Entwurf und Entgrenzung: Kontradispositive der Zeichnung 1955–1975*. München: Fink.

Nietzsche, Friedrich. 1988. *Sämtliche Werke: Kritische Studienausgabe in 15 Einzelbänden (KSA)*. Bd. 3: *Morgenröte, Idyllen aus Messina: Die fröhliche Wissenschaft*, herausgegeben von Giorgio Colli und Mazzino Montinari. München: dtv.

Wegmann, Thomas. 2010. „Artistik: Zu einem Topos literarischer Ästhetik im Kontext zirzensischer Künste." *Zeitschrift für Germanistik* NF 20, Nr. 3: 563–582.

Wismer, Beat. 1993. „Stationen zum Gleichgewicht." In *Equilibre: Gleichgewicht, Äquivalenz und Harmonie in der Kunst des 20. Jahrhunderts*, herausgegeben von Tobia Bezzola, Alois Martin Müller, Lars Müller und Beat Wismer, 63–239. Baden: Verlag Lars Müller.

Wünsche, Konrad. 1993. „Äquilibristische Tendenzen am Bauhaus." In *Equilibre: Gleichgewicht, Äquivalenz und Harmonie in der Kunst des 20. Jahrhunderts*, herausgegeben von Tobia Bezzola, Alois Martin Müller, Lars Müller und Beat Wismer, 253–264. Baden: Verlag Lars Müller.

INFRASTRUCTURE STUDIES

FILMÄSTHETIK

RELATIONALITÄT

Kritische Infrastrukturen: Wer ist der unsichtbare Dritte?

Maximilian Rünker

Die sogenannten Kritischen Infrastrukturen erhielten zuletzt sowohl innerhalb der massenmedialen Berichterstattung sowie der medienkulturwissenschaftlichen Forschung einige Aufmerksamkeit. Einerseits wurde nach mutmaßlichen Sabotageakten über die Bedeutung und den Schutz von Verkehrs- und Versorgungsinfrastrukturen debattiert. Andererseits hat der Begriff in den vergangenen rund zehn Jahren eine hohe Konjunktur innerhalb der Kulturtechnikforschung sowie der Science and Technology Studies. Geeint sind diese Positionen durch die Annahme, dass Infrastrukturen der alltäglichen Wahrnehmung entzogen sind und erst in Momenten der Störung sichtbar werden. Diese These soll in diesem Beitrag aus einer medienphilosophischen und

filmwissenschaftlichen Perspektive heraus befragt werden. Mittels verschiedener Szenen aus Alfred Hitchcocks *North by Northwest* wird argumentiert, dass es dem Film gelingt, mit eigenen ästhetischen Verfahren die relationalen Verstrickungen der Infrastrukturnutzung jenseits von Ausfall und Unterbrechung sichtbar zu machen.

Der Film *North by Northwest* (USA 1959, R.: Alfred Hitchcock) beginnt mit einer vollständig grünen Bildfläche. Vom rechten Bildrand ziehen blaue Striche in Richtung der Bildmitte, ehe hierzu die von Bernard Herrmann komponierte Filmmusik mit schweren Bläsern und Geigen einsetzt. Von oben links beziehungsweise unten rechts streben weitere ebensolche Striche zur jeweils gegenüberliegenden Seite des Rahmens. Die Bildfläche ist nun durchzogen von blauen Linien, die parallel zueinander verlaufen oder sich rechtwinklig treffen, wodurch wiederum rechteckige, grüne Felder gebildet werden. Vor diesem Hintergrund tauchen die Namen der Hauptdarsteller:innen (Cary Grant, Eva Saint-Marie und James Mason) auf, ehe der Titel des Films erscheint: *North by Northwest* (Abb. 1). Mittels einer Überblendung wird das grün-blaue Raster zur Fassade eines Hochhauses, auf dessen Fensterflächen sich eine Szenerie des innerstädtischen Verkehrs spiegelt: Passant:innen strömen aneinander vorbei, Pkws ziehen im zähfließenden Verkehr von rechts nach links, und die ikonischen gelben Taxis markieren, dass es sich um Aufnahmen einer angloamerikanischen Metropole handelt (Abb. 2). Vordergründig werden nun die Namen von weiteren Beteiligten wie Nebendarsteller:innen, Drehbuchautor (Ernest Lehmann) oder dem leitenden Kameramann (Robert Burks) eingeblendet, ehe ein Schnitt erfolgt und der Vorspann weitere Aufnahmen der urbanen Mobilität wie Zugänge zur New Yorker Subway, Lichtsignalanlagen oder Bushaltestellen montiert.

Die hiermit beschriebenen, ersten rund zwei Minuten des Spionagefilms bebildern somit ein Motiv, welches im englischen Originaltitel bereits angelegt ist: nämlich das der Bewegung, oder genauer gesagt der direktional gerichteten Bewegung. So ist die Handlung des Films einerseits die Geschichte einer folgenschweren Verwechslung, in deren Verlauf Roger Thornhill (Grant) in den Wirren des Kalten Kriegs versehentlich für den Regierungsagenten George Kaplan gehalten wird. Andererseits ist sie die Geschichte eines Transits von Manhattan über Chicago bis nach South

[Abb. 1] Filmstill aus *North by Northwest* (00:00:45)

[Abb. 2] Filmstill aus *North by Northwest* (00:01:18)

Dakota – eben eine Reise in nordwestlicher Richtung, die mithilfe von Zug, Flugzeug und Greyhound-Bus innerhalb von rund drei Tagen getätigt wird. Hitchcock selbst hatte in einem Interview gegenüber François Truffaut (2000, 249) beschrieben, dass der Film im Hinblick auf Schnitt und Montage insbesondere darauf ziele, „den Raum zu gestalten", um so die von den Figuren zurückgelegten Entfernungen erfahrbar zu machen.

Die von *North by Northwest* filmästhetisch inszenierte Distanzüberwindung – immerhin rund 500 Kilometer pro Tag – ist jedoch innerhalb wie außerhalb der Diegese nur durch spezifische Strukturen möglich, die Ortswechsel in einer bestimmten Geschwindigkeit ermöglichen. Die Dramaturgie des

Films kreist somit um das fortwährende Herstellen von Verbindungen, oder eher *connections*, um den im angloamerikanischen Schienen- wie Flugverkehr verbreiteten Begriff zu benutzen: Verbindungen zwischen Personen, Verbindungen zwischen Orten und ebenso Verbindungen zwischen einzelnen Einstellungen und narrativen Abschnitten. In der Logik des Thrillers, welcher Hitchcock trotz einiger komödiantischer Exkurse folgt, kommt diesen Verbindungen nun enorme, wenn nicht gar existenzielle Bedeutung zu. Dies gilt insbesondere für die Hauptfigur des Roger Thornhill, denn dessen Flucht – vor einem Syndikat von Spionen ebenso wie vor der Polizei – erscheint wie ein fortlaufendes Herstellen sowie Aufrechterhalten von Verbindungen.

Hiervon ausgehend soll im folgenden Beitrag eine weiterführende, medien- und filmwissenschaftliche These entwickelt werden, die sich filmästhetisch orientiert: *North by Northwest* erzielt eine durch spezifisch filmische Mittel verfasste Sichtbarkeit von Infrastrukturen *jenseits* der Unterbrechung und des Ausfalls. Um dies zu erörtern, gliedert sich der Beitrag in drei Teile: In einem ersten Part wird die für die Infrastrukturforschung grundlegende Frage nach der Wahrnehmbarkeit selbiger dargestellt und kontextualisiert. Im folgenden zweiten Abschnitt sollen konkrete Szenen des Films herangezogen werden, um Formen der Sichtbarkeit von Verkehrsnetzen zu verdeutlichen. Abschließend sollen drei weiterführende Formen von Sicht- und Unsichtbarkeit innerhalb des Films vorgestellt werden, die die im ersten Teil vorgestellten Thesen der Infrastrukturforschung erweitern wie herausfordern und fragen, inwieweit der Film ein kritisches Potenzial jenseits seiner eigenen Diegese entwickelt.

Die Transparenz der Infrastrukturen

Im Fremdwörterbuch des Duden finden sich unter dem Begriff „kritisch" drei maßgebliche Definitionen: Erstens die des Missbilligens, zweitens die der wissenschaftlich gebundenen Beurteilung und drittens diejenige, die für den hier verfolgten Kontext von besonderer Bedeutung ist, nämlich die Beschreibung des *Kritischen* als „entscheidend" und zugleich „von enormer Wichtigkeit".

Diese Rahmung bestimmter Infrastrukturen als wesentlich und bedeutungsvoll steht jedoch in einem gewissen Gegensatz zu dem in den sogenannten Infrastructure Studies vertretenen Argument, dass diese in der Regel operierten, ohne allgemein hin wahrgenommen zu werden bzw. wahrgenommen werden zu können. Mit *Steps towards an Ecology of Infrastructure* veröffentlichten Susan Leigh Star und Karen Ruhleder einen Text, der nicht nur als grundlegend für die Disziplin gelten kann, sondern sich ebenfalls genau dieser Frage nach der (Un-)Sichtbarkeit von Infrastrukturen widmet. Eingeleitet wird dieser mit einer Definition des Begriffs: Den Autorinnen zufolge handelt es sich bei Infrastrukturen um „decentralized technologies used across wide geographical distance" (Star und Ruhleder 2015, 378). Sie konkretisieren diese Definition anhand eines informationstechnischen Beispiels, genauer gesagt einer wissenschaftlich genutzten Kommunikations- und Archivierungsvorrichtung: Mittels ethnografischer Methoden betrachten Star und Ruhleder die Einführung einer Datenbank innerhalb einer biologischen Fachcommunity, die sich genetischer Forschung im Feld der Wurmzucht widmet. Zentraler und häufig zitierter Bestandteil ihres Textes ist eine achtgliedrige Aufstellung der „Dimensionen der Infrastruktur" („dimensions of infrastructure"), von denen drei für den hier skizzierten Konnex von Film und Verkehrs-infrastrukturen entscheidend sind: „Embeddedness [...], [t]ansparency, [...], becomes visible upon breakdown" (Star und Ruhleder 2015, 380).

Diese zuvorderst wahrnehmungsgebundene Beschreibung von Infrastrukturen ist für Gabriele Schabacher (2015, 80) zugleich Bedingung wie Ergebnis ihrer „alltäglich verfügbare[n] Zuhandenheit". Diese ließe sich zunächst anhand der *embeddedness* festmachen und beschreiben: So ist die Infrastruktur wortwörtlich eine *innenliegende* Struktur, die von einer externen Sphäre getrennt bleibt. Im Kontext von Bauen und Wohnen können dies zum Beispiel energetische Leitungen wie Kabel und Drähte oder versorgungstechnische Vorrichtungen wie Rohre und Schächte sein, die – abgesehen von einigen Fällen, in denen aus experimentellen Gründen von dieser Anordnung abgewichen wurde – hinter Fassaden und Wänden verborgen und somit dem Blick entzogen bleiben. Im Kontext von Bewegung und Raum sind unweigerlich die großen Verkehrsnetze wie Schienen- und Straßenverkehr zu nennen, die jedoch, wie Star und Ruh-leder erläutern, nicht auf das jeweilige Präfix, also die bauliche Umgebung, beschränkt gedacht werden sollten:

> Common metaphors present infrastructures as a substrate: some-thing upon which something else ‚runs' or ‚operates', such as a system of railroad tracks upon which rail cars run. This image presents an infrastructure as something that is built and maintained, and which then sinks into an invisible background. It is something that is just there, ready to hand, completely transparent. (Star und Ruhleder 2015, 379)

Zunächst ließen sich somit hinsichtlich des Verhältnisses von Infrastrukturen und Sichtbarkeit zwei ineinander verschränkte Aspekte hervorheben. Erstens ermöglichen Infrastrukturen bestimmte Funktionen und Ergebnisse, treten jedoch in diesem Prozess so weit zurück, dass sie selbst kaum noch wahrnehmbar sind. In dieser Bestimmung liegt wiederum zweitens ihre genuine Nähe zu Mediendefinitionen: Mit Bezug auf die Glasscheibe – also ein wiederum architektonisches Objekt, welches im bereits eingeführten Filmvorspann eine ebenso prominente Rolle spielt – beschreiben Dennis Göttel und Florian Krautkrämer (2017, 11) diese zugleich als materielles Ding wie auch unsichtbares „Relais zwischen Raum und Bild". Dieses „doppelsinnige Medien-Werden" (Vogl und Engell 1999, 11) führt eine der basalen Bestimmungen von Medien vor Augen: sie machen sichtbar, hörbar, lesbar und erfahrbar, ohne dabei selbst in eigenem Recht wahrnehmbar zu sein.

Eine solche Dopplung bedeutet nun, dass die jeweilige bauliche Ebene einer Infrastruktur – also zum Beispiel die Asphaltfläche der Straße oder die Metallstreben der Schiene – bei Weitem noch nicht das Spektrum der Spezifika einer Infrastruktur ergeben. Vielmehr geht es Star und Ruhleder zufolge um die konkrete Nutzung im motorisierten oder öffentlichen Verkehr, die ein mit bestimmten materiellen Qualitäten versehenes Objekt zur Infrastruktur macht. Infrastrukturen sind somit situationsgebunden und temporalisierbar, weshalb Star und Ruhleder (2015, 380) auch nicht nach deren ontologischem Substanzcharakter fragen, sondern – in einem nahezu praxeologischen Zugang – deren zeitliche Qualitäten in den Vordergrund rücken: „When is an infrastructure?". Vom *Was* wird somit auf die Frage des *Wann* oder konkreter auf die Frage des *Inwiefern* (im Sinne von „Unter welchen Bedingungen?") umgestellt.

Verkehrsinfrastrukturen sind somit nicht als ein additives Verhältnis im Sinne einer recht simpel gestrickten Verbindung zu denken – so, als ergäbe die Summierung von Verkehrsträgern (Auto, Bus, Fahrrad) und Verkehrsflächen (Straßenfläche inklusive Markierungen) in der Summe die Infrastruktur. Vielmehr handelt es sich um relationale Gefüge aus Bewegungen, Materialitäten, Zeitlichkeiten und somit insbesondere Geschwindigkeiten. Weiterführend ist keine Distanzüberwindung ohne den Einsatz von Energie vorstellbar, wodurch die Effekte von Emissionen wie Immissionen also Lärm, Geruch, Schadstoffen und Smogbildung hinzutreten. Dies wiederum beinhaltet die Ebene von Verschleiß und Abnutzung, die wechselseitig auf Verkehrsträger wie -flächen einwirkt – so zum Beispiel der Abrieb des Reifengummis bei gleichzeitiger, wenn auch in der Regel eher schleichend voranschreitender Erosion der Fahrbahndecke.

Schabacher (2013, 129–148) nutzt dies an anderer Stelle, um die Prozessualität von Infrastrukturen deutlich zu machen: Statt der mit dem Abschluss des Bauvorgangs postulierten einmaligen Fixierung sind Straßen und Schienen vielmehr im Sinne einer konstanten Wartung und Instandsetzung zu beschreiben, die ausdrücklich ebenfalls den Einsatz von gezielter technischer Expertise und den immensen Aufbau einer spezifischen Bürokratie zur Organisation und Entsendung dieser mit einschließt.

Und wie bereits der Vorspann des Films mit seinen New Yorker Straßenszenen zeigt: Keine Ortsveränderung kann jenseits des öffentlichen Raums stattfinden. Dass dieser durchzogen ist von Technologien des Registrierens und Orchestrierens von Bewegungen, haben verschiedene Autor:innen unter anderem im Nachgang zu Deleuze' Kontrollgesellschaften herausgestellt. Dieser Konnex von Sichtbarkeit und Macht ist nun der, in dem sich auch Roger Thornhill alias George Kaplan befindet, wenn er in fremde Pkws gezerrt, an peripheren Bushaltestellen abgesetzt oder von pestizidsprühenden Flugzeugen verfolgt wird.

Die Sichtbarkeit der Infrastrukturen

In einer wortwörtlich minutiösen Analyse hat Raymond Bellour (2001, 175) *North by Northwest* in 22 Segmente gegliedert. Innerhalb dieser Struktur verdeutlicht Bellour, dass nahezu sämtliche Szenen des Films entweder innerhalb von Verkehrsträgern oder Verkehrsknoten (zum Beispiel Bahnhof oder Flughafen) spielen oder dass Verkehrsmittel oder -wege in ihnen evoziert werden (zum Beispiel durch einen Verweis innerhalb der Dialoge). Besonders relevant ist dabei, dass insgesamt zehn Sequenzen mit der Ankunft an einem bestimmten Ort (zum Beispiel dem UNO-Hauptgebäude in New York) beginnen oder mit der Abfahrt von einem bestimmten Ort enden (zum Beispiel Roger Thornhills Flucht vom UNO-Hauptgebäude in Richtung eines New Yorker Bahnhofs). Momente des Transits sind somit nicht nur die Thematik des Films und sein motivisches Repertoire, sondern zugleich dessen innere Logik, nach der die Szenen und deren Abfolge strukturiert sind und der Spannungsaufbau der Handlung gesteigert wird.

Dieser Logik entsprechend befinden sich weder Roger Thornhill, noch Eve Kendall (Eva Saint-Marie) und erst recht nicht der imaginäre George Kaplan jemals an einem Ort, an dem sie sesshaft sind, sondern verbleiben vielmehr beständig in einem Zustand des Volatilen und Dynamischen. Bis auf zwei Ausnahmen – nämlich die Szene in der Villa des Politikers Lester Townsend sowie die Szene in dem Chalet Vandamms (James Mason) – spielt der Film konsequent in einer Art semi-öffentlichem Raum. Neben den bereits aufgeführten verkehrsbezogenen Schauplätzen sind dies außerdem Rezeptionen, Lobbys, Ausflugslokale und die Spitze des Monuments auf dem Mount Rushmore. Mehr noch: Insbesondere Roger Thornhill befindet sich getreu der Mechanismen eines Spionagethrillers immer wieder in dem Zugriff oder der Versorgung durch öffentliche Institutionen: So ist er Patient im Krankenhaus, Beschuldigter auf einer kleinstädtischen Polizeiwache und Angeklagter vor dem Gericht eines Countys in Upstate New York.

Mit dem Verkehr und dem Transport, dem Gesundheitswesen sowie den Institutionen der Judikative und Exekutive bebildert *North by Northwest* somit mehrere der Sektoren, die inzwischen unter dem Label *Kritische Infrastrukturen* gebündelt werden. So fasst das Bundesamt für Bevölkerungsschutz und Katastrophenhilfe (BBK) darunter Organisationen, deren Funktion unter keinen Umständen beeinträchtigt werden darf, da in diesem Fall folgenreiche Auswirkungen für Versorgung und gesamtgesellschaftliche Sicherheit drohen würden. Diese im Sinne der oben gelieferten Definition *kritische* Qualität ist der sowohl politische wie juristische Hintergrund, demzufolge die Aufrechterhaltung dieser Strukturen Teil der staatlichen Daseinsfürsorge ist. Denn insbesondere die Verkettung der selbst schon aus heterogenen Vernetzungen bestehenden Systeme führt zu Interdependenzen, die eine Unterteilung in einzelne soziale, wirtschaftliche oder administrative Gebiete übersteigen. So ließen sich weitreichende Folgen für weitere, bereits aufgeführte Branchen und Bereiche aufzeigen, die von Störungen in der Verkehrsführung und nicht zuletzt der Logistik betroffen wären:

> Von einer unzureichenden Versorgung mit lebenswichtigen Gütern wäre die gesamte Gesellschaft betroffen. Anhaltende Störungen des Sektors Transport und Verkehr hätten auch unmittelbare Auswirkungen auf das Rettungs- und Gesundheitswesen, beispielsweise bei der Bergung und beim Transport von Verletzten und Erkrankten, bei Einsätzen der Feuerwehr und der Polizei, beim Transport von eiligen Arzneimitteln oder Spendenorganen. (BBK, o.D.)

North by Northwest entwickelt nun eine Logik des Transits, die zwei Funktionen von kritischen Infrastrukturen miteinander verschaltet: Erstens den Transport von Personen und Gütern – zum Beispiel Roger Thornhills Reise von der Ostküste bis an den Rand des Mittleren Westens. Zweitens die Übertragung von Daten und Informationen – zum Beispiel die Kenntnisse, die der Hochverräter Vandamm offenkundig an eine verfeindete Gegenseite des US-amerikanischen Geheimdienstes weiterleitet. Techniken des Transports von Körpern und Zeichen werden so miteinander verzahnt und dabei explizit nicht als Supplemente verstanden. So muss Thornhill aufgrund seiner oft rapiden wie abrupten Ortswechsel immer wieder darüber informieren, wohin genau er gerade unterwegs ist. Die Kommunikationstechnologie, die er hierfür nutzt, ist die klassische Vorrichtung des Fernsprechens: ein Festnetztelefon, welches er nicht zuletzt an Knotenpunkten von Verkehrsbewegungen wie Bahnhöfen und Hotelzimmern findet.

Mit dieser Verschaltung von Transport- und Nachrichtentechniken rekurriert der Film auf ein historisches, polysemisches Verständnis des Begriffs „Verkehr", welches diesen dezidiert breiter als inzwischen alltagspsychologisch üblich verwendet:

Die Verlinkung von Medien und Verkehrstechniken liegt in dieser Beschreibung zuerst in einem vergleichsweise breit gefassten Medienbegriff, welcher alle Vorrichtungen, die Daten oder Objekte übertragen (oder speichern) können, einschließt. Schabacher (2011, 23) postuliert in diesem Sinne, dass „Verkehr im weitesten Sinne als universales Übertragungsdispositiv von Personen, Dingen und (eben) Zeichen zu gelten" hat. Diese Definition schließt wiederum an eine historische Etymologie des Begriffs „Verkehr" beziehungsweise des englischen „traffic" an, welche sowohl vom lateinischen *trans* im Sinne des Zwischen und dem *ficare* (beziehungsweise *facere*) im Sinne des Handelns ausgeht und somit auf historische Formen des ökonomischen, kommerziellen Austauschs abzielt. Mit dem institutionalisierten Einsatz von Nachrichtentechniken wie Telegrafie und Postversand setzt sich eine Beschreibung durch, die sowohl die physische Ortsveränderung als auch die Transpondenz von Informationen und nicht zuletzt die Umschreibung eines generellen, öffentlichen und gesellschaftlichen Umgangs einschließt: „Thus from the beginning, the semantics of ,traffic' oscillates between a narrower, technical sense of transport, and a wider sense of social intercourse and cultural communication" (Näser-Lather und Neubert 2015, 2).

Im Sinne der oben angeführten Aufstellung Bellours ließen sich nun vor allem drei Szenen ausmachen, in denen genau diese Parallelführung von Kommunikation und Transport deutlich wird: Erstens zu Beginn des Films, wenn Thornhill nach einem missglückten Anschlag auf sein Leben seine Mutter von einer Polizeiwache aus anruft. Zweitens zu Ende des ersten Drittels, wenn Thornhill wiederum mit seiner Mutter telefoniert, um ihr mitzuteilen, dass er New York per Zug in Richtung Illinois verlässt. Und drittens kurz vor Beginn des letzten Drittels, wenn Thornhill von einem Hotelzimmer aus mit der Rezeption verbunden ist. Der Bildaufbau dieser Szenen ist jeweils nahezu identisch strukturiert: Thornhills Oberkörper

[Abb. 3] Filmstill aus *North by Northwest* (00:40:30)

[Abb. 4] Straßenplan Manhattan (Quelle: Open Street Map Foundation. o. D. „Map of Manhattan." openstreetmap.org. Zugriff 23. August 2023. https://www.openstreetmap. org/#map=14/40.7887/-73.9726)

bildet mitsamt dem geschwungenen Kabel, den Ohrmuscheln sowie dem jeweiligen Telefonapparat den Vordergrund. Hinter diesem Ensemble sind jedoch Fensterflächen zu sehen, welche entweder von hölzernen Streben durchzogen oder durch ebenfalls hölzerne Läden verdeckt sind. In allen Fällen ist die jeweilige Glasfläche durch Linien gegliedert, die entweder parallel zueinander verlaufen oder sich rechtwinklig treffen. Wenn vordergründig Thornhills Handlung des Telefonierens zu sehen ist (Abb. 3), so ist hintergründig die Struktur sichtbar, die diese mediengebundene

[Abb. 5] Telefonzentrale (*telephone switchboard*) (Quelle: Science Museum. 2015. „The Making of Information Age: Enfield Telephone Exchange." *Youtube.com*. Zugriff 23. August 2023, https://www.youtube.com/watch?v=GVDGuCjog_0, [00:02:41])

Distanzüberwindung ermöglicht: verschiedene Raster. Diese rekurrieren einerseits auf Verkehrsinfrastrukturen im Sinne des Transports, indem sie auf die schachbrettförmige Struktur der angloamerikanischen Stadt- und Straßenplanung verweisen, die sich durch ein orthogonales Zusammentreffen von großen *avenues* und kleineren, in der Regel einer Nummerierung folgenden *streets* kennzeichnet (Abb. 4). Andererseits wird die technische Struktur aufgerufen, welche bis in die 1980er Jahre hinein das Zustandekommen einer telefonischen Verbindung garantierte: das elektromechanische Switchboard, welches Buchsen für verschiedene Anschlüsse in horizontalen wie vertikalen Reihen über- bzw. nebeneinanderlegte (Abb. 5).

Es handelt sich hierbei in mehrerlei Hinsicht jeweils um eine *Szene kritischer Relationalität* im Sinne einer Situation, in der die „Verschränkung von Lebewesen und Technik" (Voss 2021, 365) mittels filmischer Werkzeuge sicht- und beobachtbar wird. So ist die Möglichkeit, Verbindungen zwischen zwei Orten einzugehen von entscheidender Bedeutung für die sich fortwährend auf der Flucht vor Auftragsmördern befindende Hauptfigur. Bisweilen hängt die Gesundheit, wenn nicht gar das Leben Roger Thornhills davon ab, ob er noch den letzten Zug in Richtung Illinois erwischt oder kurz vor der Abreise noch einen Anruf absetzen kann. Hinzu kommt, dass Thornhill mittels Telefonie nicht nur zwei Orte verbindet, sondern sich vielmehr zeitgleich an zwei Orten befindet, also zum Beispiel einerseits physisch im New Yorker Hauptbahnhof und akustisch – oder viel eher akusmatisch – im Wohnzimmer seiner Mutter. Die hiermit ausgesendeten *Lebenszeichen* können jedoch nur durch große, technische Netze ermöglicht werden, die sich der Kontrolle einzelner Subjekte entziehen und vielmehr selbst eigene Formen der Subjektivierung – im Sinne der Existenzweise des Telefonierenden beispielsweise – ermöglichen. Diese Szenen der Distanzüberwindung bei verdoppelter Anwesenheit scheinen darüber hinaus besonders einschlägig für einen Film zu sein, dessen Hauptfigur im Verlauf der Handlung fortwährend verdoppelt, nämlich einmal als Thornhill, einmal als Kaplan adressiert wird, und der seine Spannung durchaus aus der banalen Ver- und Austauschbarkeit von Identitäten zieht.

Diese filmische Ästhetik folgt ähnlichen Impulsen, die schon in der eingangs illustrierten Eröffnungssequenz zu finden sind: ein Spiel mit Vorder- und Hintergrund, ein Einbezug von menschlichen wie technischen Akteur:innen und das Motiv der Fensterflächen als einer Reflexionsebene im doppelten Sinne. Hiermit schafft *North by Northwest* eine Sichtbarkeit der Infrastrukturen im Moment ihres reibungslosen Funktionierens und des Gelingens einer störungsfreien Übertragung „across wide geographical distance", um noch einmal Star und Ruhleder aufzurufen.

Die Sichtbarkeit des Unsichtbaren

In einem Text zu den *Poetics of Infrastructure* postuliert der Anthropologe Brian Larkin (2013, 336): „Generic statements about the invisibility of infrastructure cannot be supported." Gemeint ist hiermit nicht nur Stars These im Allgemeinen, sondern vielmehr deren Larkin zufolge ungebrochene und teils unreflektierte Rezeption innerhalb der weiterführenden Forschung. Ausgehend von seinen eigenen Forschungen im globalen Süden plädiert der Autor dafür, die Fragen nach den verschiedenen Verhältnissen von unterschiedlichen Sichtbarkeiten stärker zu situieren und zu erörtern, wie Letztere mobilisiert und produziert werden.

Eine solche Auseinandersetzung ließe sich in Bezug auf *North by Northwest* auf drei Ebenen vollziehen: Erstens: Der Film – hier gemeingültig als Medien- und insbesondere Kunstform gemeint – kennt Prozesse und Professionen, die für seine Fertigstellung von kritischer Bedeutung sind, die jedoch zugleich nicht derart prominent in den einzelnen Szenen erkennbar sind, wie dies zum Beispiel für die Darsteller:innen gilt. In einem gemeinsam mit Anselm Strauss verfassten Text hatte Star die Aufmerksamkeit auf solche Arbeitsprozesse gelenkt, die insofern unsichtbar sind, als sie vor oder zwischen Punkten einer Form der Veröffentlichung liegen. Unter dem Zwischenkapitel „Hinter die Kulissen blicken" versammeln Star und Strauss (2017, 302) Beispiele aus den darstellenden Künsten (zum Beispiel die Probe vor dem Konzert oder der Aufführung), dem Sport (zum Beispiel das Training vor dem Wettbewerb) oder der Wissenschaft (zum Beispiel das Lektorat vor der Textpublikation). Filmspezifisch wären dies beispielsweise Beleuchtung und Tontechnik bis zu den diversen Arbeitsschritten der Postproduktion (Schnitt, Soundmischung etc.) oder all die Aufgaben, die in den Bereich der Logistik fallen. In der Regel kündet der Abspann eines jeden Films von diesen Berufen und nutzt hierfür das recht schematische Mittel einer konkreten Namensnennung, um so eine – wenn auch vergleichsweise kurze und in vielen Fällen beiläufige – Sichtbarkeit für die oft vierstellige Zahl an Beteiligten herzustellen.

North by Northwest kreiert diese Sichtbarkeit nun im Vorspann, und zwar mithilfe einer Art visuellen Überlagerung von mehreren Ebenen: Wie eingangs beschrieben, erscheinen ab einem gewissen Punkt insbesondere die Namen derer, die im Laufe der Produktion mit spezifisch technischen und handwerklichen Aufgaben wie *set decoration*, Special Effects oder Makeup betraut sind. Dieser Moment ist der, in dem der Film überblendet und das grünblaue Raster (Abb. 1) zur urbanen Fensterfläche wird (Abb. 2). In diesem Bild legt der Film mehrere Infrastrukturen übereinander: die technische Infrastruktur des Verkehrs, die soziale Infrastruktur der Profession sowie die gruppenorientierte Infrastruktur künstlerischer Produktion. Transport, Arbeit und Medien werden so mithilfe spezifisch filmischer Mittel wie Überblendung und Gliederung des Rahmens in ein Bild gebracht und verknotet.

Zweitens: Innerhalb der Diegese lässt sich in einigen Szenen eine Unterscheidung ausmachen, die verdeutlicht, wer Infrastrukturen nutzt und von ihnen profitiert, und wer ihre Verfügbarkeit gewährleistet. So ließe sich der immer liquide und eloquente Thornhill mit Sicherheit als eines der „socially priviledged subjects" (Campos Johnson und Nemser 2022, 7) bezeichnen, die die Leistung von Infrastrukturen deshalb nicht bemerken, weil sie sie als selbstverständlich erleben. Eine bemerkenswerte Szene macht dies mit einem Fokus auf vergeschlechtlichte Berufsrollen deutlich: Thornhill sucht den Diplomaten Lester Townsend, von dem er sich Informationen hinsichtlich Vandamms erhofft. Im Hauptgebäude der UN angekommen, wendet er sich an eine Rezeptionistin, die Townsend mittels eines Mikrofons, das an eine hausinterne Sprechanlage angebunden ist, ausruft und an die Rezeption bittet (Abb. 6). Der Bildaufbau, der die anschließende Begrüßung und Konversation der beiden Männer zeigt, ist nun ähnlich zu den zuvor beschriebenen Szenen des Telefonierens, jedoch mit dem Unterschied, dass die verbindungsherstellende Instanz in Form der namenlosen Rezeptionistin nun im Vorder- und nicht im Hintergrund zu sehen ist.

[Abb. 6] Filmstill aus *North by Northwest* (00:35:30)

Hiermit ließen sich die oben beschriebenen Szenen noch ein wenig spezifischer kontextualisieren. Das hintergründige Raster evoziert nicht nur
eine Sichtbarkeit für die andernfalls opake Apparatur des *switchboard*.
Diese Schaltanlagen mussten bis in die 1960er Jahre hinein von an zentralen
Stellen positionierten Operator:innen bedient werden, deren Aufgabe
das Herstellen einer störungsfreien Verbindung war. Dies gelang durch
das Umstecken und -schalten von Verbindungskabeln, die händisch von
einer Buchse zur anderen gestöpselt wurden. Mehrere Publikationen,
Ausstellungen sowie Filme haben in den vergangenen Jahren darauf
hingewiesen, dass es sich bei den hierfür zuständigen Personen in der
Regel um weibliche Mitarbeiterinnen der jeweiligen Telekommunikations-
unternehmen handelte (Green 2001, 30). Star und Strauss (2017, 310) weisen
zudem darauf hin, dass die Sichtbarkeit von Arbeit – ob im Sinne eines
Ergebnisses, der konkreten Tätigkeit oder des Erfolgs und der Anerkennung
als solcher – Machtkonstellationen folgt, die an Aspekten von Geschlecht
und Ethnie orientiert sind. Es ließe sich somit eine gewisse Leerstelle
der Infrastrukturdarstellung von *North by Northwest* ausmachen, die die
geschlechtsgebundenen Mechanismen – also die Frage wer für die Instand-
haltung und Gewährleistung einer infrastrukturellen Funktion Sorge trägt,
und wer schlicht von ihrer Leistungsfähigkeit profitiert – unbedacht lässt.

Drittens: In der wortwörtlich letzten Minute, beinahe sogar im letzten
Bild, verweist der Film noch einmal medienreflexiv auf seine eigenen,
infrastrukturellen Möglichkeiten: Die berühmte Schlussszene auf dem
Mount Rushmore kulminiert, als Leonard (Martin Landau) – einer der
Komplizen Vandamms – Eve Kendall überwältigt und ihr eine tönerne
Skulptur entreißt. Diese ist offenkundig von großer Bedeutung, sowohl für

Thornhills Verfolger als auch den Geheimdienst. Kurz bevor der Handlanger hiermit entkommen kann, ertönt ein Gewehrschuss; Leonard kippt zur Seite, stürzt in die Tiefe und lässt die Skulptur zu Boden fallen, wo sie aufschlägt und zerbricht. Zwischen den Scherben wird sichtbar, was sich in ihrem Hohlkörper vor den Blicken verbarg: Filmrollen, genauer gesagt Mikrofilm, auf denen mutmaßlich fotografische Aufnahmen und somit sensible Informationen zu sehen sind. Der Film verweist hiermit schlussendlich auf das, was zu seinem eigenen Funktionieren nicht nur technisch notwendig ist, sondern auch notwendigerweise unsichtbar bleiben muss: seine eigene materielle Verfasstheit in Form von Zelluloid, mit der ein Speichern und Übertragen von Daten über große geografische Distanzen hinweg möglich wird.

Somit zeigt sich, dass die Qualität von *North by Northwest* über das bloße Zeigen von Infrastrukturen hinausgeht: Vielmehr thematisiert der Film mittels ästhetischer Werkzeuge das kritische Verhältnis von Sicht- und Unsichtbarkeit von Infrastrukturen an sich, wodurch dieses wiederum wahrnehmbar und somit über den konkreten Rahmen des Films hinaus adressierbar wird.

Literatur

BBK. o. D. „KRITIS-Sektor: Transport und Verkehr." Bundesamt für Bevölkerungsschutz und Katastrophenhilfe. Zugriff 3. August 2023. https://www.bbk.bund.de/DE/Themen/Kritische-Infrastrukturen/Sektoren-Branchen/Transport-Verkehr/transport-verkehr_node.html.

Bellour, Raymond. 2001. *The Analysis of Film*. Bloomington: Indiana University Press.

Campos Johnson, Adrianna Michelle und Patrick Nemser. 2022. „Introduction: Reading for Infrastructure." *Social Text* 40, Nr. 4: 1–16.

Göttel, Dennis und Florian Krautkrämer. 2017. „Einführung." In *Scheiben: Medien der Durchsicht und Reflexion,* herausgegeben von Dennis Göttel und Florian Krautkrämer, 7–15. Bielefeld: transcript.

Green, Venus. 2001. *Race on the Line: Gender, Labor and Technology in the Bell System, 1880 – 1980*. Durham: Duke University Press.

Larkin, Brian. 2013. „The Politics and Poetics of Infrastructure." *Annual Review of Anthropology* 40, 327–343.

Näser-Lather, Marion and Christoph Neubert. 2015. „Introduction." In *Traffic – Media as Infrastructures and Cultural Practices,* herausgegeben von Marion Näser-Lather und Christoph Neubert, 1–28. Leiden: Brill.

Open Street Map Foundation. o. D. „Map of Manhattan." openstreetmap.org. Zugriff 23. August 2023. https://www.openstreetmap.org/#map=14/40.7887/-73.9726.

Schabacher, Gabriele. 2011. „Fußverkehr und Weltverkehr: Techniken der Fortbewegung als mediales Rauminterface." In *Raum als Interface*, herausgegeben von Gabriele Schabacher und Annika Richterich, 23–42. Siegen: universi.

———. 2013. „Medium Infrastruktur: Trajektorien soziotechnischer Netzwerke in der ANT." *Zeitschrift für Medienphilosophie und Kulturtechnikforschung* 4, Nr. 2: 129–148.

————. 2015. „Unsichtbare Stadt: Zur Medialität urbaner Architekturen." *Zeitschrift für Medienwissenschaft* 7, Nr. 1: 79–90.

Science Museum. 2015. „The Making of Information Age: Enfield Telephone Exchange." *Youtube.com*. Zugriff 23. August 2023. https://www.youtube.com/watch?v=GVDGuCjog_0.

Star, Susan Leigh und Karen Ruhleder. 2015. „Steps towards an Ecology of Infrastructure." In *Boundary Objects and beyond: Working with Leigh Star*, herausgegeben von Geoffrey C. Bowker, Stefan Timmermans, Adele E. Clarke und Ellen Balka, 377–417. Cambridge/London: The MIT Press.

Star, Susan Leigh und Anselm Strauss. 2017. „Schichten des Schweigens, Arenen der Stimmen." In *Grenzobjekte und Medienforschung*, herausgegeben von Sebastian Gießmann und Nadine Taha, 287–313. Bielefeld: transcript.

Vogl, Joseph und Lorenz Engell. 1997. „Vorwort." In *Kursbuch Medienkultur: Die maßgeblichen Theorien von Brecht bis Baudrillard*, herausgegeben von Claus Pias, Joseph Vogl, Lorenz Engell, Oliver Fahle und Britta Neitzel, 8–12. Stuttgart: Dt. Verlagsanstalt.

Voss, Christiane. 2021. „Szenische Rahmungen von Existenzweisen: Zum medienanthropologischen Potenzial komischer In-Szene-Setzungen." In *Die Relevanz der Irrelevanz: Aufsätze zur Medienphilosophie 2010–2021*, herausgegeben von Christiane Voss und Lorenz Engell, 365–384. München: Brill/Fink.

Truffaut, François. 2000. *Mr. Hitchcock, wie haben Sie das gemacht?* München: Heyne.

Von der Aufdeckung invisibler Infrastrukturen

Nathalie Schäfer

Maximilian Rünker (2024) widmet sich in seinem Artikel *Kritische Infrastrukturen* der In /Visibilität von Infrastrukturen. Diese zeichnen sich laut Susan Leigh Star und Karen Ruhleder (2015, 378) über ihre Eigenschaft als „decentralized technologies used across wide geographical distance" aus. Ausgehend von Star und Ruhleders im gleichen Artikel definierten Dimensionen und der darin enthaltenen These, dass Infrastrukturen erst im Falle der Störung oder des Zusammenbruchs sichtbar werden, analysiert Rünker Alfred Hitchcocks *North by Northwest* auf das Potenzial der Sichtbarmachung von intakten Infrastrukturen im Film. Diesem gelingt es, durch filmästhetische Verfahren die Infrastrukturnutzung jenseits von Ausfall und Unterbrechung und explizit in einem Moment ihres reibungslosen Funktionierens sichtbar zu machen, so seine These.

Der These, dass Infrastrukturen nicht nur in ihrer Störung sichtbar werden, gehen auch John S. Seberger und Geoffrey C. Bowker in ihrem 2020 erschienen Artikel „Humanistic Infrastructure Studies: Hyperfunctionality and the Experience of the Absurd" nach. Ausgehend von Brian Larkins (2013, 329) Definition von Infrastrukturen als „matter that enable the movement of other matter" argumentieren Seberger und Bowker, dass dies eine Objektivierung ihrer menschlichen User:innen nach sich ziehe, da Letztere durch die technische Perspektive ihrer Objekte interpretiert würden. Das bedeute beispielsweise, dass menschliche Subjekte im Falle von dysfunktionalen Infrastrukturen als User:innen gesehen würden, die diese Infrastrukturen durch deren Ausfall nicht mehr nutzen können. Sie plädieren dafür, mit einer Perspektive der subjektiven (User:innen-) Erfahrung eine weitere Dimension in die Analyse von Infrastrukturen miteinzubeziehen. Um der infrastrukturellen technik- oder objektfixierten Perspektive einen humanistischen Blickwinkel hinzuzufügen, führen sie das Konzept der Hyper-Funktionalität als infrastrukturelle Qualität, die aus der User:innen-Interaktion mit Infrastrukturen emergiert, ein. Während ein Zusammenbruch der Infrastruktur das Objekt sichtbar mache, nähme die Hyper-Funktionalität das Subjekt ins Visier. Demnach hätte die Hyper-Funktionalität das Potenzial, menschlichen User:innen die Existenz von Infrastrukturen ins Blickfeld zu rücken – nicht allerdings durch einen Zusammenbruch, sondern durch die Situation eines für das Subjekt unerwarteten Funktionierens, das über die designten Möglichkeiten noch hinausgeht. Das Konzept führt so eine weitere Dimension des Potenzials von Infrastrukturen, nämlich nicht ausschließlich in ihrem Zusammenbruch für User:innen sichtbar zu werden, auf. Doch was genau beschreibt das Konzept der Hyper-Funktionalität?

> We define hyper-functional infrastructure as infrastructure that functions within the defined or assumed parameters of its design – not the least of which is the enrollment required of a user to engage with and through a given infrastructure – but does so in such a way as to yield unexpected experiential outcomes for the user. (Seberger und Bowker 2020)

Das möchte ich anhand der Beschreibung einer Szene, die meine Erfahrung als Instagram-Userin im Rahmen meiner Forschung zu *fame-enhancing bots*[1] auf der Plattform wiedergibt, verdeutlichen.[2]

Eines Tages öffne ich Instagram und scrolle durch meinen Feed. Darunter neue Posts der letzten Tage von Kurt Krömer aus dem Urlaub, ein Hundevideo von einem Golden Retriever, der nach einem Schlammbad braungrau statt cremefarben äußerst euphorisch in die Kamera blickt, ein Werbevideo für Reitsportartikel und der Teaser für einen neuen Artikel einer deutschen Zeitung. Am Bildschirmrand zeigt das Instagram-Interface einen roten Punkt, ein Zeichen für noch nicht gesehene Benachrichtigungen. Ich tippe darauf und scrolle durch die Liste. Mein Profil hat eine neue Followerin zu verzeichnen sowie fünf neue Likes auf meinen eigenen Post vom Vortag. Und eine Auflistung von mehreren Posts, die der Account eines Pariser Museums um 15:36 gelikt hat. Ich halte inne und stutze: Wie kann denn ein Instagram-Account eine so große Anzahl an Posts zur selben Zeit liken? Die naheliegende Antwort auf die Frage lautet: Indem er durch

---

1   Auf Hashtags, Orte oder spezifische Profile angesetzt, likt, folgt und kommentiert ein sogenannter *fame-enhancing bot* ohne weitere Intervention oder Kontrolle der menschlichen Account-Inhaber:in Beiträge und Profile anderer Instagram-User:innen. Für Letztere ist in den meisten Fällen nicht ersichtlich, dass Interaktionen mit ihrem Profil oder ihren Beiträgen durch einen Algorithmus ausgeführt wurden. Durch quantitativ ausgeführte Interaktionen sollen viele User:innen auf den einen Bot nutzenden Account aufmerksam gemacht werden und im besten Falle neue Follower:innen und ein höheres Engagement mit dem eigenen Content nach sich ziehen. Influencer-Marketing und Recommender-Systeme sowie die Aufmerksamkeitsökonomie greifen hier ineinander und fördern den Wettbewerb um Visibilität und Reichweite.

2   Seberger und Bowker führen als Beispiel eine Situation aus dem Alltag von Seberger an, in der Apple Maps ihm automatisch für den Nachhauseweg eine Route zu einem Fitnessstudio vorschlug. Der Vorschlag gründet auf der Tatsache, dass Sebergers Wohnung in unmittelbarer Nähe zu diesem Studio lag und es als Proxy für seine Wohnung diente. In diesem Fall läge die Hyper-Funktionalität in der vom Subjekt unerwarteten Funktionsweise der Infrastruktur, die dadurch sichtbar wurde.

die Nutzung eines *fame-enhancing bot* soziale Interaktionen wie das Liken anderer Posts automatisiert.

Die Benachrichtigung offenbarte mir damit zwei Informationen: Einerseits die Information, dass die auf Invisibilität programmierten Bots Teil der Plattform Instagram sind, und andererseits einen Hinweis, welche Accounts mutmaßlich automatisierte Interaktionen verwenden. Mit Plantin et al. (2018) verstehe ich die Plattform als digitale Infrastruktur,[3] die den virtuellen Erfahrungsraum von Instagram ermöglicht: in Form eines Profils mit verschiedenen Ausdrucks- und Kommunikationsformen, unter anderem auch in Gestalt einer Benachrichtigungsfunktion und verschiedenen Möglichkeiten der Interaktion mit den eigenen Interessen und denen der Instagram-Community. Die Benachrichtigungsfunktion zeigt beispielsweise an, wenn mein Profil neue Follower:innen gewonnen hat, wenn es Likes und Kommentare zu meinen Posts gibt oder mir neue Profile zur Vernetzung vorgeschlagen werden. Die oben beschriebene Szene ist demgegenüber ein Beispiel dafür, dass die Benachrichtigungsfunktion auch unerwartete Auswirkungen besitzen kann, durch deren Wahrnehmung Instagrams Infrastruktur sichtbar wird. Die Hyper-Funktionalität der Instagram-Erfahrung liegt hier in der Mitteilung über das massenhafte Liken durch den Museumsaccount, die durch die Benachrichtigungsfunktion[4] für mich wahrnehmbar wurde. Die unerwartete Auswirkung der Benachrichtigungsfunktion, die sehr wahrscheinlich von Instagrams Programmierer:innen nicht intendiert war, liegt aus einer subjektiven User:innen-Perspektive darin, dass diese Funktion automatisiertes, interaktives Verhalten sichtbar macht. Die Ausführung einer menschenunmöglichen Quantität an Likes innerhalb von Sekunden lässt Rückschlüsse darauf zu, dass der entsprechende Account sehr wahrscheinlich automatisierte Interaktionen durchführt(e).

Rünker kommt durch seine Analyse zu dem Ergebnis, dass der Film *North by Northwest* mittels ästhetischer Werkzeuge Infrastrukturen auf mehreren Ebenen explizit in Momenten ihres reibungslosen Funktionierens sichtbar macht. Die Hyper-Funktionalität von Instagrams Benachrichtigungsfunktion rückt die digitale Infrastruktur der Plattform und damit die eigentlich unsichtbaren *fame-enhancing bots* in die Sichtbarkeit. Die von mir beschriebene und ausgehend von Sebergers und Bowkers Konzept der Hyper-Funktionalität analysierte Forschungsszene ist neben

---

3   Eine ausführlichere theoretische Auseinandersetzung und Analyse von Instagram als Infrastruktur ist Teil meiner Dissertation.

4   Instagram hat diese Funktion mittlerweile eingestellt und zeigt keine Benachrichtigungen über die Aktivitäten anderer Profile mehr an.

Rünkers Filmanalyse ein weiteres Beispiel dafür, dass über die ausschließ-
liche Wahrnehmbarkeit von Infrastrukturen in ihrem Zusammenbruch
hinausgegangen werden muss und weitere Situationen der Visibilität von
Infrastrukturen in den Blick genommen werden sollten.

Literatur

Larkin, Brian. 2013. „The Politics and Poetics of Infrastructure." *Annual Review of Anthropology* 42: 327–343.

Star, Susan Leigh und Karen Ruhleder. 2015. „Steps towards an Ecology of Infrastructure."
In *Boundary Objects and beyond: Working with Leigh Star*, herausgegeben von Geoffrey C.
Bowker, Stefan Timmermans, Adele E. Clarke und Ellen Balka, 377–417. Cambridge, MA:
The MIT Press.

Plantin, Jean-Christophe, Carl Lagoze, Paul N. Edwards und Christian Sandvig. 2018.
„Infrastructure Studies Meet Platform Studies in the Age of Google and Facebook." *New
Media & Society* 20, Nr. 1: 293–310.

Rünker, Maximilian. 2024. „Kritische Infrastrukturen: Wer ist der unsichtbare Dritte?" In
Szenen kritischer Relationalität, herausgegeben von Charlotte Bolwin, Jasmin Degeling,
Gabriel Geffert, Martin Kallmeyer, Gereon Rahnfeld, Nathalie Schäfer und Katia
Schwerzmann, 227–242. Lüneburg: meson press.

Seberger, John S. und Geoffrey C. Bowker. 2020. „Humanistic Infrastructure Studies: Hyperfunctionality and the Experience of the Absurd." *Information, Communication & Society* 24,
Nr. 12: 1712–1727.

Ontografie einer kritischen Relation

Lorenz Engell

Die Welt, wie wir sie kennen, wenn es sie als *die* Welt, als Ganzes, überhaupt gibt, ist nicht nur ökologisch und politisch, sondern auch ontologisch, nämlich als Relationierung von Relationen, in einen kritischen Zustand geraten.

Dies zeigt sich gern da, wo man es am wenigsten vermutet: In dem Film *Darjeeling Limited* (Wes Anderson, USA 2007) zum Beispiel reisen drei Brüder mit dem Zug durch Indien. Francis, der Älteste, hat die Reise organisiert, kümmert sich unterwegs um alle Belange wie Hotelzimmer und Fahrscheine, hat sogar die Pässe seiner Brüder an sich genommen und fungiert unausgesetzt als Sprecher der Gruppe. Einmal bestellt er im Speisewagen des Zugs für seine Brüder das Essen gleich mit, ohne sie überhaupt zu fragen. Jack, der Jüngste, rebelliert: „Bezieh mich nicht immer mit ein!", sagt er empört, gibt seine Bestellung dann selbst noch einmal auf (sie ist identisch mit derjenigen, die Francis für ihn abgegeben hat) und verlangt und bekommt seinen Pass zurück.

„Bezieh mich nicht immer mit ein!" Sprich du nicht für mich, ich spreche selber für mich (auch wenn ich gar nichts anderes zu sagen habe als du) – Fürsprache, und allgemeiner: Stellvertretung ist der Kern der *Repräsentation*: das Einstehen von etwas oder jemandem für etwas oder jemanden anderes, *aliquid stat pro aliquo*, zum Beispiel die Interessenwahrung vor Gericht oder in der Politik.

„Aliquid stat pro aliquo" ist aber nicht nur das Prinzip der politischen Repräsentation, sondern überhaupt jeglicher *Darstellung*; eigentlich aller Worte, aller Bilder und aller Zeichen. Sie stellen jeweils etwas anderes dar, als sie selber sind. Sie sind von den bezeichneten Sachverhalten durch eine unendlich tiefe Kluft abgetrennt. Die Laute und Lautfolgen einer Sprache, die Grapheme der alphabetischen Schriften, haben mit dem, was sie bezeichnen, nämlich den Begriffen und mentalen Bildern, also unseren abstrakten und allgemeinen Vorstellungen, überhaupt nichts zu tun (Barthes 1980). Umberto Eco zum Beispiel entwickelt diesen Gedanken mit größtem Nachdruck: Zeichen, so nimmt er an, operierten im Reich des Sinns, nicht dem der bloßen Materialität. Er bezeichnet diesen Übergang auf die höhere Ebene des Sinns ausdrücklich als „Schwelle" (Eco 1988, 31 f.; 47–67). Unterhalb dieser Sinnschwelle handele es sich gar nicht um Zeichen, sondern bloß um materielle „Signale", die für sich noch nicht bedeutungs- und sinnfähig seien. Sie können nur untereinander Relationen unterhalten, haben keine höheren Beziehungen.

Die Zeichen dagegen leisten einen Vertikaltransport, sie fungieren als „metaphysischer Kran" (Flusser 1994, 109) ins Immaterielle. Die sinn-förmigen Repräsentationen finden immateriell im „Bewusstsein" statt (und nicht einfach materiell – im Gehirn zum Beispiel). Sie sind, als Begriffe, Vorstellungen, Gedanken, Ideen von den Dingen selbst vollständig abge-trennt, etwas ganz anderes. Dies ist die *medienanthropologische* Dimension unseres Repräsentationsproblems: der Exzeptionalismus, demzufolge „wir Menschen" über Repräsentationen (der Welt im Bewusstsein) ver-fügen, alle anderen Entitäten aber nicht. Diese anthropomedial relevante Grunddifferenz zwischen den Signalen und den Zeichen ist aber kritisch geworden (wenn sie es nicht schon immer war). Das wird an der alles durch-dringenden Präsenz des Rechners deutlich: Durch bloße Signalverarbeitung können Maschinen Effekte erzielen, die von denjenigen des Sinns und des Bewusstseins nicht mehr unterscheidbar sind.

Darin zeigt sich aber nicht weniger als eine *ontologische* Krise. Die Leitrelation der Ontologie ist diejenige zwischen dem Seienden und dem Sein (selbst): Alles, was ist, was es auch sei – Hunde, Liebe, Medien, also das Seiende –, ist von der Tatsache, *dass* es ist, also dem Sein (selbst), getrennt. Das Seiende hat allzumal am Sein Anteil, aber es *ist* nicht das Sein, auch nicht in einer angenommenen Gesamtheit alles Seienden. Das Sein ist kein Ding unter anderen (seienden) Dingen, kein Sachverhalt unter anderen, und eben auch nicht die Gesamtheit all dessen, was ist. Es ist etwas ganz anderes, Höheres (Heidegger 1976, 5–11; 2010, 498–501).

Aus der Perspektive der Medien und ihrer Philosophie sieht das aber anders aus. Ohne Medien wissen wir demnach nicht nur nichts, es ist auch nichts. Was immer auch ist, ist durch Medien hindurchgegangen, von ihnen ins Sein, ins Leben oder, je nachdem, ins Bewusstsein gerufen. Medien sind unentrinnbare Bedingungen für alles, was ist. Medien sind aber selbst hervorgerufen, gehören ihrerseits unabweisbar zum Seienden, zum Materiellen sogar. Wenn das aber die Grundannahme ist, dann heißt das, dass alles Seiende durch anderes Seiendes – Medien – ins Sein gerufen wird. Damit aber trägt sich das Sein auf ein und derselben Ebene und zugleich mit dem Seienden ein, und der Sinn zugleich auf der Ebene des bloßen Signals.

Dieses Eintragen nun vollzieht sich in der Form von *Ontografien*. Repräsentation und mit ihr eine zentrale anthropomediale Relation wird dadurch zu einem Vorgang des (horizontalen) verändernden

Fortschreibens oder Fortsetzens (etwa: der Sache im Bild). Ein Umschalten von Ontologie auf Ontografien könnte deshalb auch anthropologisch beitragen zu einer alternativen Beschreibung, die der medialen Bedingung Rechnung trägt und explizit ohne Rückgriff auf eine zweite höhere Ebene auskommt (Engell und Siegert 2017, 5–10). Ontografien sind Aufzeichnungen und Beschreibungen, die nur insofern überhaupt existieren, als sie aufzeichnen und beschreiben und zugleich aufgezeichnet und beschrieben werden – und nur solange dies geschieht. Am Ende *sind* sie diese Aufzeichnungsoperationen selber, also das, was sie aufzeichnen oder verzeichnen. Ontografien sind operativer Natur. Sie bestehen immer im Vollzug, sind Schreiben und Zeichnen. Außerhalb ihres Vollzugs, der Aufzeichnungs- oder Verzeichnungsbewegung, außerhalb ihrer versetzenden und verändernden, eingriffsförmigen und mithin materiellen Realisierung, kommen Ontografien genauso wenig vor wie anthropomediale Relationen.

Das Konzept der Ontografien will dazu beitragen, Beschreibungen und Verzeichnungen anzufertigen, die nicht mehr darauf beruhen, Sinn und Sein von Signal und Seiendem immer schon abzutrennen, sondern neu zu relationieren; etwa indem sie die Operationen der Partizipation und des Vollzugs nicht nur betrachten, sondern im (anderen) Material fortschreiben. Denn solange das nicht gelingt, können wir uns in der medienontologisch gefassten Welt nicht einmal unter Protest einrichten und zurechtfinden. Selbst unser Widerspruch – sprich nicht für mich! – müsste dann wirkungslos durch sie hindurchgehen, wenn er weiterhin eine zweite, höhere Ebene, einen Außenposten in Anspruch nähme, den die Welt womöglich gar nicht zur Verfügung stellt.

Literatur

Barthes, Roland. 1980. *Elemente der Semiologie*. Frankfurt am Main: Athenäum.

Eco, Umberto. [1972] 1988. *Einführung in die Semiotik*. München: UTB.

Engell, Lorenz und Bernhard Siegert. 2017. „Editorial." *Zeitschrift für Medien- und Kulturforschung* 8, Nr. 2: 5–10.

Flusser, Vilém. 1994. *Gesten: Versuch einer Phänomenologie*. Frankfurt am Main: Fischer.

Heidegger, Martin. 1976. *Sein und Zeit*. Tübingen: Niemeyer.

———. 2010. „Weltbildung als Grundgeschehen im Dasein: Das Wesen als das Walten der Welt." In *Die Grundbegriffe der Metaphysik: Welt – Endlichkeit – Einsamkeit (1929/30)*, herausgegeben von Friedrich-Wilhelm von Herrmann, 498–501. Frankfurt am Main: Klostermann.

Krämer, Sybille. 2017. „Die Rettung des Ontologischen durch das Ontische? Ein Kommentar zu den ‚Operativen Ontologien'." *Zeitschrift für Medien- und Kulturforschung* 8, Nr. 2: 125–142.

Autor:innen

Rémy Bocquillon ist wissenschaftlicher Mitarbeiter am Lehrstuhl für allgemeine Soziologie und soziologische Theorien der Katholischen Universität Eichstätt-Ingolstadt. Seine Forschung befasst sich mit der Untersuchung epistemischer Praktiken als Verschmelzung künstlerischer, wissenschaftlicher und philosophischer Praxis, insbesondere durch Klang. Zuletzt erschienen ist seine Monografie mit dem Titel *Sound Formations: Towards a sociological thinking-with sounds* beim transcript-Verlag.

Charlotte Bolwin ist wissenschaftliche Mitarbeiterin am Lehrstuhl für Digitale Kulturen der Bauhaus-Universität Weimar und Doktorandin am DFG-Graduiertenkolleg *Medienanthropologie*. Sie studierte Kultur- und Literaturwissenschaft sowie Mediensoziologie in Berlin und Paris und war studentische Mitarbeiterin am Exzellenzcluster *Bild Wissen Gestaltung* und am Lehrstuhl für Kultur- und Technikgeschichte am Institut für Kulturwissenschaft der Humboldt-Universität zu Berlin. In ihrem Dissertationsprojekt untersucht sie die Bedeutung und Transformation von Materialität und materiellen Relationen in den techno/ästhetischen Gefügen digitaler Medienkunst. Ihre Forschungsinteressen umfassen Technikphilosophie, Kunsttheorie und Medienästhetik, (Medien-)ökologie und Neue Materialismen.

Jakob Claus ist wissenschaftlicher Mitarbeiter am Institut für Kunst und visuelle Kultur an der Carl von Ossietzky Universität Oldenburg. Er hat an der Humboldt Universität zu Berlin, dem Goldsmiths College in London und der Leuphana Universität Lüneburg Kultur- und Medienwissenschaft studiert. In seinem Dissertationsprojekt arbeitet er zu kolonialen Medienkonstellationen im Kontext deutscher Kolonialethnografie um 1900 mit Fokus auf Wissensproduktion sowie dekolonialen Ansätzen im Umgang mit Archivquellen. Seit 2018 ist er zudem Mitglied des Theorie-Kollektivs texture.

Jasmin Degeling ist wissenschaftliche Mitarbeiter:in am Institut für Medienwissenschaft der Universität Paderborn sowie als PostDoc am DFG-Graduiertenkolleg *Medienanthropologie* an der Bauhaus-Universität Weimar assoziiert. Nach dem Studium der Theater- und Literaturwissenschaft und Gender Studies in Bochum und Paris X hat Jasmin die Promotion zu *Medien der Sorge* (Büchner, 2021) im PhD-Net *Das Wissen der Literatur* (HU Berlin) begonnen und im Fach Medienwissenschaft in Bochum 2019 abgeschlossen. Jasmin war Visiting Scholar am German Department/ UC Berkeley (2014) und Mitglied des Kooperationsnetzwerks *Queer Temporalities and Media Aesthetic* (RUB/Northwestern University/Illinois,

2016-2018) sowie Co-Sprecher:in der AG Gender und Queer Studies der GfM. Arbeitsschwerpunkte sind Medien der Sorge, Gender und Queer Studies, Biopolitik, Politische Affekte sowie Digitaler Faschismus. Aktuell arbeitet Jasmin an einem zweiten Buch zu zeitgenössischem Faschismus und der Differentialität post/digitaler Empfindungskulturen.

Astrid Deuber-Mankowsky ist Professorin emerita für Medienwissenschaft und Gender Studies an der Ruhr-Universität Bochum. Sie nahm Gastprofessuren am Centre d'études du vivant, Université Paris VII (2007) sowie an der Columbia University (2012, 2017) und der Northwestern University (2023) wahr und war Senior Fellow am IKKM Weimar (2013) und Fellow am DFG-Graduiertenkolleg *Medienanthropologie* an der Bauhaus-Universität Weimar (2022). Sie ist außerdem assoziiertes Mitglied des ICI Berlin, externes Mitglied des Centre for Philosophy and Critical Thought (Goldsmiths University of London) und Sprecherin des wissenschaftlichen Beirats des Deutschen Historischen Museums.

Lorenz Engell ist Film- und Fernsehwissenschaftler und Professor für Medienphilosophie an der Bauhaus-Universität Weimar. Von 2008 bis 2020 war er Direktor (zus. mit Bernhard Siegert) des Internationalen Kollegs für Kulturtechnikforschung und Medienphilosophie (Käte Hamburger Kolleg – IKKM). Ausgewählte Publikationen: *Das Schaltbild* (Konstanz 2021); *Fernsehtheorie zur Einführung* (Hamburg, 2012); *Playtime. Münchener Film-Vorlesungen* (Konstanz, 2010); *Bilder der Endlichkeit* (Weimar, 2005); *Bilder des Wandels* (Weimar, 2003). Mitherausgeber unter anderem der Reihe „Film Denken" (seit 2013), der Zeitschrift für Medien- und Kulturforschung (ZMK, seit 2009), des Archivs für Mediengeschichte (2000–2010) und des Kursbuchs Medienkultur (1998).

Gabriel Geffert studierte Kunstgeschichte sowie Literatur- und Kulturwissenschaften an der Technischen Universität Dresden und der Université Sorbonne Paris IV. Nachdem er sein durch das Deutschlandstipendium gefördertes Studium ausgezeichnet mit der Victor-Klemperer-Urkunde der Technischen Universität Dresden abgeschlossen hatte, arbeitete er primär als freier Mitarbeiter des Archivs der Avantgarden (Staatliche Kunstsammlungen Dresden) im Projekt *Digitalisierung und Neustrukturierung der Sammlung Egidio Marzona*. Aktuell ist er wissenschaftlicher Mitarbeiter am DFG-Graduiertenkolleg *Medienanthropologie* an der Bauhaus-Universität Weimar und promoviert in diesem Rahmen zum Topos des Films als Rausch.

Lorenzo Gineprini studierte Philosophie an der Università degli Studi di Torino, an der Eberhard Karls Universität Tübingen und an der Freien Universität in Berlin. Er ist wissenschaftlicher Mitarbeiter am

DFG-Graduiertenkolleg *Medienanthropologie* an der Bauhaus-Universität Weimar. Sein Dissertationsprojekt beschäftigt sich mit medialen Formen der Erzeugung, Verdrängung und künstlerischen Sichtbarmachung von Abfall. Die Ergebnisse seiner Forschung in der philosophischen Ästhetik wurden in verschiedenen Konferenzen und Zeitschriften (z.B. Agalma, Bildwelten des Wissens, Open Philosophy) diskutiert.

Philipp Hohmann ist seit 2019 wissenschaftlicher Mitarbeiter am DFG-Graduiertenkolleg *Das Dokumentarische. Exzess und Entzug* an der Ruhr-Universität Bochum. An der Ruhr-Universität hat er Theaterwissenschaft, Gender Studies, Szenische Forschung und Wirtschaftswissenschaft studiert. Philipp Hohmann forscht zu queeren Kunst- und Medienpraktiken zwischen Performance, Film- und Medienkunst, zu deren ästhetisch-epistemischen Wirksamkeit und Fragen queerer Kollektivität. Weitere Forschungsinteressen: Gender/Queer Media Studies, Queere Zeitlichkeiten und Archive, (dokumentarische) Medialisierung von Performance, insbesondere Scores. Philipp Hohmann war Teil des Performance Kollektivs dorisdean.

Martin Kallmeyer ist wissenschaftlicher Mitarbeiter am DFG-Graduiertenkolleg *Medienanthropologie* an der Bauhaus-Universität Weimar. Er studierte Sozialwissenschaften und Gender Studies in Hannover, Bielefeld und Berlin und war wissenschaftlicher Mitarbeiter im Bereich Gender & Science der Humboldt-Universität zu Berlin, Stipendiat des Exzellenzclusters "Bild Wissen Gestaltung" und Elsa-Neumann-Stipendiat des Landes Berlin. Seine Forschung zu "experimental medianatures" befasst sich mit den biodigitalen Operationsketten und Relationierungsweisen biotechnischer Experimente.

Eva Krivanec ist Juniorprofessorin für Europäische Medienkultur an der Bauhaus-Universität Weimar. Ihre Forschungsschwerpunkte umfassen: Geschichte der europäischen Populärkultur im 19. und 20. Jahrhundert; Geschichte der historischen Avantgarden: Theater, Tanz, Film, Kunst; Bauhaus und Film: Abstraktion und Dokumentation; Bühnenkunst und Intermedialität; Theater und Krieg; Theater und Revolution; Theater und Zensur; Relationen von Medialität und Körper, Stimme, Sinneswahrnehmung. Sie ist Programmbeauftragte des DFG-finanzierten binationalen BA-Studiengangs „Europäische Medienkultur" in Kooperation mit der Université Lumière Lyon 2 und Antragstellerin des im Sommersemester 2020 eingerichteten DFG-Graduiertenkollegs *Medienanthropologie* an der Bauhaus-Universität Weimar.

Gereon Rahnfeld ist wissenschaftlicher Mitarbeiter und Doktorand an der Bauhaus-Universität Weimar und forscht zu den Themen Expert:innen und Expertise im Bereich der Wissenssoziologie und der STS. Bevor er Teil des DFG-Graduiertenkollegs *Medienanthropologie* wurde, arbeitete er für den Verein Liquid Democracy. Er studierte Rechtswissenschaft, Kulturwissenschaften und European Studies in Hamburg, Prag, Leipzig und London.

Irina Raskin ist zurzeit wissenschaftliche Mitarbeiterin am Institut für Medienwissenschaft der HBK Braunschweig und war zuvor am DFG-Graduiertenkolleg *Das Wissen der Künste* an der UdK Berlin (2018-2021) tätig. In ihrer Dissertation mit dem Arbeitstitel *Medienökologien des Sinnens* beschäftigt sie sich mit Praktiken und Diskursen des Computing. Sie studierte Medien- und Kulturwissenschaft an der Heinrich-Heine-Universität Düsseldorf, hat währenddessen Radio gemacht und Tanzperformances organisiert. Im Anschluss an ein Volontariat an der Kunsthalle Düsseldorf hat sie bis 2018 als freischaffende Kuratorin, kuratorische Assistentin und Kunstvermittlerin u.a. mit den Kunstmuseen Krefeld und dem Museum Abteilberg Mönchengladbach zusammengearbeitet.

Maximilian Rünker ist Kollegiat am DFG-Graduiertenkolleg *Medienanthropologie* an der Bauhaus-Universität Weimar sowie wissenschaftlicher Mitarbeiter der dortigen Professur Verkehrssystemplanung. Zuvor erhielt er das Promotionsstipendium der Thüringer Graduiertenförderung. Studien- und Konferenzreisen führten ihn nach England und Portugal. Forschungsinteressen: Medientheorie der Einverleibung, Verkehrsforschung, Theorien des Raums.

Julia Schade ist wissenschaftliche Mitarbeiterin am Institut für Medienwissenschaft an der Ruhr-Universität Bochum. Sie promovierte in Theaterwissenschaft an der Goethe Universität Frankfurt mit der Arbeit *Unzeit: Widerständige Zeitlichkeiten in Performance, Kunst, Theorie* (Berlin: Neofelis 2024), die mit dem WISAG-Preis 2021 ausgezeichnet wurde. Derzeit arbeitet sie an einem Projekt mit dem Titel *Das Ozeanische als Critical Fabulation: Darstellungspraktiken zwischen Diaspora, Dekolonisierung und Relationalität*. Neben ihrer wissenschaftlichen Tätigkeit arbeitet sie dramaturgisch, u.a. mit der Künstlerin Eva Meyer-Keller.

Nathalie Schäfer ist wissenschaftliche Mitarbeiterin und Doktorandin am DFG-Graduiertenkolleg *Medienanthropologie* an der Bauhaus-Universität Weimar. Sie studierte Kunst, Musik und Medien (B.A.) an der Philipps-Universität Marburg und der Université de Poitiers. Im Anschluss erfolgte das trinationale Masterstudium European Film and Media Studies als Stipendiatin der DFH an der Université Lumière Lyon II, der Bauhaus-Universität

Weimar und der Universiteit Utrecht (2019). Seit 2020 arbeitet sie an ihrer Dissertation zu Fame Enhancing Bots, in der sie eine Beschreibung der Praktik des Bottings als medienanthropologische Szene offeriert, die verschränkte Existenzweisen von Botter:innen und Algorithmen aufdeckt und die Plattform Instagram als digitales Milieu oder virtuelle Lebenswelt sowie Prozesse und Operationen analysiert, die durch die digitale Infrastruktur der Plattform die Potentialität für diese Existenzweise bereit stellen. Siehe: http://nathalieschaefer.de

Katia Schwerzmann ist Philosophin. Nachdem sie ihr Studium in Philosophie, Romanistik und Germanistik an der Université de Lausanne absolvierte, promovierte sie 2016 an der Freien Universität Berlin in Philosophie mit der Arbeit *Theorie des graphischen Feldes* (Diaphanes, 2020). Sie ist derzeit wissenschaftliche Mitarbeiterin im Projekt Interact! an der Ruhr-Universität Bochum. Davor war sie Postdoktorandin am DFG-Graduiertenkolleg *Medienanthropologie* an der Bauhaus-Universität Weimar. Von 2017 bis 2020 war sie Visiting Scholar an der University of Pennsylvania, UC Santa Cruz und Duke University. Sie schreibt derzeit ihre zweite Monografie, *Toward a Hauntology of Touch*, in der sie anhand des Begriffs der *Berührung* kulturtechnische Operationen erkundet, die den Kontakt zwischen Körpern gestalten und Formen der Sozialität bestimmen, die von Unterwerfung, Ausbeutung und Enteignung geprägt sind. In diesen Überlegungen spielt die aktuelle algorithmische Rationalität eine zentrale Rolle.

Martin Siegler ist wissenschaftlicher Mitarbeiter (Post-Doc) an der Professur für Medienphilosophie an der Bauhaus-Universität Weimar. Er hat Filmwissenschaft und Publizistik an der Johannes Gutenberg-Universität Mainz sowie Medienkulturwissenschaft an der Bauhaus-Universität Weimar studiert. Nach seinem Studium war er Promotionsstipendiat am *Kompetenzzentrum Medienanthropologie* der Bauhaus-Universität Weimar mit einer Dissertation über Lebenszeichen in Not- und Katastrophenfällen, die 2023 unter dem Titel *SOS. Medien des Überlebens* erschienen ist (ausgezeichnet mit dem Deutschen Studienpreis der Körberstiftung und dem Hochschulpreis der Bauhaus-Universität Weimar).

Christiane Voss ist seit 2010 Professorin für Philosophie audiovisueller Medien/Medienphilosophie an der Bauhaus-Universität Weimar. Ihre Forschungsschwerpunkte sind: Philosophische Emotions- und Affektforschung; Philosophische Ästhetik; Medien- und Filmphilosophie; (Medien-)Anthropologie. 2012-2015 war sie Mitglied im Universitätsrat. 2015-2019 war sie Sprecherin der Pro-Exzellenzinitiative *Kompetenzzentrum Medienanthropologie* an der Bauhaus-Universität Weimar. Von 2014-2019 war sie Projektleiterin in der DFG-Forschungsgruppe *Medien und Mimesis*. Von 2015-2018 war sie Vizepräsidentin der Deutschen Gesellschaft für Ästhetik. Seit 2019 ist sie Sprecherin des DFG-Graduiertenkollegs *Medienanthropologie* an der Bauhaus-Universität Weimar.

Max Walther hat Literaturwissenschaft und Geschichtswissenschaft an der Universität Erfurt und der Université Lille III studiert. In diesem Rahmen arbeitete er als studentische Hilfskraft am IKKM Weimar sowie bei der Laborgruppe Kulturtechniken der Universitäten Weimar und Erfurt und organisierte und kuratierte zahlreiche Literaturveranstaltungen in Erfurt, Lille, Leipzig und Berlin. Aktuell ist Max Walther wissenschaftlicher Mitarbeiter am DFG-Graduiertenkolleg *Medienanthropologie* an der Bauhaus-Universität Weimar und forscht in diesem Rahmen an einem Projekt zu Simone Weil, Chris Kraus, Kathy Acker und Annie Ernaux.

Shirin Weigelt hat Philosophie in Berlin und Paris studiert. Seit 2020 promoviert sie am DFG-Graduiertenkolleg Medienanthropologie an der Bauhaus-Universität Weimar. Ihr Projekt trägt den Arbeitstitel *Digitales Berühren. Eine medienphilosophische Studie der Gefüge aus Mensch, Maschine und Programm*. Ihr Forschungsschwerpunkt liegt auf phänomenbasierten Analysen mit machttheoretischem Indexsowie auf philosophischer Begriffs- und Diskursgeschichte. Neben digitaler Medialität gilt ihr Interesse der (post)modernen französischen Philosophie, Neuen Materialismen und Mystik. Seit 2023 lehrt sie Philosophie an der Kunsthochschule Burg Giebichenstein in Halle (Saale).